HUMANITIES AND SOCIETY

媒体、国家与民族

Philip Schlesinger

[英国] 菲利普·施莱辛格 著 林 玮 译

译林出版社

图书在版编目（CIP）数据

媒体、国家与民族：政治暴力与集体认同 /（英）菲利普·施莱辛格（Philip Schlesinger）著；林玮译. —南京：译林出版社，2021.8
（人文与社会译丛 / 刘东主编）
书名原文：Media, State and Nation: Political Violence and Collective Identities
ISBN 978-7-5447-8736-9

I.①媒… II.①菲… ②林… III.①政治学 - 传播学 - 研究 IV.①D0 ②G206

中国版本图书馆 CIP 数据核字（2021）第 096766 号

著作权合同登记号　图字：10-2016-437 号

媒体、国家与民族：政治暴力与集体认同　[英国] 菲利普·施莱辛格 / 著　林　玮 / 译

责任编辑　张海波
装帧设计　胡　苨
校　　对　蒋　燕
责任印制　单　莉

原文出版　SAGE Publications Ltd, 1991
出版发行　译林出版社
地　　址　南京市湖南路 1 号 A 楼
邮　　箱　yilin@yilin.com
网　　址　www.yilin.com
市场热线　025-86633278
排　　版　南京展望文化发展有限公司
印　　刷　苏州市越洋印刷有限公司
开　　本　880 毫米 × 1230 毫米　1/32
印　　张　9.125
插　　页　2
版　　次　2021 年 8 月第 1 版
印　　次　2021 年 8 月第 1 次印刷
书　　号　ISBN 978-7-5447-8736-9
定　　价　68.00 元

主编的话

刘东

总算不负几年来的苦心——该为这套书写篇短序了。

此项翻译工程的缘起,先要追溯到自己内心的某些变化。虽说越来越惯于乡间的生活,每天只打一两通电话,但这种离群索居并不意味着我已修炼到了出家遁世的地步。毋宁说,坚守沉默少语的状态,倒是为了咬定问题不放,而且在当下的世道中,若还有哪路学说能引我出神,就不能只是玄妙得叫人着魔,还要有助于思入所属的社群。如此嘈嘈切切鼓荡难平的心气,或不免受了世事的恶刺激,不过也恰是这道底线,帮我部分摆脱了中西"精神分裂症"——至少我可以倚仗着中国文化的本根,去参验外缘的社会学说了,既然儒学作为一种本真的心向,正是要从对现世生活的终极肯定出发,把人间问题当成全部灵感的源头。

不宁惟是,这种从人文思入社会的诉求,还同国际学界的发展不期相合。擅长把捉非确定性问题的哲学,看来有点走出自我囿闭的低潮,而这又跟它把焦点对准了社会不无关系。现行通则的加速崩解和相互证伪,使得就算今后仍有普适的基准可言,也要有待于更加透辟的思力,正是在文明的此一根基处,批判的事业又有了用武之地。由此就决定了,尽管同在关注世俗的事务与规则,但跟既定框架内的策论不同,真正体现出人文关怀的社会学说,决不会是医头医脚式的小修小补,而必须以激进亢奋的姿态,去怀疑、颠覆和重估全部的价值预设。有意思的是,也许再没有哪个时代,会有这么多书生想要焕发制度智慧,这既凸显了文明的深层危机,又表达了超越的不竭潜力。

于是自然就想到翻译——把这些制度智慧引进汉语世界来。需要说明的是，尽管此类翻译向称严肃的学业，无论编者、译者还是读者，都会因其理论色彩和语言风格而备尝艰涩，但该工程却绝非寻常意义上的“纯学术”。此中辩谈的话题和学理，将会贴近我们的伦常日用，渗入我们的表象世界，改铸我们的公民文化，根本不容任何学院人垄断。同样，尽管这些选题大多分量厚重，且多为国外学府指定的必读书，也不必将其标榜为“新经典”。此类方生方成的思想实验，仍要应付尖刻的批判围攻，保持着知识创化时的紧张度，尚没有资格被当成享受保护的“老残遗产”。所以说白了：除非来此对话者早已功力尽失，这里就只有激活思想的马刺。

主持此类工程之烦难，足以让任何聪明人望而却步，大约也惟有愚钝如我者，才会在十年苦熬之余再作冯妇。然则晨钟暮鼓黄卷青灯中，毕竟尚有历代的高僧暗中相伴，他们和我声应气求，不甘心被宿命贬低为人类的亚种，遂把移译工作当成了日常功课，要以艰难的咀嚼咬穿文化的篱笆。师法着这些先烈，当初酝酿这套丛书时，我曾在哈佛费正清中心放胆讲道：“在作者、编者和读者间初步形成的这种‘良性循环’景象，作为整个社会多元分化进程的缩影，偏巧正跟我们的国运连在一起，如果我们至少眼下尚无理由否认，今后中国历史的主要变因之一，仍然在于大陆知识阶层的一念之中，那么我们就总还有权想象，在孔老夫子的故乡，中华民族其实就靠这么写着读着，而默默修持着自己的心念，而默默挑战着自身的极限！”惟愿认同此道者日众，则华夏一族虽历经劫难，终不致因我辈而沦为文化小国。

一九九九年六月于京郊溪翁庄

目　录

第三部分　集体认同问题

前　言

近年来,我们的政治生活发生了不少标志性的重大事件,而本书的写作即与这些事件密切相关:自由民主国家出现了政治暴力;冷战及其对人们思想造成的重大影响;民族认同与文化认同问题近来重新成为讨论的焦点。我向来对媒体社会学抱有强烈的兴趣,故而在分析这些问题时,多从“交流”这个切入点下手,当不足为怪。不过,我绝不认为这是一种局限;相反,我认为这是广泛探讨的起点。

尽管本书所涉及的内容并不连贯,各章节的写作目的和时间也非常不同,但最终促使我将这些散乱的文章联系在一起并汇编成书的理由,是我意识到,定义与解释的争论过程在政治文化中发挥着至关重要的作用。或以一句过时的话来说,就是思想斗争及其背景。

编辑原稿的主要工作是剔除重复的内容。时间的流逝意味着,在某些情形下需要补充背景知识并更新关键的参考书目。而对于补充背景知识这项工作,需要我在写多(写得十分详细)和写少(只写个梗概)之间做一个权衡。出于显而易见的原因,我选择了后者。

第一部分中的几章,探讨的是媒体在报道政治暴力方面的角色及围绕政治暴力展开的争论。其中,第一章是首次以英文出版,它提供了一个在探讨如何将“暴力”的范畴概念化诸问题时的切入点,并阐述了暴力与合法性、与国家的关系。这为第二章提供了背景。第二章对自由民主国家意图对“恐怖主义”相关报道展开审查进行了批判性的评估。这两章的写作大背景,都是国家与其敌对势力所采取的针锋相对的宣传策略。而我之所以给“恐怖主义”加上引号,是因为它和“暴力”一样,都是在政治话语中颇具争议性的词——任何想要给“恐怖主义”下一绝对定义的企图,都是在控制大众对于当前社会斗争的理解。在第三章中,我从理论剖析转向了分析审查实例,那就是著名的伦敦伊朗大使馆人质事件。关于类似人质绑架事件的成因,以及国家力量的运用问题,那时提出的各种问题直到今天仍未消失。

第一部分的内容提供了讨论“国家和社会的敌对势力与暴力问题的关系”的视角,而第二部分则对这一主题的一个关键方面进行了更为充分的阐述。在1989年“东欧剧变”宣告冷战正式结束之前,我们一直生活在一个摩尼教式的精神世界中:即使我们并没有接受它,也不得不与之争辩,否则就得直面其引人注目的存在。

由此,我们就进入了第四章。第四章对国内恐怖主义的斗争与结束不久的冷战之间产生关联的多种方式进行了考察。曾经的意识形态强敌对当下的反暴乱实践所能造成的干扰,已经微乎其微。而相关的恐怖主义研究,也不再受其影响,进而逐步发展壮大。第五章和第六章是我与已故的良师益友菲利普·埃利奥特(Philip Elliott)一起写的。如果他没有英年早逝,这两篇文章本可以继续延伸,而成为一本著作的;不过,我从没有放弃过这一想法,只是最终的成书一定会与埃利奥特写的有所不同。在第五章中,我把大众媒体对共产主义的报道以及政治科学对其的分析联系在一起进行讨论。之所以这样做,是为了阐述一个观点:得到充分发展的政治话语,其结构复杂且十分微妙。这里涉及了关于“欧洲共产主义”的斗争,这是意识形态冷战的重要部分,第六章将会进行详细解释。正是因为在意识形态的斗争中,冷战的双方都需要一种相对清晰的政治概念,所以相对模糊的“欧洲共产主义”才会两边不讨好。通过一个具体的案例,我对双方敌对的外交策略进行了说明。这些外交政策中的某些部分具有深远的历史影响,它造成的许多问题,尤其是欧洲或称发达资本主义世界的某些地区应该实行怎样的政治经济体制的问题,仍旧摆在我们的政治议程上,而且这些问题可能比以前更加难以预测。

现在我们来到第三部分。我阐述了构筑敌友印象的另一种思考方法,以及敌友印象在构建我们想象中的政治世界的过程中所扮演的角色,进而讨论了存在于社会集体和文化集体中的个体认同问题。这是最后的一个主题,展现了我近期工作的一些成果,带有浓厚的自传色彩。开始写这一部分时,我正在意大利的一个"欧式"机构中工作。这促使我展开了一条与"审问"有关的研究线索,并很可能会坚持做下去。第七章和第八章原本是一章,但是为了方便读者阅读,我把它分成了两篇,这也是我在任何情况下都奉行的第一原则。在第七章中,一项关于近年来媒体理论的调查让我得出了一个结论:理论研究应该是我们对"国家"、"文化"这类集体概念进行思考的基石,但遗憾的是近年来它被粗鲁地冷落了。更可怕的是,不少人就"交流对于文化集体的重要影响"提出的大量严峻问题也被有意地回避了。在第八章中,我已然开始从各种当代社会学理论的角度对这些问题进行了分析。当然,关注于"交流的过程",往往会让问题显得过于初级。为了弥补这一点,我显然还需要做点什么。于是,便有了第九章。这一章也是首次以英文出版,它阐述了当下关于"欧洲性"的争论的动态领域。

就这样,本书从多方面对民族国家、政治暴力、政治合法性、敌友印象的构筑,以及涉及媒体的当代社会斗争方式与集体身份认同问题之间可能存在的联系等,进行了探讨。毋庸置疑,今后,随着各种关系不断发展,我们又有必要重新对它们进行思考了。但那就是后话了。

菲利普·施莱辛格

1990 年 9 月于斯特灵

致谢

第一章最初是专门为都灵大学路易吉·博纳特教授于1987年9月在卢加诺举办的“暴力的未来与未来的暴力”学术交流会写的。该章的德语加长版，以《暴力的解释》（“Die Interpretation von Gewalt”）为名，发表于德国期刊《创新》（*Innovation*，1988年11月），第1卷，第4/5期，第435—453页；其意大利语版，以《当代社会有多暴力？》（“Quanto è violenta la società contemporanea?”）为名，收录于L. 博纳特主编的《卢加诺国际城市研讨会：未来的和平与暴力》（*Il Futuro della Pace e la Violenza del Futuro: Atti del Simposio Internazionale Città di Lugano*，1989），第165—180页。

第二章首次发表于《社会研究》（*Social Research*，1981年春），第48卷，第1期，第74—99页；之后被收录于Y. 亚历山大和A. 欧黛主编的《爱尔兰的恐怖主义》（*Terrorism in Ireland*，1984），第213—232页。另外，该章的意大利语版，以《恐怖主义、媒体与自由民主国家：对正统的批判》（“Il ‘terrorismo’, i media e lo Stato liberal-democratico: una critica dell’ ortodossia”）为名，收录于R. 格兰迪、M. 帕瓦里尼以及M. 西蒙迪主编的《该隐的标志：大众传播中的越轨形象》（*I Segni di Caino: L’Immagine della Devianza nella Comunicazione di Massa*, 1985)，第 289—308 页。

第三章首次发表于《荧屏教育》(*Screen Education*, 1980 年冬)，第 37 期，第 29—54 页，当时的标题为《国家与法律：印象与叙述》(“The State an the Law: Images and Narrativity”)；之后被收录于 L. 库里和 J. R. 达辛主编的《世界各国的新闻管制》(*Press Control around the World*, 1982)，第 27—61 页，以及 E. 沃特拉和 D. C. 惠特尼主编的《大众传媒研究年鉴》(*Mass Communication Research Yearbook*, 1983)，第 4 卷，第 463—488 页。

第四章首次发表于由 G. 小约翰、B. 斯马特，J. 维克福德和 N. 尤瓦尔—戴维斯主编的《权力与国家》(*Power and the State*, 1978)，第 98—127 页。

第五章首次发表于《媒体、文化和社会》(*Media, Culture and Society*, 1979 年 4 月)，第 1 卷，第 2 期，第 195—210 页。

我曾在《社会学评论》(*Sociological Review*, 1979 年 2 月，第 27 卷，第 55—81 页)上发表过一篇名为《论政治知识的分层:“欧洲共产主义”作为一种演变中的意识形态》(“On the Stratification of Political Knowledge: Studying ‘Eurocommunism’, an Unfolding Ideology”)的文章，而第六章是对其进行补充改写之后的产物。改写后的版本收录于 D. 查尔茨主编的《时刻变化的西方共产主义》(*The Changing Face of Western Communism*, 1980)，第 37—73 页。

第七章和第八章首次发表于《社会科学通讯》(*Social Science Information*, 1987 年 6 月)，第 26 卷，第 2 期，第 219—264 页，当时的标题是《民族认同：一些认知和误解》(“On National Identity: Some Conceptions and Misconceptions Criticized”)。该文的意大利语版本发表于《当代文化研究》(*Estudios sobre las Culturas Contemporáneas*)，第 2 卷，第 6 期，第 39—98 页。

第九章是专门为《终端》(*Telos*)杂志于 1990 年 5 月在马德里举办的“欧洲单一市场：媒介新设想”国际交流会议所写。恩里克·布斯塔曼特教授是《终端》杂志的主编，也是该会议的组织者。这篇文章的西班牙语精简版本首次发表于《终端：通讯、技术和社会手册》(*Telos: Cuadernos de Comunicación, Tecnología y Sociedad*, 1990年9—11月)，第22期，第105—116页。

此外，我还要郑重感谢温蒂·埃利奥特女士，以及其他为此书的再版重印做出努力的编辑和出版者们。

第一部分

政治暴力和新闻媒体

第一部分导读

第一部分讲的是新闻媒体与资本主义、自由民主的民族国家内部所使用的政治暴力之间的联系。我对这一问题的研究兴趣产生于对北爱尔兰武装冲突中的英国媒体政治的观察。不过,很快我就发现研究这一事件需要广泛的理论支持并进行大量的分析。它不仅仅是一个国家的单一事件这么简单,由其所衍生出的大量问题,都值得我们思考探究。

为了提出这些涉及面更广的问题中的某一些,我在第一章开头就对"暴力"的分类之复杂进行了考察。毋庸置疑,对于暴力的分析应该是社会分析和政治分析的重点,因为如果我们不了解何为高压政治,不了解政府对武力的使用是如何获得政治认同的,我们就无法对国家权力进行深入的研究。这些年,理论界对这些问题始终进行着争论,在第一章中,我试图为大家呈现这些争论的精华部分。

归根到底,我们都要根据自己的道德和政治价值观,对暴力行为的合法性及其他方面做出判断。在我看来,这样的判断实际上取决于我们是否把暴力看作一种"具备策略性的、有意识的工具型资源",该定义来自社会人类学家大卫・里奇(David Riches,1986:

11)。或者简单一点说，我们是否从最开始就认定暴力背后存在某种目的和意图。我并不是说所有暴力都是有意为之的，而只是想强调，在研究由政治引发的暴力时，这样的假设不失为一个好的出发点。这一假设目前正在被越来越多的人所接受。比如，社会学家罗伯特·斯拉特(Robert Slater)和迈克尔·斯托尔(Michael Stohl)就通过对近期恐怖主义相关案例的分析，察觉到了一丝微妙的变化。他们写道：

> 恐怖主义是具有目的性的。这一正在被越来越多的人所认可的新观点，否定了那种更为传统的观点，即认为恐怖主义大多是无目的性的冲动行为。……这样看来，我们可以大胆猜测，有一整套的信仰和理论体系在引导着恐怖主义展开行动。因此，在对恐怖主义的定义中，我们假设恐怖主义是具有目的性的行动，其意在直接或间接地影响大众。(1988: 4)

简而言之，探求暴力行为背后的理由和依据是为了给之后更加深入的调查研究提供理论基础；这种研究必须结合现实情境，通过实验来分析暴力背后的驱动力，而不是简单地将其理解为某种信仰
1 的某一教条(Miller,1984: 414—419)。

许多暴力行为，无论其直接原因为何，都可以看作不同理解方式和信仰系统之间的冲突。正是这样一种特性，让人们热衷于讨论暴力的交流性、象征性与表现性，而正是这种热衷进一步引发了当代学界的无数争论。不过，认识到恐怖主义的外在表现，诸如物理外力和物质破坏(比如暗杀或者炸弹袭击)之类，仅仅只是一个出发点，我们还没有提到任何关于如何理解恐怖主义行为的实质性内容。于此可以预先引出的论调是大卫·里奇的解释，他说：“从站在两个对立面(比如种族对立)之一的人的角度来看，对面的人所施行的暴力象征着一种另类的生活方式。”(1986: 14)换言之，对于暴力

的理解或许能够起到划分“敌—友”、“我们—他们”、“本族—异族”的作用。本部分要讨论的就是这样的问题。

第一部分的行文线索是探求交流策略如何与当代自由民主政体中的政治暴力相关联。媒体在塑造我们对于公众领域及其行为者的合法性或非法性的认知过程中，扮演了不可否认的重要角色。而恰恰是交流策略上的冲突，把我们引向了本书的第二章和第三章。这两章的写作原本是相互平行的，是从不同的层面对相关问题进行的分析。

在简要地讨论了“暴力”在政治话语中扮演的争议角色之后，我在第二章中的核心论点是批判政府意图控制媒体对“恐怖主义”的报道。关于这一问题的争论在当今世界发展得极不平稳。虽然政府对媒体恐怖主义报道的控制有其国际维度（考虑到出于政治动机的各种跨国暴力行动，这种情况仍将继续），但在特定国家中，只有当危机迫在眉睫时，这一问题才会引起人们的警觉。

譬如说，在 1980 年代早期，你很难在法国找到关于恐怖主义的报道或是听到关于恐怖主义的争论，而到了 1980 年代末，随着暴力事件如恶浪般袭来，舆论一下子就爆炸了（参见 Wieviorka and Wolton，1987）。我还可以再举一个更加遥远的例子，意大利媒体关于恐怖主义的争论也正是在“铅时代”[1] 达到了最高潮（参见 Lumley and Schlesinger，1982；Wagner-Pacifici，1988）。

第二章的批判性文字虽然写于 1980 年代早期，但在今天依旧适用，因为官方的思维并没有发生什么大的变化。在这些自由民主国家的统治者看来，他们面临的问题始终没有变：如何确保“负责任的新闻界”存续，确保媒体能够进行“自我克制”（self-limitation）而不是动用政府的非法审查。因此官僚们的基本教条也就不需要改

1　铅时代（Years of Lead），指意大利历史上从 1960 年代末到 1980 年代初的一段社会政治混乱时期。——译注

变。或许，从最近北大西洋议会恐怖主义委员会的一份报告中，我们可以大概看出各国政府之间所达成的"国际共识"。这份报告写道："解决新闻报道问题的切实方法在于拉近媒体与政府之间的合
2 作关系，而不是政府强行实施管制措施。"这就是第二章中所要探讨的思想的本质。另外，报告还指出：

> 抛开新闻自由和自由企业理论的影响不谈，政府的管制本身可能就比较难以推行，尤其对于外国媒体来说无法形成约束力。而且，在恐怖主义危机中，新闻审查很可能适得其反，因为如果新闻报道背离了恐怖分子的诉求，可能会导致人质伤亡或其他暴力事件的发生。同时我们还应记住，新闻记者往往是比政府更好的信息来源，因此在恐怖袭击中，新闻记者更容易获得与恐怖分子接触的机会……这或许听上去有点天方夜谭，但新闻报道可能会在日后成为抑制恐怖主义的手段之一。（Nunes and Smith，1989：20—21）

这些颇具实用主义色彩的话，强调了新闻行业系统性存续的潜力，而非仅着眼于其对政府行为的推波助澜作用，比如在一些官方频道上播出的那种"新闻"。然而，在公共纠纷中，人们很难听到这样的声音，只有当媒体被判断为已经超出了可接受的范围时，才能看到媒体与国家之间更通常的关系特征。在任何时代，政府与新闻媒体之间的沟通方式，都与这个国家的政治文化和国家制度密切相关（Crelinsten，1987a）。无论是政府机构还是那些使用暴力对抗现有秩序的起义者，他们与媒体之间都可能出现问题。这些问题的核心就在于他们意图控制媒体使用的词汇、声音、图片，以及报道时所使用的大致框架。英国广播公司（BBC）的记者彼得·泰勒（Peter Taylor）曾经阐述过因"政治暴力"而引发的新闻用词问题，他的论述建立在对出版业和广播业所使用的术语调查的实证基础之上。

他强调说:“记者们在某种政治体制下进行新闻报道,而新闻报道往往会给这种政治体制造成压力。”(1986: 221)这样的矛盾冲突很难改变,因为在媒体和自由民主国家的关系中,这种没有明确界限的弹性政治可谓根深蒂固。

在第三章中,我引用了1980年伊朗大使馆人质事件作为一个实例。这次事件所体现出的政府和媒体在工作中相互矛盾的交流策略,在其他类似事件中也能找到。比如说,在研究加拿大发生的两起由魁北克解放阵线实施的绑架案时,罗纳德·科林斯坦(Ronald Crelinsten, 1987b)论证了当联邦政府采取紧急预案时,恐怖分子们是如何丧失主动权的。还可以举一个更加详细的例子,罗宾·瓦格纳—帕齐菲齐(Robin Wagner-Pacifici, 1988)研究过在意大利政客阿尔多·莫罗绑架案中,政府和媒体分别与恐怖分子进行沟通的具体策略。虽然对这次绑架事件及其结果的政治意义的主流解释取得了效果,但要是意大利媒体和政治系统能够为恐怖分子与政府达成共识铺路搭桥,惨剧也许就不会发生。米歇尔·维尔卡(Michel Wieviorka)和多米尼克·吴尔顿(Dominique Wolton, 1987)虽然近年来主要着眼于法国的新闻制度,但他们同时也在呼吁营造一种更 3
加宽容的政治环境,使媒体、政府和恐怖分子三方都能够表达,甚至一定程度上达成各方的诉求。

在这个意义上,第三章可能为北大西洋议会恐怖主义委员会所倡导的政府和媒体的合作方式提供了详细的实例说明。然而,如今更普遍的套路是,新闻媒体在恐怖事件发生之后进行一番所谓批判性的“报道”,激起恐怖分子的“逆反效应”(oxygen of publicity; 我清晰地记得这是前英国首相玛格丽特·撒切尔夫人的用语),进而支配整个社会舆论,而不是尝试去寻求与政府维稳力量的合作。不过,这两种情况都很有趣,而且都富有研究价值,因为它们都让我们看到了当代新闻媒体所面临的局限与约束。当然,正如我在《直播“恐怖主义”》(Schlesinger et al., 1983)中说的,在伊朗大使馆人质事件中，我们不应该把电视、广播的直播简单地看作国家的工具或恐怖分子的伙伴，或认为神话般的第四等级[1]应该展现出对恐怖主义毫无畏惧的新闻勇气。事实是，真相远比我们想象的要复杂。正如我在接下来的文章里写的那样，在任何时代，新闻报道的眼界开阔与否，都受制于国家与其武装敌对势力的交流策略之影响。

参考文献

Crelinsten, R.D. (1987a) 'Terrorism as Political Communication: The Relationship between the Controller and the Controlled', in P. Wilkinson and A.M. Stewart (eds), *Contemporary Research on Terrorism*. Aberdeen: Aberdeen University Press. pp. 3–23.

Crelinsten, R.D. (1987b) 'Power and Meaning: Terrorism as a Struggle over Access to the Communication Structure', in P. Wilkinson and A.M. Stewart (eds), *Contemporary Research on Terrorism*. Aberdeen: Aberdeen University Press. pp. 419–50.

Lumley, B. and Schlesinger, P. (1982) 'The Press, the State and its Enemies: The Italian Case', *The Sociological Review*, 30 (4) (November): 603–26.

Miller, D. (1984) 'The Use and Abuse of Political Violence', *Political Studies*, xxxi: 401–19.

Nunes, J.L. and Smith, L.J. (co-rapporteurs) (1989) *Terrorism*. North Atlantic Assembly Papers, Sub-Committee on Terrorism, International Secretariat, Brussels, January.

Riches, D. (1986) 'Introduction' to *The Anthropology of Violence*. Oxford: Blackwell.

Schlesinger, P., Murdock, G. and Elliott, P. (1983) *Televising 'Terrorism': Political Violence in Popular Culture*. London: Comedia.

Slater, R.O. and Stohl, M. (eds) (1988) *Current Perspectives on International Terrorism*. Basingstoke and London: Macmillan.

Taylor, P. (1986) 'The Semantics of Political Violence', in P. Golding. G. Murdock and P. Schlesinger (eds), *Communicating Politics: Mass Communications and the Political Process*. Leicester: Leicester University Press; New York: Holmes & Meier. pp. 211–21.

Wagner-Pacifici, R.E. (1988) *The Moro Morality Play: Terrorism as Social Drama*. Chicago and London: University of Chicago Press.

Wieviorka, M. and Wolton, D. (1987) *Terrorisme à la Une: Media, Terrorisme et Démocratie*.
4 Paris: Gallimard.

1 第四等级：新闻界的别称。多用于表达新闻媒体的政治影响力。——译注

第一章

对暴力的理解

在当代自由民主政体中，我们理解事物的框架是如何影响我们对于暴力问题的思考的？显然，我们首先需要应对定义和分类的问题。因此，我将先从理论层面对社会科学和人文学科进行简短的评论。这让我进一步思考了控制社会记忆以操作关于当代暴力的认知是何等重要，同时，也为讨论当前官方对大众传媒与政治暴力的关注提供了舞台。我的这些思考将在接下来的章节中为各位呈现。

问　题

迄今为止，学界仍没有一个被广泛接受的明确概念能够定义“暴力”。相反，正如许多当代评论家所指出的那样，“暴力”这一术语，如今正遭受着概念和语义上的双重贬值。在许多人的论述中，“暴力”被视为某种社会病态的一部分，而罹患这种社会病的我们始终生活于混乱和衰退的威胁之中。而亦诚如学者指出的那样，此类论述“岂止是杞人忧天，甚至可说是一种危言耸听的灾变论”（Chesnais，1981：8）。历史学家埃里克·霍布斯鲍姆（Eric Hobsbawm）曾观察到，对于大多数自由民主国家的居民来说，对于“暴力”的这般阴暗印象和其日常生活的现实情况并不相符，持此论者对“暴力”的理解尚停留在狭隘的“身体暴力”层面：

> 直接地，它（暴力）以交通事故等形式广泛存在着——对于多数受害者来说，暴力是偶发的、意外的、无法预测的，也是无法控制的……间接地，暴力普遍存在于大众媒体和娱乐产业中……甚至更久远一点，我们都应该记得这两种暴力同时存在的，那个充满着恐怖的大规模屠杀的年代……另外，在社会的某些领域和场合，身体暴力也是十分普遍的，甚至有进一步升级的可能。可以说，和平与暴力共存。（Hobsbawm，1977：209—210）

只是，现在的你，感受到“和平”了吗？霍布斯鲍姆写下这番话的时间，距离本书写作之时已经过去二十多年。在这二十多年中，欧洲部分地区的人民不但没有感受到“和平”，反而是切身体会到了恐怖主义的威胁。切尔诺贝利事件之后，所有人都亲眼看到了核战争可能带来的惨重后果。除此之外，过去的二十年里，我们还见证了多种形式的政治暴力的发展历程，其中大多数是民族主义运动，偶尔也有反体制运动；有些政治暴力的范围仅限于一国之中，而有些则是发展成了国际性的事件。这些运动大多都被打上了“恐怖主义”的标签，与其象征意义上的重要性相反，其对物质层面的作为乏
5 善可陈。以“国际化的恐怖主义”为例，暴力行为从中东之类的冲突频发地区起源，这之后往往会被输送到另外一个截然不同的国家或地区。比如北爱尔兰的地区冲突最终是在大不列颠岛上解决的。但这些仅仅是恐怖主义暴力的大量实例中最为公众所知的一小部分，相比之下，由各个国家针对自己的国民所实行的内部镇压得到的关注则少了很多。

因此，谈到当代的“暴力”概念，就会冒着过于包罗万象的风

险，它可能包括了多种不同的权力运用的表现形式及其影响：譬如所有犯罪性暴力、公众骚乱和军事行动。我们应该如何把这个课题弄简单一点？关于这一点，我建议把“对于暴力的理解”作为一个出发点去下手，把目标放在与此相关的一些问题上。虽然这样肯定无法让暴力现象消失，但它至少可以让我们清醒地认识到自己在做什么，然后我们就可以对各类思维模式进行评估，并予以选择。

在思考暴力在当代社会所扮演的角色时，必要的一步是思考它与现代国家的关系。而这又反过来要求我们搞清楚不同性质的国家之间的区别。但是在处理这些问题之前，让我们先简要地思考一下“暴力”究竟意味着什么。

定义的限制

要想了解对暴力进行定义的危险性，我们需要略微参考一下那些关于暴力和恐怖主义的文学作品。当然，对暴力进行定义和归类是很难做到中立的，因为这牵扯到它究竟合法与否的问题。有一句十分著名的口号，即“汝之恐怖分子，彼之自由战士”，实际上就反映了这一点，它强调了在评估某种力量及其使用者时，我们的思维方式十分重要。

要想对暴力进行理性的分析，就不能过于宽泛地对“暴力”下定义。这样，我们就能够大概了解我们所处的时代究竟是多么的暴力，以及随意对待暴力会带来多么惨重的后果。而如果只是简单地把诸如象征性的抗议、不平等的经济决策对穷人的恶劣影响、政府官僚主义的不义以及民众的死伤等关联在一起，是没有任何意义可言的。虽然照理说，选择这样一个概念上相对保守的立场很简单，但实际做起来是相当难的。我随机选择了几个对于暴力的细节性定义，旨在阐明其中所蕴含的逻辑分析上的问题。 6

一个比较近的例子是阿兰·薛内斯（Alain Chesnais），他致力于研究过去两个世纪所发生的暴力行为，并提出："世界上唯一一种没有学术争议的、可以衡量的暴力就是身体暴力。其伤害直接作用于人体。它有三个特点：野蛮、可见、痛苦。其根源在于使用了物理上的力量。"（1981：12）社会学家罗宾·威廉姆斯（Robin Williams，1981：26）也提出了基本相同的观点："最无可争议的暴力就是那些造成身体伤害的暴力，这些暴力具有目的性，是主动的而不是被动的，其造成的影响直接可见。"而哲学家泰德·杭德里克（Ted Honderich，1980：153）则进一步提出了限制对暴力的定义的想法，他说："暴力行为……就是把一种强大的、具有破坏性的力量用于对抗人或事，以及攻击某种社会准则。"

想要把这些定义整合起来并不是什么难事，所以的确已经有人这么做了（参见 Schmid，1984：ch.1）。在此之上，我们可以再通过不同的方式来对它们进行分类。比方说，在上述的三个例子中，薛内斯认为暴力的基本含义是对于单个人类个体的身体暴力；威廉姆斯认为暴力是对不特定目标造成身体伤害，拥有目的性、直接性等严格的约束条件；杭德里克将人和事都包括在暴力的目标之中，并将对于暴力的讨论限制在了"攻击社会准则"这一框架之中。

公平地说，这些定义之间并没有非常大的差别，并且我们或许可以用某种更加概括的方式把三种论述中的精华元素集合起来，形成一个囊括各方面诉求的定义。然而，这样的话问题只会变得更加棘手。因为对"暴力"下一个公认的定义并不意味着能为其相关研究和分析提供可靠的规则或标准。我们或许能够就定义达成一致，但是之后在分类的细节问题和寻找相关证据的方法上，又会产生更多的争论。

因此，薛内斯把暴力分为"个人"和"集体"两类。犯罪、自杀和事故被归为"个人"暴力；而苏联国家恐怖主义和西方反国家恐怖主义则属于"集体"暴力。威廉姆斯（1981：28，31）将集体暴力和个人暴力做了区分。集体暴力包括"内战，革命，游击战争，暴动，叛乱，政治清洗，骚乱，处死政治犯以及暗杀”。而个人暴力则囊括了“蓄意杀人，过失杀人，强奸，人身侵犯，故意毁坏公共财产，以及其他对他人及其财产的攻击、破坏”。而杭德里克则颇有见地地指出，我们应当去探讨暴力是否意在改变现有的民主政治体系。

如此多相异的分类策略令人不禁想要放弃这条探求暴力定义的理性道路。正如政治科学家 W. J. M. 麦肯齐（Mackenzie，1975：160，117）所说：“让问题起源于神话传说，也好过一个定义。”他认为 7
暴力本身就是一种符号和暗喻。总之，毋庸置疑的是，当我们在讨论我们生存的时代是否比之前更加暴力时，我们必须强调：一，从最广泛的意义上讲，交流沟通如何构筑了我们关于目前自身所处的危险境地的看法；二，暴力所扮演的角色，就像连续剧一样每天都存在于我们的生活之中。

然而，这仅仅只是可供研究的一条线索而已。正如亚历克斯·施密德（Alex Schmid）在研究政治暴力和恐怖主义时所指出的，要想搞清楚现代社会究竟有多暴力，只能以实验为根据，并通过严密的时间和空间上的比较来得出，而这又需要我们收集海量的数据（1984：ch.3）。理想状态下，我们需要达成以下目标：一，实行一种明确、公认的对于暴力的分类方法；二，明确所研究的时代；三，研究对象是几种可比较的社会形态；四，需要通过足够的证据和数据，从理论上形成一个概括性的结论。

我不想在这一点上赘述太多。但是很显然，即使我们竭尽全力列举一个社会中可以被明确归类为暴力的行为，暴力的分类方式很大程度上还是受到了我们所处的政治制度的影响。比如，当英国为福克兰群岛战争进行动员的时候，从统治者的角度来看，这属于在外交失败的情况下合法地运用政府权力。而如果我们参考过去十年英国政府对于国内暴力的关切程度，就会知道这场“局部战争”及其导致的伤亡，绝对不会像足球流氓、恐怖分子炸弹袭击、矿工罢工之类的事件一样被统计公布。

除此之外，我还想谈一点，就是关于社会上的一种最为保守“客观”的应对暴力的方法，即犯罪统计，经常用于进行国际间的比较研究（参见 Chesnais，1981）。但正如我们所知，不仅在不同文化之间，对暴力犯罪的分类方法和对于犯罪动机的理解有所不同，即使在同一国家，关于犯罪的新闻报道、执法力度、逮捕率、判刑尺度等在不同时代也都是不同的。当然，这样的不同并没有给对暴力的比较研究产生不可逾越的阻碍，但始终是一个不可忽视的重要问题。

权力、暴力和国家

正如 W. J. M. 麦肯齐所说，解决暴力问题的一种办法是“把它和政治力量联系起来，把政治力量看作集体决策的必要基础”（1975：117）。我们若要对暴力的定义进行思考，势必要认清这些都是与规则系统紧密相连的。

根据马克斯·韦伯（Max Weber）的研究，对暴力的形式进行控制是现代国家的基本特点（当然不是唯一特点），国家以此作为把
8 权力运作控制在政治秩序之内的关键：“国家的本质是一个人类群落，其（成功地）在某一特定区域内宣告了物理力量的合法垄断地位……国家是使用暴力之‘权利’的唯一来源。”（1948：78）比韦伯稍小一些的知名历史社会学家诺伯特·伊利亚（Norbert Elias）也主张中央集权民族国家在自己的领土上实行权力垄断，他还指出：“当权力垄断正式形成，一个相对平静的、没有暴力行为的社会空间也就形成了。”（1982：235）此处所说的“暴力行为”是指未经授权的个人和团体对物理力量的使用。在现代社会，“酷刑折磨、监禁以及人身侮辱已经被权力中心所垄断，在日常生活中几乎无法见到。通过垄断，由统治者所施行的对于个人的身体威胁正在逐渐丧失人性”（Elias，1982：237）。

这种垄断暴力的“权利”导致裁判机构和执法机构在决策过程

中逐渐显露出了非人性的残暴一面。雷内·吉拉德(René Girard, 1977: ch.1)曾对此进行过描述,实际上,国家的“绝对权威”通过将复仇合理化(“一个被无止境的、无限制地重复的过程”)来保护我们(1977: 15,22)。但是那些自称在从事社会保持工作的人,反过来也必须祈求所谓合法性能够在指责他们垄断了暴力的攻击中保护他们:在合法性的庇护下,他们采取的暴力措施和那些与国家作对的人所采用的暴力措施变得截然不同,于是,动用这些暴力措施也就变得合法了。尤金·沃尔特(Eugene Walter)在他关于政治恐怖的研究中指出:

> 根据我们所熟知的一些案例,当某种暴力行为被规定或定义为一种合法的惩罚方式时,其有害性会被加以衡量,国家也会做出一些限制以避免这种暴力造成过分的伤害。权威所做的定义往往会把这种暴力行为从暴力这一概念中抽离出来,至少从社会全体的角度来看是这样的,并且为它配备同样被社会所允许的带有胁迫性的工具和技术。(1969: 23)

如果接受了该论点的定义,那么,国家对暴力的垄断,其本身或许就是与他们自己制定的用来限制政府肆意妄为的法律框架相悖的。正是基于这一点,我们开始就国家的恐怖主义化或就其使用令社会无法接受的手段(譬如严刑拷打)展开讨论,而这些东西,恰恰是他们妄图予以否认、掩饰或加以美化的。

国家的形式

在冷战期间(现在已经正式宣告结束了),我们会有意识地把国家种类以及暴力在各个国家内部所处的地位进行区分。简单来说,至少在1980年代末的共产主义阵营变革发生之前,世界呈现出西方

9 资本主义阵营与东方社会主义阵营相对抗的局面。虽然在柏林墙倒塌之前，认为在大多数地方，国家社会主义并不等同于斯大林主义的看法已经得到了广泛的认同，但即便如此，社会舆论还是认为其具有内在的压抑性和专制性，且作为暴力的源头，直到现在仍在对言论管制产生深远影响（Curtis，1979；Friedrich et al.，1969）。而相比较而言，大多数自由民主国家的暴力源头则被刻意地淡忘了。但是我们会认真地对其进行探讨。

因此，自由民主主义长期以来，而且今后也会作为极权主义的反面而存在着。正如泰德·杭德里克（1980：157）所指出的，有许多学者曾假设"民主和暴力始终由于某种原因而互相冲突"。然而，这样的论点应当被现实主义好好敲打一下。如果韦伯的国家观点[1]是正确的，那么它也适用于自由民主国家，正如它适用于极权主义国家一样：自由民主国家和极权国家的区别在于量，而不是质。就这一系列的论点，社会学理论家安东尼·吉登斯（Anthony Giddens，1985：301）最近提出了一个逻辑上的总结。他认为："'极权主义'并不太适合用来形容一个国家，更别说是整个苏联国家阵营了。它不是用来指某个国家的，而是用来指代某种规则体系的。"吉登斯认为，所有的民族国家都是有可能以极权主义作为统治规则的潜在对象，他提出，这些民族国家的最基本要素包括"对于监视的极度关注，致力于满足当局对于实行紧急政治措施的迫切需求"（1985：303）。因此，为了达到这些目的，就需要道德极权主义、恐怖主义和卓越的领导形象。

我们并不是非得接受"所有的现代国家都是内在的极权主义国家"这一观点。我们不妨把目光转到一个略显肤浅的点上：当国家

1　德国著名社会学家、政治学家马克斯·韦伯提出，国家是一个"拥有合法使用暴力的垄断地位"的实体，政治应该被视为任何会影响到控制暴力的权力分配的活动，政治也因此是纯粹来自权力。——译注

处于千钧一发之际，自由民主国家可能会通过剥夺公民权利的方式来维护社会秩序。与此相关的是卡尔·施密特（Carl Schmit，1985：8，12）的精辟见解，他曾经成功预测了魏玛共和国向第三帝国的过渡：

> 所谓元首，就是在特殊时刻做出裁决的人……而若是如此，那么原则上，元首的权威就没有限制，这也就意味着整个现存秩序的停滞。在这样的情况下，国家虽然仍然存在，法治却在倒退。因为所谓“特殊时刻”与暴动、骚乱是不同的，在“特殊时刻”之中，法理上的秩序仍旧存在，尽管它的性质已经完全改变了。

法律与秩序，这两者经常被人们认为是不可分割的一对概念，但以上论点就证明了这两者的剥离是完全可能的。

这并非毫无先例：譬如，希腊和土耳其，这两个国家都在近年来成了民主倒退的“典范”。为了镇压暴乱，政府采取了大量特殊措施。而北爱尔兰的事件则是一个与经济学沾边的例子：想要像往常那样使某省经济倒退的影响不波及全国，但并没有取得完全的成功（参见 Faligot，1980；Pistoi，1981）。

而有一种暴力，民主国家是不反对其应用的，那就是酷刑折磨，而这对于所有国家的所有的公民来说都是无法接受的。正如历史 10
学家爱德华·彼得斯（Edward Peters）在他关于政治暴力之形式的研究中所提到的，随着民族国家的出现，叛国罪的概念被拓宽了。我们已经从“反君主”（关注皇室及其财产）转变到了“反国家”，即对于某人或某国的威胁成了一种巨大而模糊的罪行。彼得斯继续说道：“矛盾的是，在这样一个国家力量无比壮大的年代，国家有足够的能力动员一切资源，并且实质上拥有几乎无限的强制手段，而国家政策的很大一部分都基于其面对内部或外部敌人时会非常脆弱的观念。”（Peters，1985：105，7）另外，虽然在20世纪，严刑逼供是在第三帝国以及法西斯统治下的西班牙、意大利率先出现的，但在“某些普通的合法政权统治下，严刑拷打的现象也时有发生”（Peters，1985：105）。

举一个成为战后学界争论焦点的经典案例：在阿尔及利亚独立运动期间法国政府使用过严刑逼供，而这一事实被当局尽可能地掩盖了起来（参见Vidal-Naquet，1972）。根据记载，在北爱尔兰的事件中，政府的“反恐怖主义”措施就包括使用“感觉剥夺”[1]和暴力审问，然而，政府并不把这样的措施称为“严刑逼供”，而是美其名曰“病理治疗”（McGuffin，1974；Taylor，1980）。正如安东尼·吉登斯所说，我们不需要为了支持彼得斯关于“随着国家安全机制逐步发展，越发活跃的民族国家正在主宰道德与政治上的判断”的论点，而认为所有国家都具有极权主义倾向，但“民族国家的兴起或许的确是20世纪酷刑重现的根源所在”（1985：114）。

因此，在一次镇压暴乱的行动中的对某种暴力形式的美化，引发了对“暴力”的相关概念、分类形式及其衡量方式的长期争论。在“当代西方恐怖主义的源头”这一问题上也出现了相同的争论。说到这一点，相信大家一定还对第一届里根政府在1980年代初期对国际恐怖主义和苏联共产主义之间的关系进行的一系列宣传记忆犹新。而到了十多年后，后冷战时代的国际氛围证明现在这两者已经毫无关系，扮演恐怖主义核心的是中东地区的极端主义者。

美国所发表的对抗共产主义意识形态的言论，与其对于拉丁美洲和东南亚的一些专制政权的支持不无关系。即使最强的意识形态对手苏联已然解体，在某些地区，这样的言论依旧有其存在的价值。在1980年代初，美国政府就“独裁主义”和“极权主义”的区别

1　感觉剥夺：有机体与外界环境刺激处于高度隔绝的特殊状态。有机体处于这种状态，外界的声音刺激、光刺激、触觉刺激都会被排除。——译注

做了很大的文章，前者被认为是具有政治意义上的合法性的。被美国美化后的“独裁主义”同时也成为在多米尼加、南越、萨尔瓦多实行爱德华·赫曼（Edward Herman）和弗兰克·布罗德黑德（Frank Brodhead, 1984）所谓“示范选举”[1]的关键。参考之前一些成功的民主政体的经验，要使政体显得民主，那就要让它显得合法，这样一 11
来，国家恐怖主义就变成了一种可接受的武力行为。

政治框架与社会记忆

但不仅仅只有当前的场面在显示出一种分析上的问题。还存在一个在大多数的当代争论中未曾谈及的主题，即公认的社会记忆在塑造我们所生活的社会的过程中所扮演的角色。当暴力政治冲突爆发时，每一次“犯罪浪潮”在当时看来都像是史无前例的新型社会病理学的标志。这就引导我们把注意力转移到了解释框架的创建、维持和竞争的方式上，这些活动代表着各种政治利益，而知识分子扮演着道德主义者或评论员，以及大众媒体进行新闻报道时应该遵循的准则。

有许多评论家强调过政治暴力和“犯罪浪潮”是如何让世人瞠目结舌的，就好像对于这个国家的民主政治文化来说，它们是来自外太空的异种，是民众集体行为的空前衰退的重要标志一样。这样短浅的眼光恐怕是导致暴力在民主秩序中大行其道的主要原因。

举一个发生在1960年代晚期美国的相关案例。当时，美国黑人社区的暴动开始兴起，学生也开始针对越南战争、肯尼迪和马丁·路德·金的遇刺展开抗议。于是，正如我们所知，约翰逊政府于1967年成立了科纳委员会来对“内乱”展开调查研究，次年，旨在

1　示范选举：1966年之后美国政府通过操纵选举和排挤民粹派及进步政党等方式，给多米尼加等国的独裁政府披上“民主”面纱的行为。——译注

研究“暴力的起因和预防”的艾森豪威尔委员会也宣告成立。

而后者的工作成果之一就是对美国历史上的一些暴力事件进行了比较研究。从其中多项课题中清晰表现出的一个主题，即集体暴力是美国政治文化的核心部分，其形式包括治安委员会的政策、城市暴乱、种族暴力或者工人运动等（有意思的是，种族屠杀并没有包括在内）。而通过与欧洲进行比较，他们则认为“群体暴力事件在欧洲人与美国人之中是十分普遍且长期存在的”以及“值得注意的是，欧洲人和美国人都有否定这一事实的倾向”（Graham and Gurr, 1969：xxxi）。

在对西欧主要国家的调查中，历史社会学家查尔斯·迪力（Charles Tilly）也提出了类似的结论：“集体记忆机器能够极为有效
12 地破坏事实”，另外，“从历史上看，集体暴力会定期从西方国家的政治进程当中迸发出来”（1969：8，4）。迪力研究了英国、法国、德国、意大利和西班牙这些国家转向城市化和工业化的进程，并且呼吁公众从政治角度对集体暴力进行解读。一切种类的集体暴力（无论它是保守还是激进），其核心都是“为了在权力架构中获得一定地位而做的斗争”（Tilly，1969：10）。迪力认为，现如今，集体暴力行为通常都是由政党、联合协会以及特殊利益团体组织的，而且这样的暴力行为与权力部门的“垄断、控制，或者至少说是限制”之间也存在着联系。随着资本主义的进化和民族国家的集中化趋势带来的社会关系的改变，迪力所说的“集体行为的常备项目”已经逐渐发生了变化。虽然19世纪的典型形式，比如游行示威、罢工以及武装行动（虽然带头的人不同）在今天仍然可以见到（Tilly，1983：73—78）。与过去相比，关键的变化在于集体暴力在政治生活中的常态化。

这些关于社会记忆的历史发展的论点与另一种关于暴力的不同见解有着异曲同工之妙。迪力研究的是那些可以被称为“政治”的集体行为，而社会学家杰弗里·皮尔森（Geoffrey Pearson）则就犯罪暴力的令人敬畏的恐惧的历史进行了研究。拿英国来说，这是一

个完全可以延伸到其他国家的好例子，皮尔森（1983：207）选取了英国历史上一段“对于崩坏的现实充满恐惧和怨恨”的时期，以英国人的道德沦丧为中心进行了研究。

英国政治生活中的一个永恒的主题，就是“法律与秩序”，尤其是在撒切尔政府执政时期更是如此。在这一主题中，与犯罪浪潮做斗争，防止其扰乱社会秩序显得尤为重要。保守派政治家、高级警察以及出版业发出的声明都像是在为英国这个国家塑造一种安定宁静的品质，所有人都在为建设一个田园式的和谐国家努力着。值得强调的是，国家的美好形象（实际上只是个幻象）对产生此类争论的重要性。正如皮尔森（1983：227）所说：“就此而论，文化并不经常作为一种压制暴力的方式出现，而是作为一种煽动暴力的方式出现：确切地说，是以一种规章制度的形式来对暴力进行定义、促进、组织和引导。”这就会把问题引向大众媒体所扮演的角色上了，这一点我们会在第二章和第三章中讨论。

关于反社会的暴力，比如黑帮冲突、故意毁坏公物、足球流氓、街头犯罪等，皮尔森提出了有说服力的观点。每一代人都把这样的反社会暴力视为一种只存在于现今生活的不安因素，而实际上这些
暴力自古以来就已存在，而且有一套十分完整的历史。皮尔森认为 13
其“深深扎根在最为穷苦的社会底层阶级的社会再生产中”，而这正是“那些持续不断的流氓行为的物质基础”（1983：236）。再进一步说，还有一点，在其他许多地区（就比如今天的法国、意大利和德国）也同样适用，那就是持续的移民浪潮应当如何对暴力犯罪负责：比如在英国，黑人社区就被看作行凶抢劫的重灾区。然而，这一标签原本是从美国传过去的，这段历史最远可以追溯到第二次世界大战时期（Pearson，1983：20；参见 Hall et al.，1978：ch.1）。

说这些并非想要贬低如今的公众对于暴力行为的担忧，而是试图通过将这种焦虑置于更广泛的历史背景下，让公众能以一种更为连贯的视角去审视当下面对的危机。

符号暴力

要想从历史角度对暴力在集体主义中的地位进行分析，就会引出另一个关于文化理解的问题。很明显，在我们思考暴力的过程中，会不可避免地触及暴力的象征维度。总而言之，是时候把这个问题讲明白了。

有一个叫作“符号暴力”的概念，将象征和暴力联系在了一起，交流学理论家哈利·普洛斯（Harry pross，1981：69）将其定义为“一种能够对每个人的自我认同产生巨大影响的力量……符号暴力是和象征的物质性紧密相关的”。创造这一术语的是法国社会学家皮埃尔·布尔迪厄（Pierre Bourdieu，1977：196）：“符号暴力是当显著的暴力无法实现的时候，采取的一种温和的、隐蔽性较强的暴力方式。”

我很怀疑，我们是否应该将来自象征的影响，视作比来自“隐喻”的暴力更多，虽然很容易就能看出精神生活规则和阶级社会权力之类比的吸引力。无论如何，如果我们更进一步，坚持认为符号暴力和身体暴力是同一现象的两个不同变体，那么整个问题的视野和定义就会一下子变得开阔起来。如何数字化解析（如果可能的话）符号暴力一直是当代媒体理论的一个未解的难题，在大众传播时代，这也已经成为了一个被反复进行概念化和可操作化的课题（参考 McQuail，1987：chs. 8，9；Wolf，1985：chs. 1，2）。

“符号暴力”可以被解构为两个十分有价值的观点：一，对于生活在一个集体中的人来说，象征领域的暴力同样是具有压迫性的（虽然根据社会地位和文化程度的不同，情况会有所不同）；二，在
14 政治条件允许的情况下，符号暴力为身体暴力提供了一种可变性，在某些情况下也可以作为身体暴力的一种补充。这一问题的发展得益于安东尼奥·葛兰西（Antonio Gramsci）的研究成果，他关于统

治阶级在追求霸权方面的压迫与同意的相关性分析，影响了当今学界的大多数争论。

这些争论的核心在于，人们认识到象征领域是意识形态斗争（为了心灵和思想而进行的斗争）发生的地方。这是在政治领域被广泛接受的一种观点（虽然有时政客们嘴上并不这么说），所有意识形态统治下的政权都在意图通过使用多种方式，达到控制思想宣传，贯彻落实审查制度和保护国家机密，以及管理信息传播的目的。

另外，象征和暴力还通过另一种方式联系在了一起，即相关研究对大众媒体（在今天，尤其是电视）是否是造成政治性和犯罪性暴力，以及威胁自由民主政体的反社会行为的主要原因所产生的兴趣。虽然学界已经进行了从行为主义心理学到人种学在内的大量研究，但仍旧没有得出确切的结论（参见 Gerbner，1987）。而在下一章中我们会提到，在政客、反暴乱支持者以及道德卫士之中，存在着一种普遍共识，即大众媒体化的暴力一定会以某种方式产生有害影响，而且这种影响很难被压制下去。因此，普遍的假设都认为在与国家敌人的斗争中，控制住传播的象征领域至关重要。

参考文献

Bourdieu, P. (1977) *Outline of a Theory of Practice*. Cambridge: Cambridge University Press.

Chesnais, J.C. (1981) *Histoire de la Violence en Occident de 1800 à Nos Jours*. Paris: Laffont.

Curtis, M. (1979) *Totalitarianism*. New Brunswick, NJ: Transaction Books.

Elias, N. (1982) *The Civilizing Process (Vol. 2): State Formation and Civilization*. Oxford: Blackwell.

Faligot, R. (1980) *Guerre Spéciale en Europe: Le Laboratoire Irlandais*. Paris: Flammarion.

Friedrich C.J., Curtis, M. and Barber, B.R. (1969) *Totalitarianism in Perspective: Three Views*. London: Pall Mall Press.

Gerbner, G., with the assistance of Signorielli, N. (1987) 'Violence and Terror in the Mass Media: A Consolidated Report of Existing Research'. University of Philadelphia. Unpublished paper.

Giddens A. (1985) *The Nation-State and Violence: Volume Two of a Contemporary Critique of Historical Materialism*. Cambridge : Polity Press.

Girard, R. (1977) *Violence and the Sacred*. Baltimore, Md, and London: Johns Hopkins University Press.

Graham, H.D. and Gurr, T.R. (eds) (1969) *The History of Violence in America: Historical and Comparative Perspectives. A Report Submitted to the National Commission on the Causes and Prevention of Violence*. New York, Washington and London: Praeger.

Hall, S., Critcher, C., Jefferson, T., Clarke, J. and Roberts, B. (1978) *Policing the Crisis: Mugging, the State, and Law and Order*. London: MacMillan.

Herman, E.S. and Brodhead, F. (1984) *Demonstration Elections: US-Staged Elections in the*
15 *Dominican Republic, Vietnam, and El Salvador*. Boston, Mass: South End Press.

Hobsbawm, E.J. (1977) 'The Rules of Violence', in *Revolutionaries: Contemporary Essays*. London: Quartet.

Honderich, T. (1980) *Violence for Equality: Inquiries in Political Philosophy*. Harmondsworth: Penguin.

McGuffin, J. (1974) *The Guineapigs*. Harmondsworth: Penguin.

Mackenzie, W.J.M. (1975) *Power, Violence, Decision*. Harmondsworth: Penguin.

McQuail, D. (1987) *Mass Communication Theory: An Introduction*, 2nd edn. London: Sage.

Pearson, G. (1983) *Hooligan: A History of Respectable Fears*. Basingstoke and London: Macmillan.

Peters, E. (1985) *Torture*. Oxford: Blackwell.

Pistoi, P. (1981) *Una Comunità sotto Controllo: Operazioni Contro-Insurrezionali delle Forze di Sicurezza Britanniche nel Quartiere Cattolico di Ballymurphy, Belfast*. Milan: Franco Angeli.

Pross, H. (1981) *Zwänge: Essay über Symbolische Gewalt*. Berlin: Kramer.

Schmid, A.P. (1984) *Political Terrorism: A Research Guide to Concepts, Theories, Data Bases and Literature*. Amsterdam: North-Holland; New Brunswick, NJ: Transaction Books.

Schmitt, C. (1985) *Political Theology: Four Chapters on the Concept of Sovereignty*. Cambridge, Mass: MIT Press.

Taylor, P. (1980) *Beating the Terrorists? Interrogation in Omagh, Gough and Castlereagh*. Harmondsworth: Penguin.

Tilly, C. (1969) 'Collective Violence in European Perspective', in Graham and Gurr (1969). pp. 4–45.

Tilly, C. (1983) 'Violenza e azione collettiva in Europa: riflessioni storico-comparate', in D. Della Porta and G. Pasquino (eds), *Terrorismo e Violenza Politica*. Bologna: Il Mulino. pp. 51–87.

Vidal-Naquet, P. (1972) *La Torture dans la République: Essai d'Histoire et de la Politique Contemporaines (1954–1962)*. Paris: Editions de Minuit.

Walter, E.V. (1969) *Terror and Resistance: A Study of Political Violence with Case Studies of Some Primitive African Communities*. London, Oxford and New York: Oxford University Press.

Weber, M. (1948) 'Politics as a Vocation', in H.H. Gerth and C. Wright Mills (eds), *From Max Weber: Essays in Sociology*. London: Routledge & Kegan Paul. pp. 77–128.

Williams Jr, R.M. (1981) 'Legitimate and Illegitimate Uses of Violence: A Review of Ideas and Literature', in W. Gaylin, R. Macklin and T.M. Powledge (eds), *Violence and the Politics of Research*. New York and London: Plenum Press. pp. 23–45.

16 Wolf, M. (1985) *Teorie delle Comunicazioni di Massa*. Milan: Bompiani.

第二章

“恐怖主义”、媒体、自由民主国家：对主流观念的批判

> 政府必须通过宣传自己对于时局的看法以维护自己并破坏敌人的形象，这就需要一种被精心策划、协调的行动来予以保证，很遗憾，在没有一个更合适的词语来形容它之前，我们只能称其为“心理战”。（Kitson，1971：78）

> 会议就目前新闻界和政府在处理恐怖主义这一点上所面临的严峻问题达成了共识。多数与会者同意，在公民的生命安全或国家安全受到威胁的特殊时刻，让消息延迟几日发布是可以接受的。虽然在一个民主政体之中，新闻界和政府会不可避免地有某种程度的相互怀疑，但如果双方能够在危机期间互相合作，保证合理的工作秩序，那么在国家和新闻界的利益之间建立一种可接受的平衡是完全可能的。（Galliner，1980）

本章探讨的是一项尚未在社会学文献中得到系统性关注的课题：西方民主国家的媒体对于恐怖主义的报道。首先，我将说明“恐怖主义”这一术语是如何与合法政治活动以及实践理性概念联

系在一起的。此类从语义维度进行的解读,非常有益于我们理解媒体通常是如何主导话语权的。其次,为了阐述官方控制大众传播工作进程的诉求,我整理了一些关于“媒体在报道恐怖主义时的角色”的官方或半官方观点。这将为第三章的案例研究提供大致背景,并向各位展示官方的政策声明是如何被媒体转化为实践的。

恐怖主义：官方和非官方

在国家机关看来,媒体在形容政治暴力时使用的语言非常关键。在 1978 年的国际新闻学会(IPI)关于“恐怖主义与媒体”[1]的主题会议上,时任英国内政部国务大臣的哈里斯勋爵(Lord Harris)已经明确表示了官方的观点。一份“非公开”的报告称,他曾私下表示“意大利媒体对于绑架杀害阿尔多·莫罗的红色旅的用词可谓作
17 茧自缚。所谓红色旅的‘公报’仅仅只是媒体为了吸引眼球、满足自己的利益而胡乱使用的词语,可见媒体对于此事是多么的不严谨。‘恐怖分子……就只是普通的犯罪分子而已：他们没有法庭,也没有发行公报,他们不具有公职人员的身份’”(引自 Pontello,1980)。

可惜,哈里斯勋爵的其他观点并没有被公开。不过,康纳·克鲁斯·奥布莱恩(Conor Cruise O’Brien)博士就其观点做出了合乎逻辑的拓展。当然我们必须了解,他曾经担任过爱尔兰政府的邮电部部长,并主张对爱尔兰共和军(IRA)发言人的广播电视采访进行审查。奥布莱恩博士表达了一个核心观点,该观点几乎代表了他对此问题的所有看法:“民主国家使用的力量是合法的,而恐怖分子的暴力行为是非法的。”(1977：38)因此控制政治话语是自由民主国家对抗其

1 本章提到了 1978 年,在佛罗伦萨举行的国际研讨会会议记录。该会议由国际新闻学会和外交杂志《Affari Esteri》(总部设在罗马)共同组织。由于该记录没有编码,因此引用时只列出特定文献名。

敌人的关键部分：“‘暴力’和‘力量’的区别，就像是‘恐怖分子’和‘自由斗士’的区别，这些宣传用语都具有鲜明的情感色彩；因此我们针对某件事物的用词并不取决于力量或者暴力的程度，而是取决于我们对于其正义性的判断。”（1977：35）在谈到爱尔兰共和军时奥布莱恩博士提出，英爱两国都在寻求一种理性的解决政治问题的方式，因此他们是合法的，而爱尔兰共和军的暴力运动则是非正义的。根据这一观点，自由民主政体就是理性的化身，而暴力的恐怖分子本质上是非理性的。他们关于自由的理念，无论是国际的还是本国的，都是准千禧年主义[1]；他们盲信于教条，而不是具有实践性的理性。因此，应当拒绝与恐怖分子进行任何政治辩论，因为“虽然对方能够根据其独特的观点而做出流畅的争辩，但本质上是无法接受与其价值观相左的理性思维的”（1977：38）。恐怖分子不应该得到任何形式的宣传报道，应当用军事手段而非政治手段处理恐怖主义问题。

无论有多少毋庸置疑的优点，自由民主政体绝不是理性的化身。举个例子，正大光明地坚持践行民主，却造成了广泛的不平等以及生产的无序，这样的现象就算不是完全荒谬的，在局外人看来恐怕也很难被认为是一种理性的表现。另外，奥布莱恩博士并没有对政府运用暴力来保障国家安全进行质疑。难道这永远都是不容一丝怀疑的吗？在他看来，是的。因为他参与了一出十分娴熟的政治演出，其中理性和民主政体实现了完美的狼狈为奸。此外，我们也要认识到那些为了对抗自由民主国家而使用的政治暴力在本质上并非不合理的。它是建立在获得某些成果的可能性上的，虽然这可能是一种在道德上没有吸引力的观点，但确实是与当今的政治现实相符的。简单来说，为了反对国家而使用政治暴力的初步证据，

1　千禧年主义是某些基督教教派正式的或民间的信仰，其相信将来会有一个黄金时代：全球和平来临，地球将变为天堂，人类将繁荣，大一统的时代来临以及“基督统治世界”。——译注

既不是理性的，也不是非理性的（参见 Honderich，1980）。

哈里斯勋爵和奥布莱恩博士所说的就像是一种语言学外科手术，旨在从根本上把政体中的好的和坏的，秩序的和混乱的甄别开。18 但是这种对某些概念进行过于明确的划分往往伴随着危险。政府通过政策法律将某些事物定义为非法的，并从道德层面对其强烈谴责，这会使得民众忽视他们所反对的行为中可能蕴含的政治原理。对于政治理性采取一种相对温和、中立的态度，是分析"恐怖主义问题"的重要前提之一。而且，对国家之敌人的去"人性化"，也会危及公民的自由。艾德蒙・里奇（Edmund Leach）和弗朗哥・费拉罗迪（Franco Ferrarotti）教授都曾形象生动地提出过以上观点。

里奇观察到，当理性、秩序还有犯罪等不同概念在一个政治事件中共存的时候，会出现很多问题。虽然要想让整个社会达成一种真正的共识非常困难，但司法机关应当致力于建立一种能够得到公众认可的观点，即犯罪不仅仅是一种不光彩的表现，更是一种残忍的行为。因此：

> 根据新闻出版界惯常的价值体系，任何拒绝接受现行的关于"敌意"的定位规则的人都应当被自动归类为罪犯、违法者、野蛮人、恐怖分子，或是原始人，是可以被比喻成爬虫或者野兽的存在。（Leach，1977：26）

里奇（1977：30）认为，在无差别恐怖主义者的心中，潜在的受害者是"那些'和他们非常不一样的人'，是非人的他者，是不适用于他们道德标准的人"。这样的说法其实同样适用于国家机构和他们的敌人。对于参与到反恐怖行动中的国家来说，这也意味着存在刺激报复行动和掩盖政治暴力来源的危险："无论恐怖分子的行为是多么不可思议，我们的法官，我们的警察，以及我们的政治家绝不能忘记，恐怖分子也同样是人类，不是长着狗头的食人魔。"（1977：

30）这种人道主义谨慎非常重要，尤其当自由民主国家获得特殊的法律权力时，比如英国的《反恐怖主义法》，西德政府对激进政治倾向嫌疑者所实施的禁止其在政府部门供职的政策以及《雷亚莱法令》[1]等（Cobler, 1978; Cowan, 1980; Rose-Smith, 1979）。

弗朗哥·费拉罗迪的研究比里奇的更为深入，他尝试勾画出了一整套系统来评估包括政治恐怖主义在内的暴力的人性化因素。首先，他和里奇一样，明确提出“恐怖分子不是洪水猛兽，他们是如假包换的人类”。其次，他认为我们应该“从历史的角度对暴力有一个具体的衡量”，另外，对于暴力的成因，我们也需要进行大量的实验研究。最后，他提出，暴力是“道德的颠倒”，是为了摆脱理性和官僚社会的枷锁而寻求生活意义的过程。正是这一近乎玄学的观念引导他对那些认为暴力是“疾病”的观点提出了质疑。他认为，单纯地对暴力进行压制存在理论上的根本错误，最终也只会适得其反（Ferrarotti, 1980: ch.7）。需要补充的是，那些为了进行短期“心理战”而去操控媒体的国家也迟早会遭到报应。 19

正如诺姆·乔姆斯基（Noam Chomsky）和爱德华·赫曼（1979a; 1979b）所指出的，关于秩序、合法和理性的主流思想是建立在“恐怖”一词的“语义”上的。就像奥布莱恩博士一样，他们也认识到了语言在宣传战中的重要性。但他们并没有把民主自由国家赞美为一个完美的理性主体，而是把关注点放在了美国对第三世界的暴力镇压的支持，以及所谓“人权”的意识形态功能上。虽然他们研究的实质远不只是西方媒体对于暴力的报道，但他们所关注的主题决定了其研究会和本章节有关联。

乔姆斯基和赫曼认为，美国对第三世界的政策反映了一种意识

1 《雷亚莱法令》：1975 年由时任意大利司法部长的奥伦佐·雷亚莱负责制定的法令，扩大了意大利政府安保队伍的权力。法令颁布不久前，在布雷西亚发生了由右翼组织指使的炸弹爆炸事件，因此这一法令被认为是对于该次炸弹事件的回应。——译注

形态框架，在这一框架中，“可接受和不可接受的流血行为”随时都可能被定义。这一框架的核心在于“‘恐怖’和‘恐怖主义’这两个词”，而“这两个词已经成为西方世界强大的语义学工具”（1979a：85）。他们强调，这几个术语在很多情况下都被限制于用来形容个人或者小团体的暴力行为。而无论在规模上还是破坏性上都大了许多的官方暴力则被归入了一个完全不同的类别里（1979a：6）。在西方的公众话语中，那些反对现有秩序的就是恐怖分子，而国家恐怖主义一词则一般不会被使用。在论述的过程中，乔姆斯基和赫曼发展出了一种颇具争议的区别方式。他们认为，一方面，“官方暴力”是在“批发”恐怖，而另一方面，“非官方暴力”是在“零售”恐怖。如果这种“定量”标准被接受，那无疑会重塑西方民主国家对于恐怖主义的印象。看上去这样的理论不管对于西方媒体还是对于“被许可的发言人”（这一恰当的形容由斯图尔特·霍尔提出，指那些决定着媒体将如何传播社会现实的人）来说都并不具有说服力。相反，正如乔姆斯基和赫曼所说的，如今，西方媒体日常工作的大部分都需要有官方授权，而这“已经在1970年代实现了制度化，其旨在通过新闻媒体促使民众排他性地关注弱势群体发起的小规模暴动。这实际上是以一种隐秘的方式在美化国家恐怖主义和法西斯主义”（1979a：87）。

然而我需要警告大家一下，以免我们在赞同乔姆斯基和赫曼之批判的同时，不加鉴别地对弱势群体过度纵容。接受这一批判及其隐含的政治性反对，并不意味着要放弃原有的道德原则和政治立场，我们仍应反对无差别的政治暴力行为。E. P. 汤普森（Thompson，1980：171）在他的一段言论中把这个道理说得很清楚：

> 在遭受极端压迫的情况下，民主主义者和社会主义者很可能被迫以武力的方式进行自卫，或直接发动暴乱。在这样的情况下，我们应当支持他们。然而，由于还存在其他组织的干预

> 和煽动，恐怖主义行为最好也不过是浪漫主义、事与愿违以及极度精英主义（要知道不能被言语所动摇的精英往往会被枪炮恐吓），而最坏的情况则会成为病态和罪恶。 20

虽然本章所关注的，用乔姆斯基和赫曼的话说，是“零售的”恐怖主义，但读者应当铭记：对国内的持异议者实施的严格管控机制（恰如国家对媒体的管控），与其国际维度有着不可分割的关系。乔姆斯基和赫曼就这一点做了一些阐述。首先，在北爱尔兰叛乱中，英国媒体往往都把革命军描绘成主动发起进攻的一方，这样，国家暴力看上去就像是被动防御的一方，因此国家就可以名正言顺地用铁蹄压制人民追求自由的运动。其次，在一些拉美国家，比如巴西和乌拉圭，官方暴力被西方媒体重新定义，等于是进行了一次隐晦的美化；又是北爱尔兰的例子，在一次司法调查中，国家对于囚犯的严刑逼供被重新定义为“非人道的、有辱人格的处理方式”，随后媒体也进行了相同的报道。再次，零售的恐怖主义被认为是一种非理性的活动，而它之所以看上去不理性，往往是因为人们（因为政府对于新闻的管制而）无法了解它背后的真实背景。最后，他们提到，美国政府通过给反越战人士打上“恐怖分子”的标签，有效地损坏了这些人的名誉；而在英国或其他地方，几乎是以同样的方式，比如通过不断扩大“颠覆活动”一词的适用范围，使得一切对政府不利的异议都成了非法言论。

主流观念及其局限性

在西方资本主义国家争相展开“心理战”的背景下，关于媒体对非官方恐怖主义报道的争论已经进一步升级。某些拉美国家奉行一种被称为“国家安全”的理念，针对所谓“内部敌人”实行信息管控，而这就是心理战的表现之一（Mattelart，1979）。在过去十几年里，尤其是1970年代中期，有一种主流观念在官方和半官方圈子里十分流行：新闻媒体是具有实用性的，应当将其视为一种会对国家的最终胜利产生（或好或坏的）影响的工具。虽然看上去通过设置全方位的审查制度，不给反对国家的暴徒可乘之机，是不错的权宜之计，但事情并没有那么简单。公然进行审查会威胁到自由民主秩序的合法性，因为在自由民主政体中，新闻自由本不该受到国家限制。因此，对于国家来说，比较好的方法是制定一种能够将媒体融入国家安全体系，又能在必要时保持二者独立性的信息政策。英国反暴乱专家理查德·克拉特巴克（Richard Clutterbuck）少将已经明确表达了目前占正统地位的主流观念：

> 电视摄像机就像是一种存在于大街上的武器。任何一方
> 21 都可以使其为己所用。如果政府用它来鼓励其官员、警察和军人去帮助媒体人，并且回答媒体的问题，那么这将比任何形式的审查或政府管制都要有效。（1975：147）

除了寻求与媒体的合作之外，还有另外两种可行的选择。其中之一就是公开审查。不过很少有人倡导将其作为一种全面措施推行，除非在某些特殊情况下需要对新闻进行冻结式管制，但即使出现这种特殊情况，新闻媒体也往往会先做出妥协。总而言之，公开审查适合应用于广播界而非出版界，比如通过事先审查了解采访内容，拒绝接受与政治暴力的组织者有关的采访。奥布莱恩博士针对这点，在英国和爱尔兰进行了大量研究，他认为“我们应当更多地关注那些与当代危机密切相关的自由主义思想，并在法律的支持下强化政府权威”（1979：9）。还有一些反暴乱理论家和伦敦的右翼组织冲突研究学会（ISC）也发表过相同的观点（ISC，1978；Wilkinson，1977：1690）。

就像美国政治科学家贝纳德·约翰博尔（Bernard Johnpoll，

1977：160）提出的那样，正统观念之外的自由主义案件很少被公开：“媒体能为反恐怖事业做什么？讨论这个是完全没有用的。因为媒体并不是司法机关；在现代社会，他们的职责是传播信息。如何消除恐怖主义是一个司法和伦理道德问题；而不是媒体需要考虑的问题。”无论是在现实中，还是理念上，或许这样的问题只有在权力分离比较成熟的美国才能够引发严肃讨论。

在美国的执法体系中，不同部门都在推进“不干涉”原则。帕特里克·墨菲（Patrick Murphy，1980），纽约的一位警察局长，给出了三个理由：进行审查等于是通过限制媒体自由而帮了恐怖分子的忙；媒体可以通过平息谣言来“扮演重要的、正面的角色”；政府没有相关的专业知识来对媒体进行“微调”。反恐特遣队的 H. H. A. 库珀（Cooper，1977）也倡导不要对新闻媒体进行审查，但是他认为媒体在评论和调查时应该“小心”。媒体需要认识到自己可能会遭到其他势力的利用，因此做事要“负责任”。

认为媒体负有“社会责任”的观点，是在关于当代自由民主国家的本质及其内部媒体的运作机制的一些高度可疑的假设的背景下发展起来的。比如：自由民主政体易受攻击，从不实行新闻监管；媒体心甘情愿地成为恐怖分子宣传的受骗者，它们是恐怖分子表达自身观点的开放渠道；媒体的新闻报道有传染性。奥布莱恩博士认为，自由民主国家需要去扮演一种“非常杰出”的角色，“因而会始终暴露在危险之下”。但这实际上就是“自由民主政体易受攻击， 22
在面对寻求公众关注的恐怖分子时尤为如此”这一观点的加强版而已。他们认为自由民主政体缺乏一种有效且果断的应对机制，而且过于开放。华盛顿战略和国际研究中心的沃尔特·拉克尔（Walter Laqueur）教授，哥伦比亚大学战争与和平研究协会的 J. 鲍耶·贝尔（Bowyer Bell）博士都曾对此问题进行过深入研究。他们二位都是政治暴力方面的权威专家（Bowyer Bell，1978：78；Laqueur，1977：109—110）。

然而，我们应该对这些观点进行批判性的评估。近期，自由民主国家内部出现的诸如“强国”、“威权国家主义”、“国家安全体制”之类的新变化将会成为重要参考。欧洲反恐怖主义法律的发展以及警察与军队为了维护“国内安全”而展开的合作，（无论刑事案件还是政治案件）被告在法庭上的权利被逐渐削弱，警察对于公民全体的监控手段的逐渐高科技化，“颠覆国家政权”这一概念的逐渐扩大，对工会和游行示威的限制等，都是这些变化的体现（参见 Ackroyd et al., 1980; Bunyan, 1976; Enzensberger, 1979; Poulantzas, 1978; Thompson, 1980）。这些其实都是针对非官方暴力的应对措施。基于这样的背景，可以确定的是，我们很难同意之前几位学者关于“自由民主政体易受攻击”的观点，实际上，在他们的理论中，根本没有一点关于先进资本主义国家所作所为的内容。

不过，如果恐怖分子有意识地去利用媒体的角色，那么这可能将会是把自由民主政体推向无尽深渊的关键一步。因此拉克尔教授写道：

> 恐怖分子们已经认识到，媒体对于他们的运动来说至关重要。因为如果恐怖行动仅仅只有他们自己知道，那就没有价值了，关键是要让公众了解他们的行动。但是媒体只需要新鲜的、多样的新闻素材，媒体只和脑洞大的人交朋友。因此恐怖分子始终需要保持创新思维。从某种程度上说，他们是我们这一时代的超级明星。（1977: 223）

这短短的几句评论引发了不少共鸣。鲍耶·贝尔将媒体的核心本质和反动的宣传策略联系在了一起：因此重要的不仅仅是暴乱的原因和方式，还有其地点和时间。了解新闻媒体的恐怖分子知道实施恐怖活动的最佳时间，知道媒体需要他进一步展开计划，而且会通过操纵媒体把自己展现给大众。另外，他认为，恐怖分子对媒体的操纵需要满足几个条件。首先，场所周边必须要有通信设备，比如说 1972 年的慕尼黑奥运会。其次，要想引起媒体的兴趣，就必须让媒体预见到暴力的可能性。最后，为了博得媒体的持续关注，真正机智的恐怖分子会选择一个不断变动的场景，比如劫持一架客机(Bowyer Bell，1978：110—116)。 23

在鲍耶·贝尔看来，恐怖分子本质上就是宣传员或者表演家。这一戏剧性的观点在其他类似的文献中也能找到。比如拉克尔谈到了“超级明星”，兰德智库公司的国际恐怖主义专家布莱恩·詹金斯(Brian Jenkins，1980)也有过类似的阐述：“恐怖分子就像是在为他们的暴力行为编舞。而恐怖主义事件则是一个舞台。”这些观点把政治暴力看作一出颇具影响力的戏剧，其中媒体报道具有极高的重要性。

如果仅仅只是把恐怖行为与资本主义媒体的价值观及需求简单地结合起来，那的确不难得出“媒体心甘情愿地成为恐怖分子宣传的受骗者”这一结论，然而，拉克尔明确指出了这样的理论是站不住脚的。

主流观念认为，对于那些争相报道暴力和戏剧性事件的媒体，自由民主国家并没有进行监管，这导致了非常不好的宣传效果。但是事情的实际发展并非如此，某些自由民主政权不仅在加强对新闻业的监管，而且还形成了一套复杂的思想宣传管理体系。比如西德对于新闻媒体的政策。

阿明·格鲁尼沃尔德(Armin Grünewald，1980)，西德政府的官方发言人，曾评论称“媒体在恐怖分子的后勤组织中扮演着重要角色”，因此国家有权与出版界和广播界保持合作。在 1970 年代，“信息政策已经成为所有协商环节的必备元素”，而媒体和政府之间的合作已经上升到了完全控制信息传播的程度。在西德雇主联合协会的领导人汉斯·马丁·施莱尔被绑架的一个月期间，政府对新闻实施了冻结式管制。

> 国务大臣赫尔·博林出席了一系列采访，几乎都是与这些管制的意义和合法性有关的，在采访中，博林做出了表态，其不仅在寻求媒体方面的理解，还要求获得媒体的认同。媒体的自我克制，是新闻运作体制中最重要的一部分，想要做到这一点，媒体就应该致力于一些不会对政策产生危害的问题。(Grünewald，1980)

对媒体报道的成功控制并不是通过颁布强制性法律实现的，因为法律并没有这样的权力。

波恩刑警队的副队长莱茵哈德·鲁普雷希特(Reinhard Rupprecht，1980)曾就施莱尔绑架事件中的新闻冻结做出过相似的解释。不过相比“冻结”一词，他似乎更喜欢用“延迟”来形容。鲁普雷希特先生认为，在追捕绑架嫌疑犯的过程中，媒体起到了至关重要的作用。施莱尔的尸体被发现后不久，警方就在电视上发布了一段相关视频，所有报纸都用一整个版面刊登了16名恐怖分子的照片和特征，并且列出了一系列证据和细节，一方面得出恐怖分子可能会租赁一
24 间公寓来作为会议地点或藏身处，以及他们会租车等结论，另一方面也提醒相关单位注意鉴别伪造的护照、身份证和驾照。

此次针对“国家安全”的社会动员还包括连续九天在黄金时段播出警方的视频，且“无须诉诸政府所保有的向广播电视泄露机密的权利”。另外，为了让搜捕更加顺利高效，政府还对媒体使用的照片和图表进行了特别审查。在了解到这一时期政府和媒体之间的支配和被支配关系后，人们就不免认为目前的自由民主国家略显软弱了。然而，我们需要认清的是，不是所有国家都具备这样高效的管控体系。在阿尔多·莫罗绑架案期间，有大量的信息被泄露给了意大利媒体，以至于事后有人呼吁制定新闻冻结体制以及新闻行业守则(参见 Solé，1979：221—230)。

让我们转向最后一个论点：媒体在报道了恐怖活动之后，就

具备了传染性。这一观点是由纽约州立大学的约纳·亚历山大（Yonah Alexander）教授提出的。但是当他宣称“新闻媒体的宣传使得恐怖主义合法化”的时候，并没有提供有说服力的证据。比如，他引用了两个在美国进行的公众意见问卷调查的结果，试图说明巴勒斯坦解放组织在1974—1975年间通过大量吸引媒体关注的方式，让公众对其有了“十分深入的认识”。然而，他似乎没有认识到，公众知道某一组织，并不意味着该组织得到了公众的支持。而“知道”也并不意味着公众了解该组织的政治目的。因为媒体很可能会对暴力袭击、炸弹事件、劫机事件的报道进行加工处理，并促使公众对恐怖分子的所谓教义，产生排斥、挑战、扭曲甚至是嘲笑等情绪，英国的“愤怒旅”就是一个很好的例子（参见Chibnall，1977：95ff.）。

亚历山大还提出了一种关于“媒体的恶劣影响”的论点。他认为，对于恐怖主义的新闻报道会导致暴力技术的出口。但他提出的论据可谓毫无说服力。尼尔森·洛克菲勒（Nelson Rockefeller）、安德鲁·杨（Andrew Young）和克拉特巴克少将都曾提出过相关的质疑。对此他解释说：“阿根廷游击组织蒙特内罗杀死前总统佩德罗·阿兰布鲁就是为了用他的尸体换回被搬运到西班牙的庇隆夫人的尸体；缅甸恐怖分子偷窃吴丹的尸体，是为了借此与缅甸政府谈判。”（Alexander，1978：47）抢尸体或许可以被看作一项技术，但是它的出现与其独特的社会背景息息相关。把分别来自拉丁美洲
和亚洲的两个本身没有太大关系的例子放在一起，就得出了“恐怖 25
主义会造成世界性的影响，它会刺激其他国家中对现实感到愤怒、失望、无助的群体采取类似的行动”（Alexander，1978：48）这样牵强的结论。愤怒的群体指的是谁？为什么偏偏是他们？他们是在怎样的社会情境下采取的行动？他们有其他的选择吗？媒体的魔力再强，总不至于把这些研究的基本问题也给抹掉了吧？

影视作品中对暴力的描绘是否会对人，尤其是对于正处在成长期、尚无判断能力的孩子们产生有害影响？实际上这一问题已经

被讨论多年，而且至今尚无定论，亚历山大教授的论点仅仅是该问题的一种变体罢了。在文化评论和大众媒体领域的相关争论已经表明，媒体对于暴力的报道和某一社会事件之间并不是简单的因果关系。事实上，如果把这些问题混同，就等于是忽略了不同课题研究背后的各不相同的社会关系，以及通过交流实现的复杂无比的协调、妥协的过程（参见 Hall，1977；Halloran，1978）。当亚历山大（1978：51）断言“通过大量关于暴力事件的报道，媒体给人的印象是其同情恐怖主义的成因，并因此营造出一种非常适合恐怖主义滋生发展的社会氛围”时，他陈述的并不是一个成形的观点，而是为我们今后关于政治暴力的报道及其公共阐释的研究提出了一个问题。

目前我们走到了哪一步？

因此，这些不断就“媒体对于政治暴力的报道”提出自己观点的，搞所谓“恐怖主义研究”的专家们，完全没有对新闻生产过程及其在自由民主国家所面临的管制措施已然转变成为进行“心理战”而武装的特殊统治工具做任何严肃的分析。从 1970 年代早期到 1980 年代中期，英国政府管制媒体的方式很好地展示了应该如何通过间接控制和促使媒体进行“自我克制”来避免国家的粗鲁、公开的新闻监管。该方式对于任何国家来说都是适用的。在 1978 年的国际新闻学会关于“恐怖主义与媒体”的会议上，英国的例子被广泛认可，并被视作值得效仿的榜样。原因不用我多说。通过避免明显的监控，国家的意识形态资本完好无损，而新闻媒体承担了其社会责任，并且自愿进行了“自我克制”，以此维护了自身的公信力。虽然这样的解决方式对于国家来说还是有不利影响的，因为在某些特定的时刻，媒体的迫切需求可能会凌驾于国家安全原则之上，进而破坏社会安定。

本章中分析的一些主流观点表明，致力于维护国家安全的政府正意图对思想领域进行提前占领，这恐怕预示着监管和保密措施会

日益增强。在政府对新闻的限制出现新的变化之前，为了让尽可能 26
多的公众意识到在目前的“反恐怖主义”斗争中，信息公开和新闻报道的重要意义，似乎需要进行一些更为理性的分析。

毋庸置疑的是，目前我们需要对于特定国家内的政治暴力的具体形式及其成因给予充分的关注。对于新闻系统及其与国家的关系，则需要更加细致的观察研究。进行比较研究则有助于我们看清国家的特性如何影响了心理战的演变。此类对于媒体、政治暴力和国家之间的辩证性互动的系统性研究才刚刚起步。

参考文献

Ackroyd, C., Margolis, K., Rosenhead, J. and Shallice, T. (1980) *The Technology of Political Control*, 2nd edn. London: Pluto Press.

Alexander, Y. (1978) 'Terrorism, the Media and the Police', *Police Studies*, June: 45–52.

Bowyer Bell, J. (1978) *A Time of Terror: How Democratic Societies Respond to Revolutionary Violence*. New York: Basic Books.

Bunyan, T. (1976) *The History and Practice of the Political Police in Britain*. London: J. Friedmann.

Chibnall, S. (1977) *Law-and-Order News*. London: Tavistock.

Chomsky, N. and Herman, E. (1979a) *The Washington Connection and Third World Fascism; The Political Economy of Human Rights, Vol. 1*. Nottingham: Spokesman Books.

Chomsky, N. and Herman, E. (1979b) *After the Cataclysm: The Political Economy of Human Rights, Vol. 2*. Nottingham: Spokesman Books.

Clutterbuck, Maj.-Gen. R. (1975) *Living with Terrorism*. London: Faber.

Cobler, S. (1978) *Law, Order and Politics in West Germany*. Harmondsworth: Penguin.

Cooper, H.H.A. (1977) 'Terrorism and the Media', in Y. Alexander and S.M. Finger (eds), *Terrorism: Interdisciplinary Perspectives*. New York: John Jay Press. pp. 141–46.

Cowan, S. (1980) 'Terrorism and the Italian Left', in C. Boggs and D. Plotke (eds), *The Politics of Eurocommunism: Socialism in Transition*. London: Macmillan. pp. 171–96.

Enzensberger, H.–M. (1979) 'An Address on German Democracy to the Citizens of New York', *New Left Review*, 118, November–December: 3–14.

Ferrarotti, F. (1977) 'Anche i terroristi sono esseri umani', *La Critica Sociologica*, 43, Autumn: 184.

Ferrarotti, F. (1980) *L'Ipnosi della Violenza*. Milan: Rizzoli.

Galliner, P. (1980) 'Introduction', in IPI (1980).

Grünewald, A. (1980) 'Government and the Press: National Security and the Public's Right to Know', in IPI (1980).

Hall, S. (1977) 'Culture, the Media, and the "Ideological Effect",' in J. Curran, M. Gurevitch and J. Woollacott (eds), *Mass Communication and Society*. London: Edward Arnold. pp. 315–48. 27

Halloran, J.D. (1978) 'Mass Communication: Symptom or Cause of Violence?' *International Social Science Journal*, 30 (4): 816–33.

Honderich, T. (1980) *Violence for Equality: Inquiries in Political Philosophy*. Harmondsworth: Penguin.

Institute for the Study of Conflict (ISC) (ed.) (1978) *Television and Conflict*. London: ISC.

International Press Institute (IPI) (ed.) (1980) *Terrorism and the Media*. London: IPI (unpaged).

Jenkins, B. (1980) 'Responsibilities of the News Media – I', in IPI (1980).

Johnpoll, B. (1977) 'Terrorism and the Mass Media in the United States', in Y. Alexander and S.M. Finger (1977) (eds), *Terrorism: Interdisciplinary Perspectives*. New York: John Jay Press. pp. 157–165.

Kitson, Maj.-Gen. Sir F. (1971) *Low-Intensity Operations*. London: Faber.

Laqueur, W. (1977) *Terrorism*. London: Weidenfeld & Nicolson.

Leach, Sir E. (1977) *Custom, Law, and Terrorist Violence*. Edinburgh: Edinburgh University Press.

Mattelart, A. and Mattelart, M. (1979) 'Information et état d'exception', in *De l'usage des Médias en Temps de Crise*. Paris: Alain Moreau. pp. 243–89.

Murphy, P. (1980) 'The Case of the United States', in IPI (1980).

O'Brien, C.C. (1977) 'Liberty and Terror: Illusions of Violence, Delusions of Liberation', *Encounter*, 49, (4) October: 34–41.

O'Brien, C.C. (1979) 'Freedom and Censorship'. Lecture at the Independent Broadcasting Authority, London, 28 March.

Pontello, C. (1980) 'Terrorism and the Media', in IPI (1980).

Poulantzas, N. (1978) *Power, State, Socialism*. London: New Left Books.

Rose-Smith, B. (1979) 'Police Powers and Terrorism Legislation', in P. Hain (ed) *Policing the Police*, Vol. 1. London: John Calder. pp. 107–56.

Rupprecht, R. (1980) 'The Case of Federal Germany – I', in IPI (1980).

Solé, R. (1979) *Le Défi Terroriste: Leçons Italiennes à l'Usage de l'Europe*. Paris: Seuil.

Thompson, E.P. (1980) *Writing by Candlelight*. London: Merlin.

28 Wilkinson, P. (1977) *Terrorism and the Liberal State*. London: Macmillan.

第三章

处理人质事件时的媒体政治：以伊朗大使馆人质事件为例

> 既然伊朗大使馆人质事件解决之后的欢腾已然褪去，那么质疑声自然就随之而来。我们通过《卫报》最新一期的专栏征集读者的提问并予以回答。昨天，报纸刊出之后，马上出现了不少有价值的问题。有人诉苦说他的斯诺克电视直播被人质事件给毁了，于是我们表达了对他的同情；还有人对于电视业在这起事件中扮演的角色提出了质疑，并认为电视报道至少应该有一个明确的主题。（利德，《每日电讯报》，1980年5月10日）

1980年4月30日至5月5日在伦敦肯辛顿王侯门发生的伊朗大使馆人质事件，可谓一起由"新闻马戏团"巧妙包装过的典型媒体事件。它有着一个血腥的结局：英国特种空勤团（SAS）首次在英国本岛执行公开任务，并杀死了六名持枪歹徒中的五名。成千上万的英国民众通过电视观看了该行动的直播。对于许多媒体人士，比如BBC的电视新闻主编阿兰·普洛瑟罗（Alan Protheroe）来说，那是电视史上的"高光时刻之一"（BBC电视，《主编们》，1980年

6月16日）[1]，也表现了“这个国家对于广播新闻业的高标准严要求”（Protheroe，1980：641）。而其他人倒还没有他这么狂热，并且对于电视报道的价值提出了强烈的质疑。小说家约翰·勒卡雷（John Le Carré）没有使用普洛瑟罗的丘吉尔式华丽辞藻，而是简明扼要地指出，电视媒体其实都没能正确地解释人质事件中究竟发生了什么。

> 独立电视新闻公司（ITN）的一位评论员对于当时发生的事情提出了一种颇为危险的理论：甚至可以说是一种灾难性的理论，一种假设政府犯下了致命错误的理论。他们假设，正如许多愚昧的观众所假设的那样，是恐怖分子引发的爆炸，并向公众传达了这样的印象：恐怖分子是被外头那些蒙面人吓到了。（Le Carré，1980：2）[2]

而BBC的评论则显得更为愚蠢。确实，人质事件的发生让所有人都清楚地看到了电视直播节目的局限性。在“亲眼看到”恐怖事件的激动之中，人们很容易忘记对于恐怖事件的理解是多么的重要。

约翰·勒卡雷把电视报道的失败归结于记者们的困惑，对于
29 这一点我们需要进行一些解释。现有的证据证明，其实各大媒体对于当时的情况是有一定了解的。而且看上去他们（至少是那些高级主编们，尤其是BBC的高级主编们）曾经收到过关于政府政策的消息，并且也充分认识到了这起事件的最终走向。以上内容均有记载在案。《广播杂志》（*Broadcast*，和电视业及广播产业密切相关

1 英国广播公司（BBC）的《主编们》是一档定期播出的、关于新闻事务的评论节目。书中引文摘自英国电影协会教育部记录的，1980年6月6日播出的该节目的文字记录。

2 约翰·勒卡雷的文章详细记录了《观察家》的新闻团队撰写《人质事件：伊朗大使馆的六天》长文的过程（后于1980年5月30日出版）。下文将多次提及这一出处，简称为Obs。

的杂志）曾就当时的新闻报道进行过评论，他们发现，ITN 和 BBC 的电视直播是在特种部队迎着大火和爆炸冲入建筑物之后才开始的。进入建筑物的那一瞬间是通过录像播出的，而 ITN 的报道在此之后过了四分半钟才开始，BBC 的则是在八分钟之后。《广播杂志》（1980）推测：

> 鉴于在恐怖事件期间，广播电视业和安全部队之间有非常密切的联系，并且大使馆内的暴徒有可能通过大使馆内的电视看到新闻，因此媒体很有可能被政府警告禁止在这一敏感时段直播救援行动，以免让整个行动打水漂。

有人说这四分半钟和八分钟是媒体和政府在谈判，听上去挺合理的。但对于政府十分担心新闻对人质事件的报道会“让整个行动打水漂”，我表示十分怀疑。从任何一个角度来看，都没有明确的证据可以证明电视在人质事件中扮演了什么重要的角色。而政府似乎把它们所有的担心都放在了媒体身上。既然救援部队使用了十分先进的监控设备，那么如果暴徒和人质在看电视的话，政府应该马上就会知道。然而，到目前为止，在事后的描述中，根本没有提到他们有看过电视。因此我们完全可以假设人质事件期间对新闻报道的控制，其目的不仅是为了避免让大使馆内部的暴徒了解过多的信息，也是为了不让公众了解得过多。（如果恐怖分子看了电视，他们可能从最开始就会知道政府在房顶上的活动以及监控设备的存在，因为 ITN 的《十点新闻》栏目已经于 4 月 30 日，也就是事件发生的第一天晚上就揭露了这一点。）

以上论点使得“在人质事件期间政府对于新闻媒体的管控程度”这一问题显得尤为重要。其同时也在质疑，该事件中，媒体，尤其是广播业扮演了什么角色。我会尽我的全力，通过研究已公开的资料来给出答案。我的目的不在于逐字逐句地研读关于人质事件的新闻报道，而是为了厘清新闻管制的全过程，并将其与过去十年英国政府对于“恐怖主义新闻报道”的管制策略联系起来。

利用媒体

在伊朗大使馆人质事件中，政府和恐怖分子都在有意识地利用
30 媒体。六名恐怖分子绑架了二十六名人质，并占领了大使馆。这些恐怖分子来自伊朗的一个阿拉伯人聚居区，是一支游击队的成员。该地区被伊朗中央政府称为“胡齐斯坦”，而当地主张自治的人称其为阿拉伯斯坦。他们的核心目标是呼吁世界关注霍梅尼政权在其家乡实行的压迫和剥削，因为那里是伊朗重要的石油产地。有许多人声称恐怖主义行动是非理性的，但是很显然占领伊朗大使馆的行动有着很清晰的政治理念。在事件中被挟持为人质的两位记者穆斯塔法·卡库蒂（Moustafa Karkouti）和穆罕默德·哈什尔·法鲁基（Mohammed Hashir Faruqi）对恐怖分子的首领“欧安”进行过采访，在采访中，“欧安”就他们的政治理念进行了阐述：

> 问题：通过现在这样的行为，你们想达到怎样的目的？
>
> 欧安：因为外头会有新闻媒体的报道。我知道，这次行动或者任何将来可能会有的类似行动都是无法迫使伊朗政府同意阿拉伯斯坦自治的，但是通过这样的行动，我们可以让全世界的舆论听到我们的声音，让大多数阿拉伯国家和世界媒体知道德黑兰当局对我们进行了怎样的信息封锁。[1]

通过使用极端手段来表达自己的不满，这样的思考具有逻辑与

1　此部分引用的采访，出自1980年《星期日泰晤士报》新闻团队撰写的《人质事件！深入透视营救行动》。下文将多次提及这一出处，简称为ST。

目的性。此外,恐怖分子还对英国媒体抱有某种期盼,当然,该期盼在“信息封锁”下并未实现,这也证明了“信息封锁”并不是伊朗政府的专利。穆斯塔法·卡库蒂在接受采访时回忆起了他和恐怖分子们的一段对话:

> 他们提到了言论自由,并称他们认为英国比世界其他任何国家都更加尊重言论自由。他们一致认为这里的媒体比其他西方国家的媒体都要强,他们相信英国媒体和英国人民会给予他们一个发声的渠道。(Obs, 76—77)

他们对于媒体的认识,尤其是在发生了人质事件这样的特殊时期中的媒体的认识,是极其幼稚、肤浅的,所以当我得知他们实际上对于英国政治和社会没有太多了解的时候,我并不感到惊讶。实际上,因为英国媒体把注意力放在了国家的救援行动上,以至于阿拉伯斯坦的自治主义者们根本没有渠道表达自己的主张。在国家安保力量和挑战国家权威者的斗争中,对信息的控制是非常重要的武器。而在官方所采取的行动中,心理战和信息战也确实是很重要的一个部分。除此之外,还有一个因素也拉近了媒体和国家之间的关系。人质中包括两名 BBC 的员工,新闻策划克里斯·克莱默(Chris Cramer)和音响师西姆·哈里斯(Sim Harris),因此 BBC 不仅是这起事件的报道者,更是在事件过程中扮演了一个比较重要的角色。因为它的员工也在里头,这从某种程度上提升了 BBC 与国家之间的联系。另外,大使馆里有英国记者,也坚定了新闻界继续与政府保 31
持深度合作的决心。

在事件发生的第二天,警方为新闻媒体制定了一些粗略的指导方针。其中关于自我克制的内容有:

> 鉴于目前伊朗大使馆内的情况,委员会希望能够与你们合

作，不要公布大使馆附近的政府人员分布情况或专业设备的使用情况。因为这样的新闻报道将会为恐怖分子提供信息支持，使他们提高警惕，进而危及到人质的生命安全和整个行动的顺利进行。等行动成功、局势稳定之后，我们将尽快撤销这一限制。(ST：42)

禁止报纸公布消息似乎有点说不通，毕竟警察是不会允许报纸被投递到大使馆里面的。或许我们可以猜测，警方希望控制所有的宣传途径以免外国媒体得到相关消息并协助恐怖分子，或者是不希望报纸上出现爆炸性的虚假报道，导致某些广播媒体也不得不跟风报道。但是对于广播业似乎比出版业要更严格、精确：

"在这次事件中，我们和政府之间的合作可不是用'亲密'就能形容的"，一位ITN的发言人说。在事件的一开始，BBC的两名员工被确认遭到绑架之后，BBC就不可避免地和安保力量牵扯在了一起。(《广播杂志》，1980)[1]

在事件结束之后，英国内政大臣威廉·怀特罗(William Whitelaw)对于事件期间媒体的自我克制表示满意和赞许：

像这样的事件不可避免会引起公众的一致关注。电视和广播对其进行报道也是理所当然的。我总是担心政府是不是需要采取强制措施，强迫媒体进行配合。但是……这样的情况到最后也没有出现。(《广播杂志》，1980)

1　1980年5月6日，BBC的《夜场新闻》披露，警方要求电视媒体不得播出关于大使馆的相关信息。

然而这样的合作并不是突然就能实现的，其必然需要事先进行长时间的准备工作。

国家安全方面的背景

我们不能孤立地理解英国政府对于伊朗大使馆人质事件的处理。正如《国家研究》（*State Research*, 1980a：117）所指出的，它反映了政府现在正在从"行政、监控和军事等方面对国家安全进行重新考虑，而关于恐怖主义、示威和罢工的思考也会对其产生影响"。因此我们应该简单地浏览一下最近一些关于"英国成为强势国家"的学术文献。 32

尼克斯·普兰查斯（Nicos Poulantzas, 1978）在研究中谈到，"独裁中央集权"形式至少源自两个棘手的关键问题。

第一个关键问题是持续发生的经济危机，以及相关的劳资关系乱象。目前撒切尔政府的"货币主义尝试"正在对资本进行重组，但这也导致了大量的失业。正如安德鲁·甘布尔（Andrew Gamble）所说："如果发展经济是为了维护自由，那么国家必须变得强势，尤其是在处理和有组织的劳动者的关系的问题上。"（1979：15）但是即便处于现在的行政体制下，武装力量和警察在压制"暴乱"的过程中已经被赋予了一种更加突出的重要角色，而他们的强大开始于距今不远的凯恩斯时代，当时的经济政策与现在完全不同。

第二个关键问题是在北爱尔兰问题上不断遭遇挫败。在这一背景下，在过去十几年中，英国政策机制的轮廓正逐渐清晰。它的主要特点包括：

- 针对外部攻击和内部叛乱制定两套完全不同的应急机制；
- 在维持治安方面进行改革，包括建立准军事化的"第三力量"和加强政治警察队伍的建设；

- 更多地利用高科技监督定义广泛的“颠覆政权”行为，包括不受限的资料库和窃听装置；
- 对记者实行保密法规；
- 在政治审判中引入陪审团制度；
- 对示威游行和抗议实行强硬的整顿、管制措施；
- 在北爱尔兰使用特种部队，并且在审讯中使用压迫性的工具以及推行与英国本岛相同的教育课程（参见 Ackroyd et al., 1980; Bowden, 1978; Bunyan, 1977; Hain, 1979—1980; Leigh, 1980; Thompson, 1980）。

虽然我无法对所有的相关资料进行调查，但有必要指出，这种逐渐加重的压迫倾向在自由民主国家中并非不可逆的（参见 Kettle, 1980; Wolfe, 1971）。可以确定的是，如果我们再不对这样蚕食现有政治空间的行为进行抵制，民主自由将最终陷入严重的危机。

和我的论点最为相关的是国家应急机制的一些改变：“军事力量对政权的支援”变得越发重要，同时政府还在不断尝试着控制媒体（尤其是广播业）对于政治暴力的报道。在伊朗大使馆人质事件中对新闻的控制就是“国民紧急事务委员会”（CCC）所为。CCC 在 1975 年之前叫作“国家安全委员会”（NSC），始建于 1972 年，当时政
33 府刚刚在平息矿工示威的行动中遇挫。NSC 将军事、智库、警察、内政、贸易、工业等部门的全体人员凝聚在一起，而且其员工都是全职的。它肩负着双重任务：“为紧急情况准备短期的应急计划，为可能威胁国家安全的内部威胁重新制订长期的‘战争计划’。”（Bunyan, 1977: 293）从 1972 年到 1975 年的三年间，该组织制订出了各种国家安全计划，其中还包括了针对罢工、内战和外敌入侵的紧急应对措施。托尼·班扬（Tony Bunyan, 1977: 277）指出，这个计划实际上“针对的是内部敌人而非外部敌人”，而且其主要目标是“有效地反暴乱”。NSC（或者说 CCC）通过这一计划规定了国防部在哪些情

况下可以支持警方和政府。在伊朗大使馆人质事件中,英国特种空勤团(SAS)的出动被冠以“军事援助政治”(MACP)的名号,而在之前的反恐怖主义斗争中,这一词汇已经被多次使用了。

SAS在王侯门的行动取得了空前的成功,在城市中使用精英军事单位也体现了近年来警方和军方逐渐升温的合作关系。随着越来越多的政治暴力出现,而政府又迫切地需要对它们进行镇压,警方在近年来面对游行示威者、工会会员以及少数种族的时候,变得越来越活跃和激进。对强化“治安”问题管控的政治需求,导致了“第三力量”的诞生,在近期的冲突中,后者成为军队和传统意义上的政府之间的准军事化存在。其中最具争议的或许就是特别巡逻队的活动了;虽然官方并不承认,但这些高机动的准军事化单位的确是被专门训练出来用于镇压暴乱的。特别巡逻队只是新“第三力量”的冰山一角,据《国家研究》的报道,目前已经有超过12 000名经过反暴乱训练的警察被编入警察支援部队,另外反恐小队和外交保护小组等特种部队的数目也在增加:

> 警方建立“第三力量”实际上是一把双刃剑。反恐怖分子的角色由刚成立的战术武装小组特别巡逻队扮演……而SAS则是他们的杀手锏。“第三力量”维护公共秩序的责任由警察支援部队和特别巡逻队共同承担。这些都意味着警察的职能发生了质的变化。(《国家研究》,1980b:152)

通过这样的分析我们不难发现,在最后关头使用SAS应当被视为在“高科技警察”时代英国警方逐渐变得强势、凶狠的表现。社会变革大幅提升了警方的形象,并创造了一种宽容的舆论氛围,使军事部署行动变得合法可行了。

过去十年间,工党政府和保守党政府都曾经动用过SAS,第一次是在北爱尔兰,而现在是在英国本岛。随着帝国的消亡,SAS在 34

战后所扮演的首要角色就是反暴乱的王牌。他们在北爱尔兰大杀四方，而那里是对抗爱尔兰共和军的主战场，也是意识形态交锋的关键所在（参见 Geraghty，1980：ch.6）。SAS 开始在大后方承担具体的反恐怖主义活动的职责还得追溯到 1972 年，当时慕尼黑奥运会事件的余波未平，英国政府像其他西欧国家一样开始对日渐加重的政治暴力感到担忧。在 SAS 内部，一支特殊的“反暴乱突击队”（CRW）正式成立。它在英国的处女秀上演于 1975 年 1 月，当时一架从曼彻斯特起飞的飞机遭遇了劫机事件。1975 年 12 月的巴尔科姆街人质劫持事件，政府第一次公布了 SAS 的存在，这一举动也直接导致了恐慌的爱尔兰共和军分子缴枪投降。同月，在巴黎召开的欧洲理事会提出各国部长应该一起讨论如何对抗恐怖主义，并成功激发了反恐怖主义运动的“欧洲化”。在之后于 1976 年 6 月和 1977 年 5 月召开的两次会议上，各国就恐怖主义和反恐技术交流等问题达成共识，并同意在各国国家安全力量之间展开信息和人员的交流活动。这项共识第一次付诸实践是在 1977 年 10 月，SAS 的联络队帮助西德反恐怖主义单位 GSG-9 解决了在摩加迪沙发生的汉莎航空劫机事件。而如今这样的跨国反恐合作已经基本成形。SAS 还曾联合西德警方开展了搜救被绑架的意大利基督教民主领袖阿尔多·莫罗的行动。[1]GSG-9 的负责人乌尔里希·韦格纳曾在伊朗大使馆人质事件期间来过伦敦，虽然英国媒体并没有对此进行报道。[2]

SAS 被完全授权维护国内治安是在卡拉汉内阁时期，当时正值摩加迪沙的军事行动完美成功之后，政府做出了一个实际上等于扩充 CRW 编制的决定。“从现在开始，每个中队在前往北爱尔兰或国

1　关于这一点，参考《国家研究》公报第 5 号，1978 年 4—5 月，83—84；以及 11 号，1979 年 4—5 月，84—85。警务工作的融合也有法律层面的问题。英国批准了欧洲委员会的《制止恐怖主义公约》，扩大了政治引渡的理由，参见《国家研究》公报第 4 号，1978 年 2—3 月，63—65；以及 8 号，1978 年 10—11 月，6—7。

2　1980 年 5 月 2 日，ABC 网络新闻报道了这一事件。

外训练以外的期间,都将轮流担任 CRW 的职责。**这一决定的实施等于暗示了英国本岛将成为 SAS 的潜在活动范围。**”(Geraghty, 1980: 173; 着重标记为笔者所加)这一决定的重要性不言而喻, SAS 由此获得了更多更精良的武器装备和更多的训练设施(比如专门训练近战格斗的“杀人屋”),以及更专业化的特种部队人才(Geraghty, 1980: 174—175)。在 1980 年 5 月 5 日, SAS 的 11 分钟的行动背后,还有着上述这样一段发展历程。 35

国家和治安新闻

类似于突破伊朗大使馆这样的国家维稳行动都是在一个具体的意识形态架构中被报道的,此类报道也被称为治安新闻。斯图尔特·霍尔(Stuart Hall)和他的同事们指出了在英国的“国家霸权危机”逐步膨胀的过去十年中,这一类型的新闻是如何发展的。政府一直没能管住劳动者们的反抗,也没能给予资本足够的红利,这使得其不得不建立更加独裁专制的法律体系,关于这一点我在之前的部分中已经有所说明。在把舆论从建设社会民主扭向建设杰出的法治国家的过程中,新闻媒体扮演着重要的角色(参见 Hall et al., 1978: chs.8, 9; Hall, 1978)。史蒂夫·齐布纳尔(Steve Chibnall, 1977)简明扼要地分析了媒体话语中对于“暴力”的关注是多么重要,尤其是它在界定合法异议的过程中起到的监督作用。在媒体营造的“暴力社会”中,这世上发生的诸多性质、原因各不相同的事情,从根本上都被归为同一类:暴力行为。抢劫、愤怒旅炸弹事件、爱尔兰共和军的恐怖活动、警察射杀罪犯、足球流氓、工人游行以及政治示威都被主流媒体视作目前社会问题的一种反映。正是因此,以牙还牙的暴力政策才会成为吸引政府的一个不错的选项。

想要让与 SAS 在王侯门的行动类似的政府行为获得赞誉,实际上是一个极其复杂的过程,而不仅仅是一个认知上的问题那么简单。劫机、暗杀、人质事件和炸弹爆炸，尤其是针对蒙巴顿勋爵或者艾雷·尼夫这些知名人物的恐怖事件，很容易让人感觉到恐怖主义会对整个社会产生威胁。另外，正如菲利普·埃利奥特(1980)所指出的，恐怖事件会引起媒体的仪式性反应。比如，当爱尔兰共和军的行动延伸到英国本岛的时候，出版业和广播业特地搞了一场“确认仪式”来强调社会秩序的完好无损。或许在英国本岛，当局能够建立一种相对稳定的、具有象征性的社会秩序，然而在社会分化现象比较严重的北爱尔兰，这样一种情感动员几乎是不可能的。类似的，耶夫·拉沃尼(Yves Lavoinne，1979)曾说过，在人质劫持事件中，主流话语从国家发出，经由新闻媒体加工后成为社会共识。埃利奥特指出，通过对话语的加工(实际上类似于宗教)，对人质的伤害变成了对整个社会集体的冒犯，这样恐怖主义就会被认为是混乱的化身，是惨无人道且毫无理性的。

虽然我们尚不清楚观众们对暴力和恐怖主义的成因做何理解，但毫无疑问的是，政府机关始终致力于控制新闻报道。这体现在伊
36 朗大使馆人质事件中政府所采取的新闻管制：对信息流通的长效控制，以及确保政府代表在媒体报道中享有特权地位。我们可以举两个例子：罗伯特·马克(Robert Mark)的媒体战略，以及针对与北爱尔兰相关的新闻报道的局部审查。

马克战略

英国媒体在伊朗大使馆人质事件中表现出的服从态度很大程度上源于1972年，当时的大都会警察局长罗伯特·马克的倡议，他认为警方应该拥有更多与记者接触的渠道，把媒体所进行的信息流通控制在“法律限制的范围内，同时还要尊重个人隐私，并且不损害国家安全”(Mark，1980)。大都会警察和全国性的媒体对于各自的职权范围达成了共识，并由内政部予以批准。马克的目标，就像他

之后在 1973 年 5 月 24 日的备忘录（已出版）中所写，是改善警察和新闻媒体的关系，并且“使得媒体最终对警方和维稳力量有一个更好的理解”（Mark，1977：123—129）。但是这种所谓“互相开放”实际上为警方控制记者提供了一种全新的方式。马克的主张等于是有选择地给记者们发放了身份卡。警方可以根据记者是否持有身份卡，来决定是对其予以授权或是将其放入不信任名单（尤其是那些来自激进媒体的记者）。英国记者工会认为发放身份卡这一过程本身应该获得相关权威机构的授权，也为此做了不少努力，但都以失败告终。在 1975 年 9 月，马克在苏格兰场组织全国媒体的编辑们召开了一次会议，旨在制定出一个“媒体在绑架事件期间进行‘成熟的’援助”的具体流程。马克强调，保护受害者的生命安全应当成为所有行动的首要原则，“新闻界的各位朋友们应该本着奉献的精神展开行动”（Mark，1980）。另外，马克还对“商业层面的绑架、劫机”和“政治层面的绑架、劫机”做了区分，但会议上并没有提到“政治犯罪”（Harland，1977：5—7）。马克警官的媒体政策被付诸实践了三次并都取得了成功，这让他十分满意，当然，媒体在这三次事件中始终保持着被动状态。前两次都是人质事件，第三次则是在绑架事件中成功实行了新闻管制。

显然，那两次人质事件看上去更有研究价值：为什么总会发生人质事件？它们和王侯门事件的区别在哪里？和王侯门事件不同，1975 年的两次事件都是由伦敦警方自己解决的。在骑士桥的一家意粉屋，三名持枪歹徒在商家结算当日营收的时候胁持了连锁餐馆的经理们，其间，歹徒和人质一直待在地下室里。警方采用了一个在事件发生的两年前所构思的营救方案。周边地区被封锁了起来； 37
内政部派遣了联络处的官员和精神病专家来协助与恐怖分子的交涉。派遣联络处的官员，是因为人质中有意大利公民，为此可能还需要出动军队。警察拒绝就恐怖分子的要求进行任何协商，但是给了他们一个收音机，“不仅仅是通过隔空喊话，还通过新闻广播让他们知道自己已经无处可逃，要么去监狱，要么去太平间，如果他们喜欢的话”（Mark，1979：199）。警察通过收音机中的录音设备可以对地下室进行监听，另外，借助由 C7（苏格兰场的技术支持部门）开发的监控设备还可以获得内部的图像。而且警方发现媒体也是出人意料地配合。《每日邮报》的主编大卫·英格丽什（David English）同意取消其对被抓获的歹徒的同伙所做的独家报道。马克阻止报纸报道，是因为他不想让这些会刺激恐怖分子的新闻通过广播传出。苏格兰场向《每日邮报》表示了感谢，其他媒体也没有对这件事进行报道，或许他们是被马克的这番表态给吓到了：“这些媒体好像觉得为了救人命而实行新闻管制是错的一样。”（Mark，1979：201）

1975 年 12 月的巴尔科姆街人质事件倒不如说是一起政治事件。意粉屋事件的成功解决（没有一人伤亡）给予了警方充分的自信。这起人质事件堪称爱尔兰共和军在英国本岛掀起的一系列恐怖活动的高潮部分。警方早前对爱尔兰共和军的一个活跃单位进行了伏击，其中四名歹徒从梅菲尔逃窜到巴尔科姆街的一处平房中。这次人质事件的解决原则和几个月之前完全一样。内政部又一次派遣了联络处的官员，且此次还有 SAS，以及一支临时组建的精神病专家队伍参与其中。警方切断了电话线，并给恐怖分子送了一台野战电话。警方的策略仍然是伺机而动，让时间慢慢消磨恐怖分子的反抗。罗伯特·马克警官强调了媒体的重要角色：“他们会问一些我们早就准备好回答的问题，比如‘人质的安全怎么办？’然后我会回答说：‘对他们的安全最好的保证就是，对于任何可能施加在他们身上的伤害，我们都会予以最为迅速的、毫不留情的惩罚。’”（Mark，1979：193）

随着时间慢慢流逝，打出 SAS 这张王牌来终结一切的可能性越来越大，原本模糊的媒体立场也变得逐渐清晰起来。一方面，警方不希望电视上出现任何流血镜头，因此他们拒绝了所有拍摄请求。另一方面，媒体则开始还击。因为他们无法对房子进行拍摄，所以

"就像是巧合一样，《每日快报》和BBC都发布了SAS抵达现场的新闻。这无疑是对恐怖分子的一种鼓舞，他们感到自己的所作所为产生了社会效应，自然就不愿轻易投降"（Mark，1979：194）。而马克也坦言，SAS的出场本应保密，却不知怎的被"泄露"给了媒体，因 38
此实际上这并非"巧合"（Mark，1980）。

警方在与媒体的关系上取得进一步的突破，是在1975年11月的希腊女孩阿洛伊·卡罗吉洛被绑案的时候。马克把当时警方的行动形容为"开创了一个警媒关系的新时代"（Mark，1980）。警方要求媒体编辑们不要发布任何会引发公众兴趣的新闻。为了保证媒体不擅作主张，警方每天都会在苏格兰场召开新闻发布会告知媒体当日的进展。新闻管制持续了十天，直到女孩被平安释放。齐布纳尔认为许多记者已经清楚地意识到，在和政府的交锋中他们终将落败。另外他还提出类似的管制在英国是十分常见的，只不过这次事件中有合作的色彩而已（Chibnall，1977：186—187）。在成功与媒体实现"自愿合作"之后，内政部将伦敦的案例模板作为"指导"，把合作扩大到了各省级媒体。然而，这些指导中并没有对"政治"和"商业"恐怖主义进行区分，而且很多情况下这一指导都被警方解读为"无论什么时候，只要新闻报道可能危及生命，警方就有权实行新闻管制"（Harland，1977：7）。显然，建立这种通用程序，也为政府在之后解决王侯门事件提供了重要的帮助。

北爱尔兰

近年来关于"报道恐怖主义的新闻"的最核心关注点就是北爱尔兰（参见Belfast Workers' Research Vnit，1979；Campaign for Free Speech on Ireland，1979；Dunkley，1978；Howkins，1978；Schlesinger，1978：ch.8；Smith，1972）。菲利普·埃利奥特认为，英国媒体的报道有把暴力事件简单化、避开历史背景、看重有人情味的叙事、依赖官

方资源等倾向。除了英国媒体在新闻实践方面上的弱点，毋庸置疑的是，类似的单向媒体报道至少从某种程度上反映了政府在思想战中采用的长期消耗政策的有效性。而目前最大的争议在于，英国政府希望与媒体合作（实质上是控制新闻传播以及媒体对突发事件的报道），但又不能越过合法界限启用公开审查制度，因为这是双方合作的基本前提。英国政府正在耐心地、颇有技巧地让事态沿着他们所希望的道路发展，虽然他们的一系列举动显然有些过分。另一方面，种种迹象表明，政府最近对于威胁性修辞的使用愈加频繁，公开介入也比以前多了不少。

北爱尔兰的相关报道和伊朗大使馆人质事件最直接的关联就
39 是，这些报道使得 BBC 和撒切尔政府的关系变得紧张起来。原因在于两起突发的电视媒体对于政治暴力的报道事件。第一起是《今晚秀》栏目于 1979 年 7 月对爱尔兰民族解放军代表进行的采访。而正是爱尔兰民族解放军暗杀了北爱尔兰保守党的发言人艾雷·尼夫。这引发了北爱尔兰国务卿亨佛利·阿特金斯、英国下议院、尼夫的遗孀、北爱尔兰工党发言人梅林·李斯以及撒切尔夫人的一致批评。BBC 的负责人认为 BBC 的行为是承担社会责任的表现，他说“我们深信，这是在把民主的敌人的真面目展现给全世界，而不是为他们进行辩护”，并指出这仅仅是十年来第四位接受采访的被封杀的组织的成员（Trethowan，1979）。撒切尔夫人则要求司法部长考虑采取法律行动。之后，政府大量引用了《反恐怖主义法》第 11 条（英国法律体系的一个新开端）的相关内容（Connell，1980）。第 11 条中提到，对警方隐瞒恐怖主义嫌犯的相关信息即是犯罪，可能面临五年有期徒刑或无限额罚金，或两者并罚。

一波未平，一波又起，BBC 不久之后又拍摄了一段爱尔兰共和军在卡里克莫尔设置路障的视频，这再度引发了英国议会对于 BBC 的强烈批评，虽然后者还没来得及把这段视频公布出来，显然 BBC 内部对于是否要播放这段视频也很谨慎。撒切尔夫人表态称这段视频不会被公布。警方(第一次)根据《反恐怖主义法》收缴了这段未播出的视频。自此,《反恐怖主义法》的重锤开始悬在BBC的头上,直到1980年7月。针对这一事件,政府的第一反应是对关于北爱尔兰的新闻报道进行严格管控:毫无疑问,对于BBC的惩戒实际上是杀鸡儆猴,这引发了媒体界关于政府新闻管控的普遍紧张。1980年8月,政府的立场变得明朗起来。BBC主席迈克尔·斯旺收到了一封来自司法部长迈克尔·哈弗斯的信。信中写道,他认为这两起事件都违反了《反恐怖主义法》第11条。哈弗斯称BBC支持恐怖主义宣传并谴责BBC各部门未与政府取得联系,也没有及时向政府检举揭发恐怖分子(《卫报》,1980年8月2日)。由于政府并没有将BBC告上法庭,因此这两起事件最终都没有一个法律上的明确定论。然而,这件事情带给BBC的压力一定程度上影响了其在伊朗大使馆人质事件时的态度,甚至还会影响BBC对于自己作为一个现代企业公民应当扮演的角色的定位。[1] 40

媒体在人质事件期间扮演的角色

> 或许指望警方把媒体的利益放在第一位很不现实,虽然在这种情况下他们也对媒体的事情进行过深思熟虑,因为……他们认识到……媒体也是这场游戏的一部分。(约翰·耿教授)[2]

政府和恐怖分子究竟是如何实行各自的交流策略的?在人质事件中,新闻宣传究竟扮演着怎样的重要角色?我对此的分析还不够完备,虽然我很想阐明新闻广播和BBC所扮演的角色。因为我的

---

1 也许BBC的最后一次补偿,是在1980年10月6日播出了一部歌功颂德的电视纪录片《艾雷·尼夫:钢铁的意志》。节目的标题引用了撒切尔夫人的一句名言。

2 约翰·耿(John Gunn)教授是人质事件期间警方聘请的精神病学顾问。书中引文摘自《主编们》节目的文字记录。

主要参考资料是《观察家》和《星期日泰晤士报》提供的一些不完整的“即时文献”[1]，所以我的分析也受到了限制。往好处想，关于人质事件还有很多“故事”尚待发掘。然而，即便如此，这些文献仍然给我提供了不少有价值的信息，尤其是和新闻报道有关的信息。正如我在“导读”中所说的，广播报道看上去至关重要，因为恐怖分子和人质是有收音机的。我还没有找到关于电视报道的重要性的内容，但我们可以推测电视报道并不重要。报纸则是不被允许进入大使馆内部的（ST：115）。

之前我曾经提到国民紧急事务委员会（CCC）正在不断发展壮大，这对于建立“强势国家”十分重要，因为和意粉屋事件以及巴尔科姆街事件不同，在伊朗大使馆人质事件中，运筹帷幄的不是警方，而是国民紧急事务委员会。从1970年代早期开始，英国政府就不再容许劫机和绑架人质的恐怖分子活着逃走了（这是为了和欧洲整体的反恐气氛相配合），并且越来越倾向于让SAS以“军事援助政治”的形式成为国家维稳的重要组成部分。目前，SAS将这一形式的特别部队命名为“特殊行动小组”（SOG）。这一部署源于大都会警察局长大卫·麦克尼的请求。然而，如果最终决定请求这些精锐部队的援助，意味着警方意识到了CCC或危机应对委员会（COBRA）在处理这些事务时的作用。从一开始，这场人质事件就被正确地定性为一场政治事件。这是一场针对伊朗政府的有预谋的恐怖行动，因其会造成很大的国际影响，所以英国政府必须参与其中。CCC由内政大臣威廉·怀特罗亲自负责，其成员都是从行政部门、安全部门和智库中提拔上来的精英。外交部和国防部则分别派出了道格

1　在书中后续表述中，我将一些特定概念与涉及人质事件的出版物中的相关叙述结合在了一起。在阅读这些材料时，我心中产生了一些疑问。媒体的作用，往往被视作次级重要的问题。一些材料含蓄且具有批判性地指出了一些关键时刻。由于涉及多个有争议的领域，特别是广播与国家之间的关系，因此这些材料对于厘清争论的每一个转折来说，至关重要。

拉斯·赫德与巴尼·海霍作为代表（Obs：23；ST：43）。 41

第一天：4月30日，周三

大使馆在上午11点32分遇袭。中午时分，商业电台IRN报道了此事；不久后，他们又报道称目击到警察出现在大使馆的屋顶（ST：20）。BBC在下午发布的一则关于恐怖分子是伊拉克人的报道让恐怖分子头目欧安非常沮丧（ST：30）。他希望更正这条新闻。就在这时，《卫报》通过大使馆的电传机与恐怖分子取得了联系，并且了解到他们是阿拉伯斯坦的自治主义者。人质中的几名新闻记者建议恐怖分子主动联系媒体。下午2点45分，叙利亚记者穆斯塔法·卡库蒂成功与布什大厦（BBC总部）的BBC对外联络部取得了联系，并解释说“他是一名人质，正按照恐怖分子的要求传递信息。绑架他的人希望阿拉伯斯坦的91名囚犯得到释放。另外希望BBC对于恐怖分子的身份进行更正，他们来自伊朗，而不是伊拉克”（Obs：25；ST：31）。

这是恐怖分子第一次提出要求。根据记录，警察收到要求的时间是下午3点15分。可能他们早就已经在监听大使馆内的电话，或者也可能是BBC告诉他们的（ST：32）。下午3点45分，卡库蒂再次与BBC对外联络部取得了联系，称欧安要求在第二天之前释放91名囚犯，否则大使馆和所有人质都会灰飞烟灭。大约15分钟之前，被绑架的BBC新闻编辑克里斯·克莱默曾通过电话或电传联系了BBC电视中心，并陈述了恐怖分子的要求。除了威胁引爆炸弹之外，恐怖分子还要求由阿拉伯大使作为其和英国政府沟通的媒介，同时他们还承诺不会伤害非伊朗公民。警方在三天后拒绝了他们关于沟通媒介的要求（Obs：26—27，137—138；ST：33）。在第一天结束前，大使馆的电话被用来打了几通私人电话，此外，恐怖分子还和伊朗外交部长萨迪克·古兹巴德进行了对话，而古兹巴德拒绝做出任何妥协。

虽然在第一天，恐怖分子能够通过媒体表达自己的诉求，但是在警方的要求下，这些诉求并没有被详细公布。据 BBC 电视新闻的编辑称，克莱默发来的电传很快就被发给警方了。[1] 和布什大厦的联络恐怕也是一样的，毕竟 BBC 有两名员工也在人质之中，其扮演的角色举足轻重。即便他们的员工没有成为人质，恐怖分子应该也还是会对 BBC 寄托很大的期望。克里斯·克莱默（1980）在关于人质事件的叙述中写道：

> 枪声停下几秒钟之后，我就决定向恐怖分子公开自己BBC
> 记者的身份……但后来细想起来，我其实是做了一个很愚蠢
> 42 的决定，毕竟在很多人看来，BBC并不是一个多好的组织。但
> 最疯狂的是这居然能为我们带来好处。因为在恐怖分子看来，
> BBC很讲信用……他们好像看过BBC用英语、波斯语和阿拉伯
> 语写的所有新闻简报。要不是BBC曾经做过这种世界范围的
> 宣传，事情恐怕会变得更加棘手。

第二天：5 月 1 日，周四

只有部分出版社响应了警方的要求，没有刊登恐怖分子要求释放囚犯的最后期限，包括《泰晤士报》、《卫报》和《每日电讯报》（Obs: 44）。这些我就不多加赘述了。需要着重讲一下的是再次扮演重要角色的 BBC。在早上 6 点 20 分，按照欧安的要求，卡库蒂再次打电话给布什大厦，让 BBC 提醒英国公众中午是最后期限，如果过了中午还不释放囚犯，那么人质中就会有非伊朗公民遇害。《新闻短片》的责任编辑成功劝说欧安进行了一次较长的采访，这段

1　在《主编们》节目中，英国广播公司（BBC）的阿兰·普洛瑟罗透露："实际上，克里斯·克莱默第一天发给我们的电报内容，很快就被警方知晓了。警方掌握了电报的复印件，并且同收到电报的人员进行过谈话。"

采访在早间时段进行了广播(Obs:45—47,138;ST:35—39)。阿兰·普洛瑟罗猜测这段采访在播出之前经过了警方的审查。恐怖分子显然一直在听广播,因为他们提到德黑兰媒体已经广播了政府拒绝他们要求的新闻(Obs:48)。前一晚突然生病的克里斯·克莱默于11点20分被恐怖分子释放。在警方看来他是一个重要的信息来源;比如,他告诉了警方外交保护小组的洛克警员也成了人质,而且他手上还拿着自己的枪(Obs:52;ST:41)。克莱默没有对外界公布自己和警方说了什么,因为恐怖分子威胁他不准对警方说任何事。[1]然而,克莱默的一段评论显示出他其实是自愿这么做的:

> 被释放之后,我躺在医院的病床上,我很希望所有的新闻工作者按照恐怖分子说的做,去和警方和内政部进行充分的合作……如果必要的话,也可以广播一些假新闻。只要有助于人质脱逃的都可以做。但是这样的想法有悖于我的职业道德。但是正如我在BBC的一位好友上周所说的,职业道德救不了人。(Cramer,1980)

第二天下午,恐怖分子调整了自己的诉求。他们不再要求释放囚犯,而是要求三名阿拉伯大使为他们安排逃走的飞机,并且将这一要求通过广播告知公众。但显然英国政府的国家安全政策不会允许这样的解决方式出现。政府不想让任何不可控制的阿拉伯方面的媒介介入。另外他们也很担心恐怖分子会要求伊拉克大使参与其中,毕竟两伊关系十分紧张。而且政府似乎并不打算采用谈判的方式解决问题(Obs:58—59;ST:43,45)。卡库蒂观察得很仔细,他在一篇回忆性的文章中写道:"从第二晚开始,我觉得大使馆外头的人们开始把这起事件看作一个涉及国家安全的问题,事件恐

1　1980年5月5日,他在接受BBC电视台采访时透露的。

怕会以一种危险的方式收场。它不再是一起政治事件，这让我感到很恐惧。”（Obs：57）实际上，得益于1970年代反恐怖主义政策的
43 不断发展，从一开始这起事件就被定性为国家安全事件。

第二天，警方切断了大使馆的通信，这样恐怖分子只能通过警方提供的电话或者窗口与外界进行沟通（Obs：50；ST：46）。因此在第二天结束之前，媒体没能够从大使馆内部直接获得任何消息，也就不会播出任何可能对恐怖分子产生刺激的报道了。

第三天：5月2日，周五

BBC在这一天正式成为警察与恐怖分子之间的媒介，虽然它的大多数员工并不知情。警方对通信方式的切断让恐怖分子产生了很强的挫败感，进而导致他们第一次威胁要把某位人质杀害。然而，虽然洛克警员再三提醒，如果欧安无法通过电话和电传与媒体沟通，那么“有一个人将要被杀”，警方还是再次选择了拒绝。欧安进而改变了计划，要求和某位与西姆·哈里斯认识的BBC员工进行对话。显然，这是BBC音响师西姆·哈里斯出的主意，他在前一晚建议恐怖分子与BBC的主编进行对话，这样就能知道他们的要求为什么没有被广播了。[1]警察回复说，暂时联系不到哈里斯认识的人，当然，这是假的。

然而，在收到死亡威胁之后，警方的确联系了BBC，找了电视中心的新闻编辑约翰·伊瑟比（John Exelby）。而最终是电视新闻的总编辑托尼·克拉布（Tony Crabb）代替他前往了大使馆，他抵达大使馆的时间是早上9点（Obs：73—74；ST：47）。在9点半之前，克拉布一直在和大使馆内的哈里斯进行通话。[2]哈里斯问为什么恐怖

1　根据哈里斯日记，参见《在SAS的日子：英国如何结束王侯门事件的内幕故事》。这部战争题材的漫画是《每日快报》的特辑。总体来说，它意在复现当时的场景，而非记录事实。

2　西姆·哈里斯的日记，佐证了《观察家》的相关言论。

分子的要求没有被广播。而克拉布则反问："什么要求？"这听上去太古怪了，因为克莱默第一天就通过电传把这些要求发送给了电视中心。虽然《观察家》团队评论说"到现在为止，我们还不清楚为什么警察不让新闻媒体知道恐怖分子要求阿拉伯大使担任交流媒介的消息"（Obs：74），但根据他们得到的证据，BBC 是知情的（Obs：27，131）。因此在所有媒体中，唯有 BBC 与警察合谋，对这个重要的要求进行了保密。[1]

警方告诉克拉布他不能提供任何保证，他应该只谈私事，尽量不提及目前的事件。这样的要求实际上就表明警方拒绝了让阿拉伯大使介入的要求；克拉布对此"既不感到惊讶，也不感到难过"（Obs：74—75）。他记下了恐怖分子的要求：

> 一名恐怖分子说他想要：
>
> （1）一辆可以载下他们、人质，以及一名阿拉伯大使（没提名字）的大巴车，然后把他们送到希思罗机场。
>
> （2）非伊朗籍的人质会在希思罗被释放。
>
> （3）一架能够载下他们、剩余人质，以及大使的飞机，并把他们送到中东的某个国家（同样没说具体是哪里），然后剩下的人质会在那里被释放。（ST：52） 44

1　鉴于这一点的重要性，此处将完整引用其原文作为参照："5 点 30 分，卡库蒂和克莱默被再次允许使用电话。他们分别打给了 BBC 世界服务部和 BBC 电视中心，口述了恐怖分子的要求与声明，包括威胁会炸毁大使馆，要求阿拉伯大使进行调解，并承诺不会伤害非伊朗人质等。这些要求被隐瞒了三天之久。"（Obs：27）令人惊讶的是，即使是像西蒙·詹金斯（当时供职于《经济学人》，现为《泰晤士报》主编）这样的媒体专家似乎也没有抓住这一点。詹金斯在节目中说："这是一个意外事件，当时警方未能……与媒体进行沟通，告知后者持枪歹徒要求由他们国家的大使担任联络员。为什么警察不把这个信息透露给媒体呢，他们不愿意媒体广播吗？"好吧，至少在这一事件中，他们原本根本不需要这么做。

可以看出，恐怖分子对于其当前的目标感到很困惑，但他们毫不怀疑自己会被安全放行。BBC 的新闻直到晚上 11 点半才播出了恐怖分子的最新要求。“但是，让欧安感到愤怒的是，BBC 不仅删减了他的声明，还把内容弄错了。广播说恐怖分子想要三名阿拉伯大使和伊朗政府交涉，而不是英国政府。”（ST：52）这一错误看起来非常离奇，当然，如果这是有意为之，那就可以理解了。不过，《观察家》和《星期日泰晤士报》对于这个意外的表述有所不同。《观察家》的调查完全没有提及 BBC 本应在第三天晚上播出的广播，反而报告说在第四天早上，因为欧安“每天早上都要听广播关于这起事件说了些什么，当时他正因为自己关于三名大使的要求没有被警察公布而感到心事重重。他听到德黑兰方面的广播称恐怖分子要求大使帮助他们与伊朗政府协商，而不是英国”（Obs：81）。[1] 如果事实真是如此，就说明 BBC 并不是把要求给搞错了，而是压根就没有报道——当然，这还需要进一步调查。

第四天：5 月 3 日，周六

早间晚些时候，恐怖分子显然有些急躁，因为媒体还是没有播出他们的要求，大使也没有出现。他们要求再见一次克拉布。随着局势日趋紧张，警察意识到他们需要做一点什么。于是他们很快又找到了克拉布，但直到下午克拉布才出现（Obs：82—83）。对大使馆的监听非常重要，其有助于警方获取恐怖分子的情报，或者至少能让警方实时监控恐怖分子对于新闻报道的反应。显然，警方也知道“前一晚的错误堪称灾难”（ST：56），无论这应该归结于 BBC 还是德黑兰电台。

托尼 · 克拉布于下午两点重新出现在了大使馆前。在和恐怖分子进行对话前，他似乎收到了一份来自警方的指示。“警察要求

1　此处源自刊登在《每日快报》特别版的西姆 · 哈里斯日记，第 56 页，注释 12。

我向恐怖分子强调,他们为恐怖分子做的妥协、让步都是需要恐怖分子做出回报的。我能够来到大使馆就是警方所做出的让步。”当哈里斯问及恐怖分子的要求为什么没有被广播时,克拉布回答说双方存在“误会”。鉴于恐怖分子头目已经十分愤怒,警方代表答应他这些要求会被正确地记录下来。恐怖分子要求媒体必须如实广播。克拉布稍有犹豫,但是警方答应了这些条款,并提出以释放两名人质作为交换条件(Obs:84;ST:56)。在要求被广播之前,还出现了一段时间的延迟,因为CCC需要对其可能带来的后果进行评估。欧安则表示如果不广播就会杀死一名人质,但是另外一名人质仍会得到
释放。“听到这话,警方立马向欧安表示了谢意,并且告诉他,他的 45
要求会在9点的BBC国际广播中被完整地播出。”(Obs:84—85;ST:56—57)由此可以看出警方和媒体的合作实际上十分密切。

晚上8点35分左右,警方发言人、副助理局长彼得·奈文斯(Peter Neivens)在新闻发布会上向媒体宣布了欧安的要求。在宣读之前,他说道:“这很重要,我再说一遍,这很重要。请对此进行最大力度的报道。”(Obs:85)

阿兰·普洛瑟罗(1980:641)描绘了当时在场的媒体的心理状况:

> 高层给我打来电话,向我强调了无数次广播这些要求是多么重要……每家媒体都要把这个消息发出去,故事的发展太有意思了。目前还只有一名人质被释放;然后现在在阐述恐怖分子要求的居然是警方的最高层,而且居然还要求我们对它进行最大力度的报道。这样看来,这件事情的紧急性无须赘述;媒体人早已准备就绪,电视新闻、BBC电台新闻、ITN和IRN都在现场,随时都能将其作为快讯公布。

在大使馆内,收音机被调到了IRN和BBC国际广播电台。IRN

在离9点差7分钟的时候广播了恐怖分子的要求。恐怖分子们还收听了BBC第四广播电台和BBC国际广播电台。两本书籍和西姆·哈里斯的日记都有提到，当时大使馆内的人们都松了一口气，因为恐怖分子的要求终于被满足了，且随后就有一名人质被释放。恐怖分子的声明向英国政府和人民保证，不会对人质造成伤害；他们要求让三名阿拉伯大使参与谈判，以沟通各方的安全问题；并希望此次事件能让公众更多地关注阿拉伯斯坦所面临的困境（ST：85—87）。

第五天：5月4日，周日

前一天，媒体实现了对这一事件的高度参与。早间新闻声称阿拉伯大使很乐意提供帮助，红十字会也表示愿意参与到行动中来（Obs：88）。然而英国政府还是坚持原来的立场，因此也没能和任何一位阿拉伯大使达成协议。英国政府拒绝让恐怖分子逍遥法外，也不准备让大使们参与到谈判中去。政府只希望大使们能够劝恐怖分子投降。当晚，恐怖分子又释放了一名人质，并且要求能与一名大使取得联系以及获得安全离开的保证（ST：76）。当天，伊朗外交部长称有成千上万的伊朗人已经准备好冲击大使馆了。虽然BBC的工程师们确认大使馆的收音机可以接收德黑兰电台的信号，但是德黑兰电台似乎并没有提及古兹巴德的这一言论。阿兰·普洛瑟罗（1980：641）认为这是为了避免激怒恐怖分子，而且据他所知，德黑兰电台也收到了不要广播过激言论的相关通知。

第六天：5月5日，周一

新的一天到来，大使还是没有出现，而且恐怖分子发现使馆周
46 围的安保力量一夜之间加强了。哈里斯和洛克警员都恳求警方的谈判人员在找大使的事情上下点功夫，然而谈判人员也无能为力。其中一名谈判专家告诉他们讨论还在继续，他们可以收听BBC国际

广播电台的午间新闻来予以确认（Obs：108；ST：82）。午间新闻就外交部召开的会议进行了报道，但是显然还没有达成任何的决议。[1]事情陷入了僵局，这使得恐怖分子采取了对整个事件都具有决定意义的行动：他们射杀了一名人质。这直接导致了 SAS 的出动。

通过阅读这些现存最好的关于人质事件的资料，最让我印象深刻的是 BBC 的重要性。我们需要从两个方面考虑它的角色：一，它的工作人员作为媒介参与其中；二，在与政府的合作过程中它可能收到了特殊的指示。

托尼・克拉布的存在显然很关键，而且有必要分析一下舆论是如何形容克拉布的角色的。《广播杂志》称："他在事件中充当了安全部队的中介（他自己后来解释说，'我从没有做过谈判专家的角色，但是我会通过克制自己的职业意识来为谈判小组提供帮助'）。"

阿兰・普洛瑟罗（1980：641）对克拉布的自述表示赞同：

> 在那三天里，克拉布故意没有以记者的身份参与进去，始终在听从警方的指挥，这是值得敬佩的。他也从没有去抢谈判专家的戏份，他的存在本身就可以起到缓和紧张气氛的作用，在解决人质事件的过程中，他为谈判专家提供的建议至关重要。

克拉布自己也曾在其他地方评论说："虽然恐怖分子认为我是一个记者，但是我自己并不这么觉得。"（Obs：83）

所有的这些都是因 BBC 的参与而起。克拉布之所以没有以记者的身份参与其中，就是因为他猜测 BBC 可能不会广播恐怖分子的要求。事实上 BBC 早就掌握了这一关键信息，虽然他们所得到的要求也并不是很详细。无论怎样，克拉布都不能擅自扮演记者的角色。即使不是向总编辑，他肯定也需要向新闻栏目的主编请求一下

1　根据西姆・哈里斯的日记，第 60 页。

指示。对信息进行封锁一定是政府方面的决定。如果克拉布在那里不是一个记者，那他还能是什么？普洛瑟罗说他的建议对于警方来说至关重要，那他的建议是什么呢？《卫报》认为，克拉布在获得恐怖分子的信任的过程中扮演着一位“独立的、不受警方干预的民意代表”的角色，或许的确如此。人质事件期间的电视节目也提到了这一点。《在全国》栏目把克拉布形容为“一看就知道是 BBC 的
47 人”，“但是他加入了警察一方”。《十点新闻》栏目称克拉布的到场是“为了证明在大使馆周围的并不全是警察”。《夜场新闻》栏目则说克拉布已经和恐怖分子建立了密切的联系。这些描述都说明了这位 BBC 的准谈判员的重要性——第三天和第四天的拖延战略显然是因为他的协助才能成功。BBC 对于克拉布的描述十分谨慎，这或许反映了 BBC 内部对于其和政府部门的纠缠以及自己未来公信力的担忧。事件结束后的第一天，《夜场新闻》栏目就宣称克拉布并没有参与谈判。虽然克拉布并不是一个成熟的谈判专家，因为他没有被授权做出任何的承诺，但是他的确为两名人质的释放做出了贡献。他给自己的定位，如果不是记者，那么就是一位自愿帮助国家维持法律与秩序的热心市民。这种在危急关头从自己的职业中脱离出来的想法似乎和克里斯·克莱默如出一辙。

另外 BBC 和政府之间的接触也值得关注。阿兰·普洛瑟罗在 BBC 的电视节目《主编们》上曾经谴责说：“政府不愿意信任媒体，事实上也不愿意认识到我们对这类事情有着丰富的经验，是应该得到尊重的个体。”其发言的大意是政府应该对媒体给予更多的信任，并认为“理应存在某种能够给予媒体更多信息的制度”（Protheroe, 1980: 641）。有人说政府高层曾经通过一个热线电话下达指示，进而导致了事件期间的信息封锁，但是普洛瑟罗对此予以了否认。他强调，记者是有能力冲破政府对他们的管制的。

比如，线索和直接的信息变少了，由此我们就可以推断出

> 这一次的恐怖分子一定比之前意粉屋和巴尔科姆街的歹徒要难对付。而我们在最初做出的这一推断被证明是完全正确的：**我们确信如果没有SAS或者某个类似组织的介入，这起事件是无法得到解决的**。(《主编们》；着重标记为笔者所加)

他怎么就这么确定呢？当然，记者的经验的确会影响他们的判断。因为当时在王侯门的大多数记者都曾对之前发生的两起人质事件进行过现场报道，所以从一开始就有人推测政府可能会投入SAS。记者们对那些在大使馆周围挖路的“燃气工”产生了怀疑。但是普洛瑟罗似乎比这些记者还要聪明，他在《主编们》节目上详细地阐述了自己是如何通过“他个人得到的某种指示”来确定事件将会以武力方式解决的。这似乎完美地证明了BBC和政府当局之前有着积极密切的联系，而且还会让人们对于是否仅仅依靠记者的经验就能 48
做出正确决定产生疑问。

同样令人困惑的是，普洛瑟罗自信地断言，关于SAS的电视报道不会导致最终行动的失败。而且，对于政府将要投入SAS这一点，他似乎有十足的把握：“我认为不会有恐怖分子能从大使馆里活着出来……从军警的部署就可以推断出来，除非里头的人投降，否则他们是不可能逃过一劫的。”如果普洛瑟罗没有收到军方关于行动的详细信息，根据他长期积累的军事经验以及BBC国防专家(比如彼得·斯诺和克里斯托弗·维恩)的评估，他或许可以做出这样的推论。

BBC与军方和警方的成员保持着某种非正式的联系。在伊朗大使馆人质事件发生之前，1979年11月16日至18日，一场非公开的会议在英国阿宾顿举行，会议的主题是“政治极端主义，媒体和法律”。这场会议由BBC、国际新闻学会和福特基金会联合主办，云集了来自以色列、西德、美国和英国的顶尖媒体的员工、公务员、军人、警察和政客。另外到场的还有BBC的新闻时事主编理查德·弗朗西斯和之后报道了 SAS 突入大使馆的记者凯特·艾迪。警方后来负责人质事件的副助理局长约翰·德罗也参加了会议。根据《国家研究》（1980a：119）的记载：

> 会议设想了这样一个场景让与会人员探讨：在某个西方国家的首都，来自中东的一伙持不同政见的恐怖分子占领了某个建筑并绑架了人质。这一案例的最终讨论结果是政府发动了一场激烈的枪战，同时在事件过程中政府还一再强调绝不能让恐怖分子逍遥法外。讨论的重点在于，如果一家报纸事先被政府告知恐怖分子将被枪杀且绝不会做出任何妥协，那么他们是否应该放出消息？[1]

在看到这样的记载之后，我们再结合普洛瑟罗的“神秘自信”和所谓“灵感”，就不难看出媒体的高层不可能不知道政府想要做什么，并且还将这样的预期有意无意地传达给了下级。

但如果真是这样，那么为什么现场的直播报道会如此混乱呢？《广播杂志》（1980）曾经写道：

> 显然，至少在SAS采取行动的半小时之前，整个人质事件已经到达了一个转折点。ITN和BBC新闻在19点14分和19点11分分别发出了紧急快讯，称疑似一名人质的尸体被抛出大使馆。而报纸报道称在接近19点18分时警方活动有所增加。

根据这样的事实，之前经历过反劫机和反人质事件，已经颇有
49 经验的记者们本应更清楚地对当时的形势做出解读。SAS 在破窗

1　会议讨论的另外两种情况，分别是涉及极端左翼和右翼的政治报道，以及如何处理针对北爱尔兰安全部队的酷刑指控。

时使用的“窗框冲锋”是一项新技术，但是“震撼手榴弹”已经在1977年的摩加迪沙劫机事件中使用过了。还有一个不太明确的点是ITN设置在大使馆后方的摄像机，这个摄像机是瞒着警方偷偷安置的，因为警方不希望最后一天的准备行动被发现。但奇怪的是，警方和内政部都没有对这一行为发表任何的不满。而ITN负责人质事件报道的编辑，在SAS进攻发生的三分钟前才意识到之前镜头拍摄到的警方行动是在为此做准备（ST：116）。

事实上，警方掌控着大量优质的视频资料。在事件期间，王侯门的所有活动都被警方的摄像头记录了下来。比较懂行的电视观众可以轻松地在电视屏幕上找出它们，而且在对事件的后续报道中，也出现了警方拆除摄像头的画面。警方的一架直升机于事件尾声时一直盘旋在大使馆上空。这样的直升机一般都配备有电视摄像头，事件发生半年后，BBC的《九点新闻》栏目也播放了一些从这个绝佳位置拍摄的影像资料。另一个提供了很多影像资料的信息源是BBC。有大量报道称军方有权调用BBC关于SAS的录影带。在之前发生的几起事件中，BBC就已经察觉到了军方想要与其合作的意愿。比如，在主编圈子里流传着这样一种说法，北爱尔兰皇家警察部队“抢走”了一卷1977年12月播出的电视节目《共和派》的录影带，当时这个节目争议很大，因为据说其中播出的内容可能会暴露媒体与政府安全力量的不为人知的交易。1978年3月7日的BBC新闻称：“BBC对于一切合法的查阅资料的请求都会做出回应，但是同时我们也会根据BBC的定位和我们员工的利益来对其后果进行最为谨慎的考量和评估。”阿兰·普洛瑟罗则声称，BBC出于“指导性的目的”将一些影像资料交给了国防部和伦敦警察。

目前还不清楚ITN是否也在人质事件的影像资料上与政府达成了合作，但至少我们可以推测他们是不会主动交出材料的。警方提出类似要求无非是要对电视报道进行监控和记录。当然，SAS自己应该也对救援行动进行了录制。撒切尔夫人在行动成功当晚出现在了 SAS 的指挥总部，当时他们正在举行庆功宴，并且还受邀观看了一段视频（Geraghty，1980：181）。但是政府真正想要的影像资料恐怕并没有被送到他们手里，尤其是 ITN 从大使馆前方和后方两个角度拍摄的，记录了 SAS 进攻大使馆的全过程的影像资料。可以想见，一定存在一盒完美记录了 SAS 行动全程所有细节的录影带，
50 只是它永远不会出现在公众的视线中。

结　语

人质事件、劫机事件为媒体带来了大难题。他们面对着拥有舆论支持的、来自国家政府的巨大压力，这种压力也迫使媒体为了拯救无辜的生命而承担起所谓“责任”。类似的压力对于广播和电视来说或许更为沉重，因为它们所传递的信息可能会被恐怖分子实时获取。在伊朗大使馆人质事件中，电台新闻是极为重要的一环，因为恐怖分子就坐在收音机前等待着某个节目广播他们的要求，这样看来电台广播无疑拯救了好几条生命。在和恐怖分子进行的交涉中，BBC 的参与显然非常重要，虽然这缓解了双方对立的关系，但 BBC 看上去把保护国家安全优先于新闻价值了。两名 BBC 员工被绑架为人质使得 BBC 的参与合乎情理；但目前尚不明朗的是今后这种与政府的密切合作是否会给 BBC 带来什么影响。阿兰·普洛瑟罗对于给政府方面更多“信任”的呼吁，显然会导致政府进一步升级国家的危机处理机制。而《观察家》的编辑唐纳德·特雷尔福德（Donald Trelford）在做客 BBC 电视的《主编们》栏目时指出，警察和新闻记者之间需要进行“更好的交流”，而编辑们应该保有决定使用什么材料的权利。这样的立场可能更适用于报纸，要求国家对广播业实施类似的政策恐怕有点困难。

太把政府关于拯救生命的言论当回事也是很危险的。当然我也不能把话说得太死（毕竟这种人道主义关怀也不能说没有），但政

府显然还有其他目的。其中最重要的是通过坚决打压任何“恐怖主义”的表现形式来维护国家安全和保持国家公信力。罗伯特·马克的理论可以从一定程度上诠释官方态度的二元性。1975年，马克警官在对新闻编辑们为支持解决绑架行动而做出的努力表示赞许的同时，还强调“起初，**警方的首要关切是人质的安危**，希望媒体今后也能如此”（Mark，1980；着重标记为笔者所加）。而如果我们再把这个和他在巴尔科姆街事件时的反应做一下对比的话：

> 虽然我们对人质的安全非常在意，但是我从没有认为他们的生命是不可牺牲的。我对马修斯先生和马修斯夫人感到深深的同情，但是我认为，在**“不让任何暴力行为成功”这一根本原则面前，人的生命是次要的**。（Mark，1979：193；着重标记为笔者所加）

可见，国家利益会决定国家机关的行为。因此有必要对任何有关全面合作的要求进行慎重的评估和考虑。否则媒体很容易成为政府进行心理战的工具，而且会让媒体失去对政府的错误行为进行批评的基本权利。

虽然我本不想在这里提出一些关于伊朗大使馆人质事件的细 51
节性问题，但很有必要指出这次事件的解决过程并不能算是完美。最表象的问题就是这次事件中出现了人员伤亡：五名恐怖分子被SAS击杀，而两名人质被恐怖分子击杀。英国政府最终下达的攻击指令中明确写道：绝不让一个恐怖分子逃走。正如《星期日泰晤士报》的团队评论的：“最终，政府决定全歼恐怖分子，绝不妥协，即使这可能导致人质的伤亡。”（ST：71）这起事件中的人员死伤在政治上是可以接受的，因为英国国籍的人质并没有受到伤害。“无视”非英国国籍人质的确是这一事件中政府态度的一个突出特点，这一特点又因为政府对洛克警官的大力歌颂显得更加突出。

几家优秀的报纸(《观察家》、《星期日泰晤士报》和《卫报》)的确就SAS射杀恐怖分子时的情况和政府之前不让大使出面的决定提出了很多问题。关于第一个问题,《观察家》和《星期日泰晤士报》都援引人质的描述称,在混战中杀死第二名人质并尝试击杀更多人质未果之后,有三名恐怖分子放下了武器并且打算投降(Obs：119—120；ST：124—128)。但他们中有两人仍被SAS射杀。《星期日泰晤士报》和《观察家》的记者们对这一点表示了不安,但是两家报纸都认为,鉴于当时的情况,也不能过分责怪SAS,因为他们当时并不清楚恐怖分子究竟有没有持有武器,或者他们是不是打算引爆炸弹。《星期日泰晤士报》的记者以及SAS发展史的研究员托尼·杰拉蒂(Tony Geraghty,1980：180)毫不掩饰地说:"拯救人质的唯一办法……是杀光所有的恐怖分子,除非他们明确地亮出了自己的身份并且很彻底地表达了投降的意图。而在当时的情况下,恐怖分子的投降意图远远称不上'彻底'。"

然而,还有问题存在。《观察家》质疑说:"SAS是否收到了不留活口的命令,如果是的话,那是谁的指示?"(Obs：119)关于SAS的行动,官方曾给出过相关解释:战斗场所是大使馆,因此SAS除了全歼敌人之外别无选择。这一回应正好能回答上述问题。《星期日泰晤士报》的调查人员则质疑说:"关键问题是,在被枪杀之前,恐怖分子是否已经放下武器并且准备投降?如果是的话,他们被杀是否有法律和道德依据呢?"(ST：127)对此,托尼·杰拉蒂(1980：169)称,事实上SAS的行动具有充分的法律支持:

> SAS受法律原则的严格支配,而警方应对SAS的行动负责。CRW(反暴乱突击队)有着堪称冗长的纪律准则,甚至比介入北爱尔兰事务的军队所奉行的"黄牌"规章制度还要复杂、详细。在大使馆附近的SAS临时训练营中,他们一次次地根据这些守则进行演练。

这一言论可真是增加了我们的知识：而当《国家研究》(1980a：118)打算就这些规章制度进行更加深入的了解时，国防部甚至拒绝对其存在进行任何的评论。然而，媒体只是想要搞清楚它是否存在，而不是它的细节。这个问题到现在都还没有被解决，但看起来在北爱尔兰，并没有这种所谓"规章制度"存在。在事件发生半年之后，英国媒体也没有就这些问题进行太多的追问，政府也没有公开任何相关信息。

为什么英国外交部(在CCC的命令下)拒绝让大使参与谈判？显然，这是一个国家级的政治问题，考虑到最终协商结果很有可能让恐怖分子脱逃，所以他们拒绝了让阿拉伯大使参与到里面去。在人质的生命安全并不是第一位的前提下，走这样的强硬路线看起来的确很有道理。虽然BBC掌握着恐怖分子要求外交介入的独家消息，但是为了公众利益，它还是选择了和政府的反恐怖主义政策站在同一战线上，没有对外公布。因为没有就阿拉伯大使的事情做出任何报道，BBC为政府按计划进行部署做出了极大的贡献。但奇怪的是，这样的合作并没有引发任何争论，甚至到最后都没有人注意到。难道BBC对于政府的小算盘就没有任何质疑吗？BBC的员工(外面的托尼·克拉布和里面的西姆·哈里斯)以牺牲媒体报道为代价拯救了人质，同时还消耗了恐怖分子的意志。显然，BBC的立场和政府是完全不同的：它必须和政府进行深入的合作，并充分关切其员工的生命安全。同时，这起事件对于在和平年代的特殊时期实行的新闻管制来说，具有里程碑式的意义。这次事件的特殊性决定了它对未来也会产生持久的影响。

显然，在政府看来，局部的新闻监管总比没有要好。虽然新闻监管在这次实践中取得了成功，但从长远来看，目前英国实施的这种管制模式仍然存在隐患。因为没有实行全面彻底的新闻管制，所以有兴趣的人可以在之后对事件的细节进行复盘，包括此事件中媒体所扮演的角色——就像我现在所做的这样。这意味着国家安全力量需要考虑一种新的“游戏计划”，至少应该假设未来的恐怖分子会更深入地了解英国现行的反恐体系。在事件结束一周后，官方安全部门发表了冗长的总结报告。其中对关于“是否有必要因为媒体对人质事件的报道而临时改变作战计划”的问题进行了分析和讨论(《每日电讯报》)。虽然对新闻的全面管制目前看来不可能实现，
53 而且媒体和公众都无法接受，但至少在这样的特殊情况下，媒体和政府需要达成一种默契。根据需要临时捏造一份所谓“秘密协议”（就像这起事件中的 BBC 那样）显然是一种很英国式的做法。但是这种解决方法显然算不上民主：我们有权知道媒体打算在某一事件上如何与政府配合，以及他们选择（或是被迫）这样做的原因。

最后，对于这起事件的新闻报道让我感到担忧。针对这起事件的讨论整体上处于一种爱国主义，甚至可以说是沙文主义的语境中。暴力的解决方式明显更受推崇，甚至还能得到赞美。从公民自由的角度来看，这的确令人担忧。这是否意味着在今后的政治文化
54 中，处理政治问题时采取铁腕手段会变得无可厚非呢？

参考文献

Ackroyd, C., Margolis, K., Rosenhead, J. and Shallice, T. (1980) *The Technology of Political Control*, 2nd edn. London: Pluto Press.

Belfast Workers' Research Unit (1979) *Media Misreport N. Ireland*. Belfast.

Bowden, T. (1978) *Beyond the Limits of the Law*. Harmondsworth: Penguin.

Broadcast (1980) 'After the Siege: How TV Covered the Kensington Gore', *Broadcast*, 12 May.

Bunyan, T. (1977) *The History and Practice of the Political Police in Britain*. London: Quartet.

Campaign for Free Speech on Ireland (1979) *The British Media and Ireland*. London.

Chibnall, S. (1977) *Law-and-Order News: An Analysis of Crime Reporting in the British Press*. London: Tavistock.

Connell, D. (1980) 'Reporting Northern Ireland, 1979–80', *Index on Censorship*, 9 (3), June.

Cramer, C. (1980) 'Inside the Embassy', *Broadcast*, 19 May.

Dunkley, C. (1978) 'Programmes on Northern Ireland', in *Official Programme of the Edinburgh International Television Festival 1978*. pp. 58–61.

Elliott, P. (1977) 'Reporting Northern Ireland', in *Ethnicity and the Media*. Paris: Unesco.

Elliott, P. (1980) 'Press Performance as Political Ritual', in H. Christian (ed.), *The Sociology of Journalism and the Press*. University of Keele: Sociological Review Monograph No. 29. pp. 141–77.

Gamble, A. (1979) 'The Free Economy and the Strong State', in *The Socialist Register 1979*. London: Merlin Press. pp. 1–25.

Geraghty, T. (1980) *Who Dares Wins: The Story of the Special Air Service*. London: Arms & Armour Press.

Hain, P. (ed.) (1979–80) *Policing the Police*, Vols 1 and 2. London: John Calder.

Hall, S. (1978) 'Drifting into a Law and Order Society'. Cobden Trust Human Rights Day Lecture.

Hall, S., Critcher, C., Jefferson, T., Clarke, J. and Roberts B. (1978) *Policing the Crisis: Mugging, the State and Law and Order*. London: Macmillan.

Harland, P. (1977) 'Terror and the Press. Politics and Greed: When Lives Are at Stake Where Is the Difference?' *IPI Report*, 26 (10), November: 5–7. 55

Howkins, J. (1978) 'Censorship, 1977–78', in *Official Programme of the Edinburgh International Television Festival 1978*. pp. 50–6.

Kettle, M. (1980) 'The Drift to Law and Order', *Marxism Today*, October: 20–7.

Lavoinne, Y. (1979) 'Presse et cohésion sociale: le cas des prises d'otages', *Revue Française de Communication*, 2, Winter: 35–41.

Le Carré, J. (1980) 'Introduction', in *Observer* (1980). pp. 1–7.

Leigh, D. (1980) *The Frontiers of Secrecy*. London: Junction Books.

Mark, Sir R. (1977) *Policing a Perplexed Society*. London: Allen & Unwin.

Mark, Sir R. (1979) *In the Office of Constable*. London: Fontana/Collins.

Mark, Sir R. (1980) 'The Case of Great Britain', in *Terrorism and the Media*. London: International Press Institute, unpaged.

Observer (1980) *Siege: Six Days at the Iranian Embassy*. London: Macmillan.

Poulantzas, N. (1978) *State, Power, Socialism*. London: New Left Books.

Protheroe, A. (1980) 'The Authorities Were Reluctant to Trust the Media: The Iranian Embassy Siege', *Listener*, 22 May: 641.

Schlesinger, P. (1978) *Putting 'Reality' Together: BBC News*. London: Constable.

Smith, A. (1972) 'Television Coverage of Northern Ireland', *Index on Censorship*, 9, June: 15–32.

State Research (1980a) 'How the SAS Ended the Prince's Gate Siege', Bulletin no. 18, June–July.

State Research (1980b) 'Policing the Eighties: The Iron Fist', Bulletin no. 19, August–September.

Sunday Times (1980) *Siege! Insight on the Great Embassy Rescue*. London: Hamlyn.

Thompson, E.P. (1980) *Writing by Candlelight*. London: Merlin Press.

Trethowan, I. (1979) Letter to the Editor, *Daily Telegraph*, 14 July.

Wolfe, A. (1971) 'Political Repression and the Liberal Democratic State', *Monthly Review*, December: 18–37.

补充说明（1990）

由于 SAS 在王侯门事件中的出色表现，该事件成了媒体社会学和文化研究中经常被提起的经典案例（参见 Bazalgette and Paterson,

1980—1981；Hartley，1982；Knight and Dean，1982；Newsinger，1983；Paterson and Schlesinger，1983）。1982 年的马岛战争则又将 SAS 进一步神化了；现在回想起来，人质事件之后舆论中普遍存在的爱国情感或许早就预示着这场“小型战争”的爆发。

目前我们的研究通常强调的是针对新闻的管制以及管制背后媒体和政府的勾结，而这仅仅是对恐怖主义研究的一小部分。从电视媒体输出的多样性的角度，我们可以看到事件背后更复杂的本质（参见 Schlesinger et al.，1983）：我们需要意识到电视节目种类的多样性，电视节目在哪个频道播出，电视节目被排在哪个时段播出，预期受众是谁，节目的政治性，等等。另外，在英国，如果想要对广播产业施加压力可能会遇到强大的阻力。在卫星和电缆开始扮演越来越重要角色的全新的、复杂的媒体生态中，广播产业的“公共服务”职
56 责正被重新定义，关于这一问题仍然需要我们做进一步的研究。

正如我们之前所说，在 1980 年，对于人质事件的报道是和当时国家安全的大环境有关的（SAS 成为国内维稳行动的组成部分），另外，伦敦警察局等政府部门的媒体策略的演变，以及 BBC 和撒切尔政府因北爱尔兰问题而恶化的关系都会对其产生影响。十年后，大环境基本上没有什么太大的改变：但实际上，在认真地分析公民自由主义者的诉求之后，可以发现信息自由的大环境总体上还是恶化了的（参见 Ewing and Gearty，1990；Hillyard and Percy-Smith，1988）。而不幸的是，在反恐怖主义行动中不断地使用 SAS 仍旧在引发争议，1988 年的直布罗陀街头枪击事件更是引来大量的批评，我也会在下文对其做一个简短的评论。

过去十年中，媒体和政府卷入了一系列就重大事件展开的争论之中。这些争论在其他作品中已被详细讨论，因此这里就只列出一个大致的梗概。

在 BBC 对爱尔兰民族解放军进行了采访并在卡里克莫尔拍摄视频之后，英国政府加强了对北爱尔兰相关新闻报道的公开管制。

1985 年，在“现场直播”事件（对一名新芬运动的头目进行采访）发生后，内政部对 BBC 施加了很大的压力，要求禁止播放所有涉案的节目。这给 BBC 内部带来了重大的危机，政府禁止了节目的播放并且解雇了 BBC 的高层管理人员。虽然有争议的片段最终没有播出，但这起事件还是很大程度上削弱了 BBC 的权威地位，同时也是政府干预新闻报道的一个重要节点（参见 Bolton，1990：160—176；Cockerell，1989：295—298；Schlesinger，1987：xviii—xxi）。

另外一个和“恐怖主义”有关的争论也是源于北爱尔兰持续不断的危机事件。三名意图在直布罗陀英军驻地制造炸弹爆炸事件的爱尔兰共和军成员遭到枪杀。当他们被 SAS 枪杀时，他们的身上并没有携带武器，这一点引发了公众的广泛讨论（参见 Jack，1989）。到目前为止，英国政府表示 SAS 的行动是合法的（而其行动的合法性正是公众讨论的重点所在）。然而，还有很多问题等待回答。泰晤士电视台的《本周要闻》栏目于 1988 年 3 月对这起事件进行了再次调查，目击者的证言显示，SAS 在射杀三名恐怖分子时没有发出任何警告，也没有打算对其身上可能藏有的武器进行搜查。BBC 的《焦点》栏目（仅在北爱尔兰地区播出）也提出了类似的问题。王侯门事件中略显过分的对于恐怖分子的赶尽杀绝仍然让舆论心有余悸（Paterson and Schlesinger，1983：57—58）。 57

而《本周要闻》栏目的报道引发了首相、外交部长、保守党议员对 IBA（英国独立广播机构，当时负责管理商业电视）和泰晤士电视台的强烈批评。为了证明自己报道的合法性，泰晤士电视台请来了前保守党部长温德尔沙姆（Windlesham）勋爵来调查其新闻报道的真实性，后者在经过调查之后对此予以了肯定——但政府并不满意，直接就无视了该调查（参见 Bolton，1990；Windlesham and Rampton，1989）。

然而，英国政府最明目张胆的管制行为发生在 1988 年 10 月。当时内政大臣运用《广播法》所赋予他的权力禁止了 BBC 和其他商业电视台、广播电台播出被封杀组织的成员的声音。虽然这一禁令把北爱尔兰独立派和忠英派组织都涵盖了进去，但其主要目的毫无疑问是打击新芬运动。然而，抛开新芬党和爱尔兰共和军的关系不谈，其本质上是一个合法的政党（参见 Ewing and Gearty, 1990：243—250；Miller, 1990）。这一新的禁令导致电视中出现了荒唐的一幕：电视中播出新芬党代表的演讲时，声音完全是由配音演员根据口形后期录制的。毫无疑问，这一禁令将会对今后关于爱尔兰的新闻报道产生深远影响，对于英国媒体的国际地位也是一次重大打击，而且对于解决北爱尔兰问题有百害而无一利。

然而，政府对北爱尔兰的强势介入远不止于此。1982 年马岛战争期间，政府就 BBC 对于战争的报道进行了强烈批评，在 1987 年大选前夕掀起了一场针对 BBC 的保守主义运动（1990 年这些运动又出现了小规模的复苏），同时还以保护国家机密的名义对出版业和广播业进行严苛的打压，在 BBC 和《新政治家》杂志合作制作《秘密社会》系列节目期间，英国政治保安处还曾强行抢夺过制作组的相关视频材料（参见 Cockerell, 1989；Morrison and Tumber, 1988）。

考虑到这些政府行为对公民自由造成的影响，法律人士 K. D. 尤因（Ewing）和 C. A. 吉尔蒂（Gearty, 1990：129）强调“英国政府可谓是对保密和安全问题十分痴迷，过去十年这种痴迷已经发展到了恐怖的程度”。在多起著名的有关泄露国家机密的起诉中，在国际上最为臭名昭著的就是《间谍杀手》事件。在此事件之后，政府开始对国家安全机构和官方机密相关的法律制度进行改革。这些改革意在将政府关于国家机密泄露事件的调查合法化，并更好地封杀《间谍杀手》一书，从而消除其中的爆料对国家安全机构带来的恶劣影响。另外，在 1989 年，《反恐怖主义法》，一部于 1974 年制定的临
58 时法律正式成为永久法律。这一系列的发展都是我曾在伊朗大使馆人质事件中指出的问题的后续，且今后也将会继续为学界的研究提供“原料”。

参考文献

Bazalgette, C. and Paterson, R. (1980–1) 'Real Entertainment', *Screen Education*, 37, Winter: 57–67.

Bolton, R. (1990) *Death on the Rock and Other Stories*. London: W.H. Allen.

Cockerell, M. (1989) *Live From Number 10: The Inside Story of Prime Ministers and Television*. London and Boston: Faber.

Ewing, K.D. and Gearty, C.A. (1990) *Freedom under Thatcher: Civil Liberties in Modern Britain*. Oxford: Clarendon Press.

Hartley, J. (1982) *Understanding News*. London: Methuen.

Hillyard, P. and Percy-Smith, J. (1988) *The Coercive State: The Decline of Democracy in Britain*. London: Fontana.

Jack, I. (1989) 'Gibraltar', *Granta*, 25: 13–86.

Knight, G. and Dean, T. (1982) 'Myth and the Structure of News', *Journal of Communication*, Spring: 145–61.

Miller, D. (1990) 'The History behind a Mistake', *British Journalism Review*, 1(2), Winter: 34–43.

Morrison, D. and Tumber, H. (1988) *Journalists at War: The Dynamics of News Reporting during the Falklands Conflict*. London: Sage.

Newsinger, J. (1983) 'The SAS and Popular Fiction', *Race and Class*, xxv, Summer: 81–7.

Paterson, R. and Schlesinger, P. (1983) 'State Heroes for the Eighties', *Screen*, 24, (3), May–June: 55–72.

Schlesinger, P. (1987) 'Ten Years On: An Introductory Essay', in *Putting 'Reality' Together: BBC News*, 2nd edn. London: Methuen. pp. xvi–xxi.

Schlesinger, P., Murdock, G. and Elliott, P. (1983) *Televising 'Terrorism': Political Violence in Popular Culture*. London: Comedia.

Windlesham, Lord and Rampton, R. (1989) *The Windelsham/Rampton Report on 'Death on the Rock'*. London: Faber. 59

第二部分

与旧意识形态敌人的斗争

第二部分导读

各位读者不妨把接下来的章节看作与冷战期间的政治话语有关的系列文章,略读便知它们都写于学界对于冷战的热情还未褪去之时。刚刚从这一历史阶段中走出来的我们,毫无疑问,需要对它所造成的文化影响进行评估。现在回顾这些文章,我震惊地发现,它们沿袭着同一套思维体系:用皮埃尔·布尔迪厄的话来说,这些文章都是同一个“知识架构”的一部分。只要有主流观点,那就一定会有相反的或另类的意见,这一定律在政治上和学术上都是一样的。

如果说克里姆林宫的旧意识形态敌人已经正式宣告死亡,并且正迅速地成为我们的朋友,那么我们对当前世界的解读便更有理由继续下去。随着苏联解体,与西方对峙的“另一个集团”已经消失,但冷战结束为我们提供了一些现成的、便捷的思考方式。在追求理想世界蓝图的过程中,一个国家会遇到各种各样的威胁,而威胁的具体内容则取决于这个国家的世界地位。在我现在写下这段文字的时候,“伊斯兰”(经常和卡扎菲、萨达姆还有最近的霍梅尼,当然还有令人担忧的席卷西方的移民潮,一道被视作“恶魔”)可以说是冷战的重要遗留问题。东方学者如何理解穆斯林?这些理解如何通过大众媒体成为社会共识？在十多年前，爱德华·萨义德（Edward Said, 1981）就把这个问题摆上了台面，现在看来它可能会成为学界讨论的核心。

和第一部分一样，我们关心的是民众心目中的国家敌人以及国家的社会经济系统的构成方式。另外，还会提到“我方阵营的敌人”，他们过着和我们不一样的生活，信仰着和我们不一样的主义。第四章则是与之前的文章直接关联的，因为这一章讲的主要是西方国家内部的政治暴力和颠覆国家政权的行为是如何被解读为苏联统治世界计划的一部分的。虽然它主要关注的是英国反暴乱机制，但是其阐释原理同样适用于美国、法国等其他国家。可以说，普遍
60 存在于反暴乱思想中的“把宣传工具化”，很大程度上影响了我们在第一部分中提到的官方立场，以及政治暴力的影响。

提到反暴乱思想，那么就一定会提到知识分子的政治角色，这也是本章讨论的核心。在此议题中，必须提到的是军事知识分子们的模糊立场，这些人经常横跨在学术机构和政府智库之间。我会特别讲到的是他们在政治活动中使用的“手法”。

虽然我在前文中只是简单描绘了一个临时的草图，但我认为它仍然是有效的，且与当下有关反恐怖主义学说的批判性著作存在不少交集。澳大利亚政治科学家詹妮·霍金（Jenny Hocking, 1988）最近发表文章称，在 1980 年代，自由民主国家的反恐怖主义运动，已经远远不止是“与暴乱做斗争”那么简单了。他们倡导特殊立法，妄图把对异见者的监视合法化，还想要混淆维持治安的行动和军事行动，并干涉媒体的报道。哲学家亚历山大·乔治（Alexander George, 1991）对这些“反恐措施”背后的基本假设提出了质疑。他认为，西方自由民主国家正在直接支持或默许，通过暴力对抗恐怖主义。而正是因为民众对这些行为视而不见，才会使得恐怖主义被塑造成民主国家的对立面，是敌人破坏自由民主的工具。他还指出了“反恐措施”的内在独裁主义倾向，以及这种倾向是如何驱使统治者不断

地寻找国家内部敌人的。

第四章概述了 1970 年代后期英国研究恐怖主义的学术组织，其中许多关键组织和人物至今仍在学界活跃。虽然英国政府对反暴乱理论和制度的研究始终不太完备，但并不意味着民间没有人做这方面的研究。最近发表的一篇由爱德华·赫曼和格里·奥沙利文（Gerry O'Sullivan）撰写，关于恐怖主义权威研究机构的文章，或许可以让我们简单了解英国的两大研究机构——冲突研究学会和恐怖主义研究会。文章中对这些学术机构的全面分析，为未来的研究者们提供了优秀的范本，无论他们关注的焦点有何不同，譬如就我而言，尤其是那些针对媒体领域的分析（参见 Schlesinger, 1989b：295—302；Schlesinger et al., 1983：163—165）。

赫曼和奥沙利文首次提出、描述并分析了“将关于恐怖主义的信息、分析和意见进行批量生产、重新定义和包装”的“舆论工厂”概念。由此，他们开始对政府公共部门以及智库、研究机构、安全公司和“专家”等私人单位进行详细调研。主要研究对象为美国，但也涉及英国、加拿大、南非和以色列。调查显示，虽然私人单位有着名义上的独立性，但它们的大多数活动都发生在政府部门，且始终对 61
国内与国际政治抱持着保守的意识形态观念。

在冷战的思维体系下，对抗恐怖主义与对抗共产主义密不可分。这也是第五章和第六章的主题。这两章在概念上紧密相连，我在撰写时就有意地让它们相互对应。第五章讲的内容较为宽泛，主要探讨了共产主义的威胁如何成为我们政治文化的重要组成部分。第六章则展示了“欧洲共产主义”的形成过程，进而说明政治话语诱发的复杂、动态的冲突。这两章所用的分析方法，均可用于解答其他问题。

时间追溯到 1917 年的十月革命时期，当时的所谓“反共产主义”既是政治工程，也是统治阶级意识形态的一部分。从那一时期的反布尔什维克主义，到仿佛就在昨天发生的反苏维埃运动，似乎存在着某种历史的连续性。而从当下，也就是1990年代往回看，我们不难发现，到现在为止的十多年里，“公开化政策”（戈尔巴乔夫于1980年代在苏联倡导的、允许公开讨论国家所面临问题的政策）可以分为两个阶段：

第一个阶段以“公开化政策”的实施为开端。不少评论家都曾评价过戈尔巴乔夫团队的公共关系处理以及引进西方国家的媒体科技的举措。布莱恩·麦克奈尔（McNair，1988）观察了1980年代中期至后期，英国电视媒体对苏联采取新举措的报道，并发现英国媒体对于苏联当时出现的、更加客观的报道形式，抱有谨慎的乐观态度，在时事分析中也重新评估了苏联的威胁性。“公开化政策”对于促进西方的新闻采集有着重要作用，它让民众开始更深入、完整地了解苏联社会。另外，通过使用更为先进的媒体策略，以改善对外关系、宣传公开改革，使得西方公众逐渐摆脱了对共产主义敌人的刻板印象，即便此时的苏联已即将倒台。

第二个决定性阶段，则以冷战结束为开端。冷战正式结束于1990年，一大批国家宣布脱离苏联阵营，民众也开始重新以整体角度看待“欧洲”。在写作此书的当下，欧洲仍旧处在过渡期。我们专注于判断剧变的欧洲与国际局势中，谁是敌人，谁是朋友，谁和我们相似，谁与我们不同。当然，这种对“敌我”的区分，实际上是任何宣传战都最感兴趣的部分，也是冷战后人们关注的重点。但从根本上说，这种区分是冷战后国际关系重组中不可缺少的重要组成部
62 分。曾经由共产主义扮演的敌人角色，自然会由其他类似的敌人代替，譬如前文所提到的“伊斯兰”。

第五章讨论了西方新闻媒体对共产主义的理解，以及区分两种不同类型社会的基本模式和相关社会学理论。当国家社会主义被视作资本主义民主的对立面，独裁主义理论显得十分重要。相比之下，东方国家内部关于独裁主义的批评，与西方国家非常不同。正如雅克·鲁普尼克（Rupnik，1988：269）指出的：东方国家内部批评的主

要目的,在于质疑霸权统治阶级意识形态的正确性,反抗政府篡改历史、限制言论自由的行为。类似的斗争主要是为了把公民从政党国家对自由民主的压迫之下解放出来,并形成代替现行的、独裁主义意识形态的新思想体系。在中东欧剧变后,目前最为迫切的,就是建立可持续的公民社会,以取代刚刚通过政变建立的临时民主。

我重点关注国际上对极权主义的批评。这些批评之所以十分盛行,主要在于它们就像是一堵堵柏林墙,强调“不同”、“相同”、“威胁”与“不合理”等概念,并将它们融合在一起,形成排外的理解体系,进而产生大量关于共产主义的政治话语。另外,无论放于何种文化大背景下,这种理解体系的建立都离不开大众媒体和学术研究。

第六章的分析角度则完全不同。据我所知,学界只有为数不多的文献,关注了“欧洲共产主义”这一名词在政治争论的过程中是如何逐渐形成、发展的。[1] 虽然“欧洲共产主义”已经成为过去,但目前出现的大量以“欧洲”打头的名词,其逻辑轨迹均与“欧洲共产主义”一脉相承。最近被热议的“欧洲身份认同”便是其中之一。我们将在本书第三部分重点讨论该主题。

关于“欧洲共产主义”的研究案例,从意识形态层面入手可以展现出政客与知识分子间互相抵触的交流策略。此种研究方法,也可应用到政治和文化冲突领域(参见 Schlesinger and Lumley, 1985)。同时,研究还剖析了各国政府是如何通过政治话语,防卫或挑战意识形态的。东西方两大阵营,均面临异端分子的威胁,可以说“欧洲

1 此外,我们对该称谓的分析,已得到了奥古斯托·德尔·诺斯(Augusto del Noce, 1978: 7—8)的单独证实。德尔·诺斯提到,当他在《Il Tempo》(1975 年 11 月 15 日)的一篇文章中使用“欧洲共产主义”一词时,他以为自己创造了一种新的提法。但他发现弗莱·巴比利已经在题为《勃列日涅夫的期望》的社评(1975 年 6 月 26 日)里使用过“欧洲共产主义”一词。虽然两人使用该词的目的并不相同,德尔·诺斯是想以此概括意大利共产党战略下的哲学研究。而巴比利只是想表述当下相对复杂的现状。正如第七章所述,在动态流动的理论领域,结果并不总与最初意图相符合。

63 共产主义”的出现，同时冲击了现有的两大对立阵营。

第六章与媒体社会学领域中关于“定义优先权”的争论有关（参见 Curran，1989 和 1990；Schlesinger，1989a 和 1989b；Schudson，1989）。我曾经在其他书中，对关于“定义优先权”的传统观点提出反对。这些观点认为，由于政府在社会结构中的地位，它能够影响媒体，并能够优先定义新事物，因此也能够轻松占领公有领域。这有意忽略了那些“多头”政治中对政治议程起决定性作用的人，而且没有考虑到随着时间的推移，新生政治力量可能会重塑已有的定义。另外，它还有意淡化了媒体的被动性。

过去十年中，许多人没有意识到那标志着西欧政治转变的事件。介于资本主义民主和国家社会主义之间的“欧洲共产主义国家”论调，被当时法国、意大利、西班牙民族政治破裂的大潮淹没。1980 年代初，随着政党政治联合转变，“欧洲向左”的声音开始出现，这或许能够得到离莫斯科最远的欧洲左翼共产主义者（显然是指意大利人）和其他地区社会民主主义者、社会主义者（尤其是西德和法国）的拥护。阿芒·安东尼昂（Armen Antonian，1987：ch.13）认为，“欧洲共产主义”应当被理解为第一次世界大战前的社会主义运动的复苏，意在找回遗失的马克思主义社会学成果。而“欧洲向左”实际上是对超越十月革命的希冀。

今天，学界仍倾向于左翼政党只可能在某个国家内部掌权，而不可能凝聚整个“欧洲”——现在的“欧洲”已经包含了不少原属于东方阵营的国家。虽然“欧洲向左”的口号和在此之前出现的“欧洲共产主义”，目前均未取得动员政治力量和建立新社会秩序的成功，但其构想了一种重大的社会变革。任何人都无法预测该变革（也就是第二国际和第三国际分离的终结）何时到来。十年来，随着苏联的解体，已经没有什么力量能够让欧洲再次持久性地分裂了。但倘若欧洲真的诞生出民主社会主义，那么它必将在诸多不稳定条
64 件下，形成一种复杂、全新的政治认同。

参考文献

Antonian, A. (1987) *Towards a Theory of Eurocommunism: The Relationship of Eurocommunism to Eurosocialism*. New York: Greenwood Press.

Bourdieu, P. (1990) *In Other Words: Essays Towards a Reflexive Sociology*. Cambridge: Polity Press.

Curran, J. (1989) 'Culturalist Perspectives of News Organizations: A Reappraisal and a Case Study', in M. Ferguson (ed.), *Public Communication: The New Imperatives. Future Directions for Media Research*. London: Sage. pp. 114–34.

Curran, J. (1990) 'The New Revisionism in Mass Communication Research', *European Journal of Communication*, 5 (2–3), June: 135–64.

George, A. (1991 forthcoming) 'The Discipline of Terrorology', in A. George (ed.), *Western State Terrorism*. Cambridge: Polity Press.

Hall, S., Critcher, C., Jefferson, T., Clarke, J. and Roberts, B. (1978) *Policing the Crisis: Mugging, the State, and Law and Order*. London: Macmillan.

Herman, E. and O'Sullivan G. (1989) *The 'Terrorism' Industry: The Experts and Institutions That Shape our View of Terror*. New York: Pantheon.

Hocking, J. (1988) 'Counterterrorism as Counterinsurgency: The British Experience', *Social Justice*, 15 (1), Spring: 83–97.

del Noce, A. (1978) *Futuro Prossimo? Ipotesi, Giudizi, Discussioni sull'Eurocommunismo*. Bologna: Capelli Editore.

McNair, B. (1988) *Images of the Enemy: Reporting the New Cold War*. London: Routledge.

Miliband, R. and Liebman, M. (1984) 'Reflections on Anti-Communism', in R. Miliband, J. Saville and M. Liebman (eds), *Socialist Register 1984: The Uses of Anti-Communism*. London: Merlin Press. pp. 1–22.

Rupnik, J. (1988) 'Totalitarianism Revisited', in J. Keane (ed.), *Civil Society and the State: New European Perspectives*. London: Verso. pp. 263–89.

Said, E. (1981) *Covering Islam: How the Media and the Experts Determine How We See the Rest of the World*. London: Routledge & Kegan Paul.

Schlesinger, P. (1989a) 'Rethinking the Sociology of Journalism: Source Strategies and the Limits of Media Centrism', in M. Ferguson (ed.), *Public Communication*. London: Sage. pp. 61–83.

Schlesinger, P. (1989b) 'From Production to Propaganda?' *Media, Culture and Society*, 11 (3), July: 283–306.

Schlesinger, P. and Lumley, B. (1985) 'Two Debates on Political Violence and the Mass Media: The Organization of Intellectual Fields in Britain and Italy', in T.A. van Dijk (ed.), *Discourse and Communication: New Approaches to the Analysis of Mass Media Discourse and Communication*. Berlin and New York: De Gruyter. pp. 324–49.

Schlesinger, P., Murdock, G. and Elliott, P. (1983) *Televising 'Terrorism': Political Violence in Popular Culture*. London: Comedia.

Schmid, A. (1984) *Political Terrorism: A Research Guide to Concepts, Theories, Data Bases and Literature*. Amsterdam: North-Holland; New Brunswick, NJ: Transaction Books.

Schudson, M (1989) 'The Sociology of News Production', *Media, Culture and Society*, (3), July: 263–82.

第四章

论反暴乱思想的形式和范围

在西方资产阶级国家,与士兵相比,"反暴乱"思想家们显然要高级得多,仅靠一张嘴便能维护自由民主。他们看待世界的方式是摩尼教式的:这里是自由世界,而那里是极权世界。反暴乱所涉及的范围非常宽泛。因为颠覆政权和暴乱往往像双胞胎兄弟一样同时发生。革命就起源于小小的暴乱。

"反暴乱"思想家们可能会被视为在国家安全机构工作的知识分子。他们为政府在反暴乱斗争中的胜利而出谋划策。在高科技的配合下,他们的方略将为国家秩序保驾护航。反暴乱思想不仅能够付诸实践,以维护某些群体的社会利益,同时还是意识形态的重要组成部分。所有的反暴乱运动均有一个重要特征,即舆论宣传以及"心理战",就像美国人在越南施行的 WHAM(Win Hearts and Minds;赢得心智)一样。

本章将分析当代英国反暴乱案例中的意识形态特征。鉴于最近英国掀起了一阵社会学热潮,很难想象此前该领域居然无人问津。反暴乱与政治恐怖主义问题,已然成为历史学家(比如 Ivianksy,1977;Laqueur,1977a 和 1977b)和政治科学家(比如 Wilkinson,1974)关注的焦点。近期最具深度的研究成果,来自秉承马克思主义观念的调查记者们(Ackroyd et al., 1977; Bunyan, 1977a)。美国学界很早就对这一领域产生了浓厚的兴趣,诸多颇有价值的研究将有助于我们理解反暴乱思想在美国的统治系统和阶级构成中发挥着怎样的作用(Copans, 1975; CRCJ, 1975; Leggett, 1973)。

反暴乱并不是一个清白的或中立的概念,它毫无疑问带有意识形态属性。就像巴尼特(Burnet)所说的,那些美国国家安全机构的 66
"既得利益者" 们的核心世界观认为,"不发达世界中之所以会发生暴乱,是因为对暴力的管理有问题" (1972: 35)。因此,正如伊库巴尔 · 阿哈默德(Eqbal Ahmad)观察到的:

> "反暴乱" 包含了对有组织的革命的多角度攻击。而 "反暴乱" 这个看似只针对本国问题的称呼,其实只是一种美化。它掩盖了政府妄图镇压革命并将其违法化的政治意图。把革命贬低为叛乱,就确定了它的违法性。因此,反暴乱和反革命其实是两个可以互换的相同概念。(1973: 325)

我赞同阿哈默德的观点。将反暴乱思想和政府外交政策联系在一起,可以用来分析目前受恐怖主义威胁较多的西欧国家的反暴乱行动(如英国的爱尔兰问题),而且这对在 1960 年代经历了 "新政治" 浪潮后的美国国内治安也有重要的参考意义。

反暴乱、社会科学和帝国主义

反暴乱思想是现代的产物。当然,理论上当国家需要进行镇压的那一刻,这一概念就存在了。但在本文中,我分析的主要是西方帝国主义国家殖民扩张以及由此实现的对第三世界国家统治的产物。这里有必要提一下,18 世纪晚期,英国人发明了 "安抚" (pacification)一词,后来其词义在印度发生了变化。最早的 "反暴乱" 法律出现于19世纪，后因印度发生的一连串“小型战争”而发展完善。军方认为，“反暴乱”一词“既有政治性又有军事性，因为英国人不希望始终通过安抚来维护统治”（Fairbairn，1974：52）。布尔战争期间的集中营制度和警戒线体系，促使反暴乱思想进一步发展。对于美国的殖民统治来说，安抚印第安土著十分必要。而对英国来说，问题主要来自北爱尔兰，其最古老的殖民地。

有意思的是，近年来不少历史学家对人类学的发展进行了批判性的重新评估，而这似乎也和反暴乱思想的发展历史有关联。

塔拉勒·阿萨德（Talal Asad，1973：16）认为，人类学能够发展，
67 “其根本原因在于西方世界和第三世界国家，这两股不平衡力量的相遇，当时正值欧洲资本主义大发展时期，殖民仅仅只是一个历史事件。正是此次相遇使西方国家有机会了解那些被殖民社会的文化和历史信息”。

如果认为人类学的研究成果，都只是简单用于殖民统治的话就大错特错了。这是一个充满矛盾的复杂问题，其他领域也对其有过不少争论。总体上，人类学家“没有把殖民当作搞学术的好机会。很少有人类学家接触到殖民者，因此在当时其研究几乎没有什么实用意义”（Kuper，1975：147）。直到第二次世界大战后的国民革命，部分人类学家开始进入帝国主义统治阶层，其研究成果才开始为帝国主义国家所用。

与现在不同，早期的反暴乱思想被用来维护帝国主义统治。人类学家在政府就职并不是偶然事件，因为他们能够借此更深地了解帝国主义国家的运行机制。他们为政府服务，贡献自己的智慧，同时也在这一过程中获得研究所需的材料。一般来说，这样的行为恐怕存在道德争议。核心问题在于人类学家是否打着科学的旗号，却实际上在为政府的反暴乱活动卖命。在开始探讨当代案例之前，不妨先回顾一下历史。毕竟万变不离其宗。

W. F. 沃特海姆（Wertheim，1974）描述了伊斯兰教徒、人类学家

C. 斯诺克 · 胡戈隆杰在印度尼西亚代表荷兰殖民者开展的活动。1890 年代，荷兰殖民地阿特奇发生了民众暴乱。胡戈隆杰通过他认识的阿特奇人，找到了反叛军头目，并向殖民地统治者提供了关于镇压策略的建议。

下面这个例子或许更为人所知。大批社会科学家帮助英国殖民者处理了肯尼亚的茅茅运动。知名史前学家路易斯 · 利基（Louis Leakey）根据吉库尤传统仪式，研究了茅茅党的秘密宣誓，而后提出了几种突袭茅茅党宣誓仪式的方案。利基的目的，显然就是击败茅茅党。之后，政府雇用了几名东非社会研究学会的研究员来分析改变土地所有制的方式，旨在让中农拥有土地、分到好处，这样他们就不会再支持茅茅党了。

但与接下来的例子相比，以上都是小巫见大巫了。美国的大批社会科学家正在参与有关反暴乱的研究项目。其中最臭名昭著的 68
典型代表就是卡米洛特计划（Project Camelot）。该计划由美国国防部特别研究办公室（SORO）发起，但台面上伪装成了华盛顿美利坚大学开展的一项实验。其计划目标堪称宏伟——为了美国军方，对反暴乱进行彻底的科学研究。"一号文件"很详细地解释了这一点：

> 卡米洛特计划旨在开发一种能够预测、影响社会变化中与政治密切相关因素的综合系统模板。具体来说，其目标有三：一是对内部战争的可能性进行评估；二是决定政府为缓和可能引发战争的社会形势可以采取的措施；三是建立能够支持以上两个目标实现的信息数据库。（引自 Horowitz，1974：47—48）

计划将持续三到四年，每年预算高达一百五十万美元，如果花这些钱可以实现以上目标，那可谓超值。抛开其方法论与卡米洛特计划中的反暴乱理论的正确性不谈，该事件引起的争论焦点主要在于"国家策略社会科学"的道德正确性。科学家受雇于政府并为政府进行科学研究，究竟道德与否？

卡米洛特计划的失败并没有宣告故事的结束。毕竟它只是美国政府受古巴革命成功刺激而开展的项目之一，拉丁美洲的“红色叛乱”问题依旧存在，那么反暴乱研究也就有必要继续进行下去。卡米洛特计划失败之后，在 CRESS（社会系统研究中心）的帮助下，又以私人的名义成立了一个智库。现在，其大多数项目都由美国军事工业复合体负责组织，主题包括人口控制、游击队运动的心理分析、针对“态度转变”的研究、培育资本主义社会精英，以及按照英法模式（尤其是在马来亚和阿尔及利亚）训练可用于实战的特种部队等。

可以看出，反暴乱思想并不只存在于帝国主义殖民时代。它对于维持国内社会的阶级结构也有重要意义，而阶级结构则是维系帝国主义统治的社会基础。正如莱格特（Leggett，1973：322）所说，美国国内的政治关系与其在国内外实行的反暴乱政策之间，必然存在某种内在联系。

冷战和反暴乱

根据大多数西方军事思想家的理论，现代世界的所有暴乱最终都会与“世界共产主义”的某一个或多个角度相关联。目前的反暴
69 乱思想都深受冷战的历史和发展所影响；无论其理论逻辑是粗制滥造的还是精心设计的，均无法摆脱冷战思维对其的限制。[1]或许我们

1 在西方资本主义国家中，反暴乱思想的一般作用，需要与其他意识形态流派进行比较。为什么一些愚蠢的、关于世界共产主义的阴谋论，在国际关系的缓和期还会被如此大力地宣传？这或许可以从意识形态的劳动分工入手。目前程式化的解释对大众消费是有效的，并且在文化上有丰富的象征意义，可以使革命左派失去合法性。这些简单的理论在提振士气方面也有作用。但精英们仍需要更好地从沟通和外交事务中获得经验。意识形态冷战等问题，将在第五章、第六章进行详细叙述。

可以结合战后英法思想家的理论,来进一步解释。

革命战争理论

法国的革命战争理论,主要总结了中南半岛革命的战争经验,并被应用于阿尔及利亚的民族解放斗争中。创立这一思想的法国军官虽然初衷各不相同,但能够帮助我们了解西方冷战式思维是如何理解革命的。这与当代英国思想家的理论存在共通之处。

由于法国军事思想家面对的1950年代革命战争,是被视为针对西方的"圣战":

> 共产主义国家被强大的意识形态体系所支配,且有足够强大的力量对国内的矛盾进行镇压和控制,因此被视为威胁西方国家的一场风暴。对于共产主义国家来说,传统的措施不起作用。革命战争要求存在一种各方面都与之相似,而非相反的对立面,即反革命战争。只有通过深入研究和批判革命策略、详细制定反制措施,才能实现它。(Kelly,1970: 424)

因此必须使用完全颠倒的方法来应对革命。或者说得更加确切一些,需要以其人之道还治其人之身。其理论建立在对国际秩序的清晰假设和规划,以及对国际秩序建立过程中革命战争所扮演之角色的充分理解上。安布勒(Ambler,1966: 309—310)总结了革命战争理论家们的设想:

> 第一,从1950年代早期开始,东西方国家陷入了核僵局,这在很大程度上避免了核战争的发生。事实上,西方国家最有可能卷入的战争形式(其实早就已经卷入了)是暴乱和革命。第二,目前迅速发展的全球革命战争与一般的常规战争不同。前者的根本目标不是击败敌人,而是对民众进行肉体和精神上的

> 征服。第三，国际共产主义也在搞革命战争，且在时间与空间上具有很强的持续性。它以反殖民的民族主义作为围攻和削弱西方国家的策略。阿尔及利亚革命战争，以及之前的中南半岛革命战争，均为第三次世界大战的一部分，其结果很有可能对共产主义和西方文明的斗争产生决定性影响。第四，为了自卫，西方国家必须做以下几件事：必须借鉴敌人的一些技术，尤其在宣传手段、思想灌输方式和组织形式等方面；必须完善其
> 70 为之奋斗和以之奋斗的意识形态体系。

在开始转向当代英国思想之前，我认为还需要补充几点。

（1）“世界共产主义”看似有着极为庞大而复杂的结构，但实际上在革命战争理论提出之时，中苏关系已经开始走向破裂。

（2）舆论并不认为民族解放斗争是国家内部因素所导致的对帝国主义统治的反抗，而是存在幕后操纵黑手。还有学者提出了更深入的看法，即民族主义者并非都是信仰坚定的共产主义者，或者说他们可能没有意识到共产主义地下工作者正在煽动他们开展革命。

（3）方法和技术是这一理念需要解决的核心难题。反暴乱理论的拥护者们，比如特兰基耶上校、霍加特司令和拉切罗伊上校等，实际上都在寻找一种新的应对方式。关键概念是行动心理学，因为革命战争理论认为，革命战争是由民众中的一部分精通革命技术的幕后黑手带动的。[1]因此，他们需要建立一种能够和西方意识形态抗衡的思想宣传、灌输机制。这种“思想注射”是通过对民众施行军事管制和强制镇压措施来实现的。只有这样才能先发制人，把暴乱扼杀在摇篮里。

1　罗伯特（1977）为南非尝试应用这一思想提供了路径。

当代英国的反暴乱思想

英国的“秩序问题”

反暴乱思想格外强调“秩序问题”，是因为统治阶级察觉到了威胁。哈利·埃克斯坦（Harry Eckstein，1964）在关于“内战”的讨论中，清楚地阐释了这一点。他的立场比较保守，其所说的“内战”是指与国家对抗的行为。可以说，与革命战争有关的社会学，实际上就是与国家政权危机有关的社会学。在埃克斯坦看来，暴乱是对现存制度形式的颠覆和破坏（1964：12）。总之，其思想核心在于维持并发展现存社会秩序。这样的思想倾向于认为国家的法律制度是理所当然的，并且喜欢把政治问题而非社会理论，看作革命的成因。这一点我们之后还会提及。

在北爱尔兰爆发大量都市游击战争的背景下，英国学界会出现
关于反暴乱和“恐怖主义”研究浪潮并不奇怪，因为北爱尔兰危机已 71
严重威胁了英国本岛的社会秩序。倘若比较一下法裔阿尔及利亚人与英裔爱尔兰人，或许会得出有趣的结论。这两者在各自相关的事件中均对两国的军事思想产生了刺激作用，且都是英国学界撰写关于革命战争理论文章时经常使用到的例子。

促使英国军事知识分子反暴乱思想发展的，并不仅仅是爱尔兰危机。1960年代提出的“新政治”理念，使人们开始讨论如何维持“法律与秩序”。各类政治团体发动的大量劫机和人质绑架事件也使得人们意识到了跨国恐怖主义发展之迅速，以及公共安全的重要性。促使思想家们奋力研究的根本动力是英国的经济危机，以及由此引发的工业、政治危机。研究英国政府在北爱尔兰的施政时，有必要将其与这种形式的冲突及其可能的遏制手段联系在一起。

英国科学社会责任协会（BSSRS）的一份文件整理了近年得到高

度发展的镇压技术（如高压水炮、催泪瓦斯、橡皮子弹、感觉剥夺术等），这表明，爱尔兰实际上是英国军方试验新技术的实验田，很快这些技术可能就会被用于英国本岛。毫无疑问，英国政府正在准备“内部防卫”，而即将到来的与工会的最终摊牌，恐怕还将进一步推波助澜。不要忘了，1970 年代的大罢工曾经导致政府宣布国家进入紧急状态，甚至制订了紧急状态下临时改变自由民主政体的计划，议会也授予了政府紧急时期的立法权。

这些计划在军方手册《陆上行动卷 3：反革命行动》中得到了具体展现：当发生严重威胁国家安全的事件时，政府计划建立一个由警方、军方和国民政府组成的三头政治体系（Bunyan，1977b）。近期内政部发行的几份通告，详细阐述了紧急情况下的管控计划，其中花了很大笔墨谈到信息管制政策。在紧急体制下，官方新闻将由战时广播系统（WTBS）负责，由 BBC 的工作人员和其他来自中央信息办公室的职员组成（Bunyan，1977a 和 1977b；Kelly，1976）。

有舆论认为，这是英国向“强势国家”发展的表现。米尼拉普（Minnerup，1976）分析了西德为应对恐怖主义而实行的紧急状态（这一名词就源自西德）。在此期间，警方的权力得到了加强，政府
72 还实行了臭名昭著的政治政策，即要求所有应聘政府部门工作的人员必须经过政治考核，并且限制了政治犯在审判中本应享有的权利。米尼拉普认为，长此以往，这将导致政府部门对镇压措施的滥用。

在这一点上，他的观点和班扬、阿克罗伊德等人一致。他们均认为，强势国家的发展，将会随着经济危机的持续而进一步加剧工业和政治上的冲突。有如此强大的镇压机制和技术手段在手，工人暴乱自然也能像对付恐怖分子那样轻松解决。当然这种分析又是推测性的，但其似乎能够用以解释一些零碎的发展态势。

一些英国的反暴乱思想

这一节初步指出了当代英国军事理论的源起。关于英国反暴

乱思想的制度结构的全面分析，需要用到单独一整章的内容来描述；而关于其资金、人事信息，以及与其他机构之间的关系，反暴乱机构与国家各部门的联系，对大众媒体的应用情况等，我们还知之甚少。[1]

阅读过这一领域文献的读者们，一定会被“冲突研究学会”（ISC）赞助的研究课题数量吓到。1976 年底，由于《卫报》（12 月 20 日和 21 日）揭露了 ISC 的主任布莱恩·克洛泽（Brian Crozier）与 CIA 的人员存在联系，该机构被严重批评。据报道的作者彼得·齐本达尔（Peter Chippindale）和马丁·沃克（Martin Walker）称，克洛泽的“论坛世界特稿社”（FWF）是由 CIA 名下的一家挂名公司资助的。ISC 是 FWF 的分支产物。FWF 于 1974 年倒闭之后，其角色被一家叫作罗希特的出版社所取代，而后者的资金来源还是 CIA。克洛泽否认了这些指控。克洛泽写了很多关于反暴乱的文章，还担任了《我们会埋葬你：当代左翼叛乱的研究》一书的编辑，其代表作是《冲突论》，接下来我们还会提到。

罗伯特·慕斯（Robert Moss）是克洛泽的伙伴，担任了《经济学人》的内部机密文件《外国报告》的编辑，另外还为该报撰写过关于游击战争的专栏文章。在阿连德执政时期，他曾一度担任《经济学人》驻智利通讯记者，并因强烈反对人民团结联盟向社会主义转型而闻名。据《卫报》称，他的书《智利的马克思主义实验》就属于 CIA 间接支持出版的“世界现实”系列丛书。慕斯是 ISC 的理事会成员之一，和克洛泽都是极右翼组织全国自由协会（NAFF）的成员。慕斯为 FWF 工作，并且为 ISC、国际战略研究学会（IISS）写过文章。 73

1　费尔贝恩斯（Fairbairns，1974）基于其军方背景与学术积累，发现了军队和高等教育部门之间的联系，重点关注了由英国国防部、美国国防部和北约资助，在英国六十五所大学、学院进行过的国防演讲以及相关研究。除此之外，她还指出了军事教育委员会的公关作用。

另一位与NAFF有关的活动家是罗伯特·汤普森（Robert Thompson）爵士，也为FWF写过一本书。他可能是国际上最著名的英国反暴乱作家，因担任美国在越南战争中的行动顾问而闻名。他的观点对于目前的反暴乱思想有着巨大的影响，但他似乎很少就当代英国的情况发声。

还有一位杰出人物是理查德·克拉特巴克少将，他拥有伦敦大学社会科学博士学位，同时也是埃克塞特大学政治学讲师。他是身在大学系统中的军事知识分子，写过大量关于反暴乱的文章。其著作《抗议与城市游击队》将会在下文提到。克拉特巴克博士目前致力于研究恐怖主义和大众媒体。[1]

弗兰克·基特森（Frank Kitson）少将是近年来最为著名的反暴乱作家，也是左翼鬼神学学者。他出身于军队体系，属于军事知识分子。其著作《低强度作战》在1971年出版，一度引发了不小的争论。基特森认为军事训练的改革势在必行。该领域的其他作家还有《城市恐怖主义》的作者安东尼·巴顿（Anthony Burton），他有着军方和新闻工作者两方面的背景，曾经为IISS写过文章。杰弗里·费尔贝恩（Geoffrey Fairbairn）是一位有军事背景的历史学家和反暴乱作家，同时也是ISC成员。他写过《革命游击战争》，是ISC出版的较为精深的一部作品。费尔贝恩主要基于学术研究写作，卡迪夫大学政治学讲师保罗·威尔金森（Paul Wilkinson）也是如此。[2]他写的《政治恐怖主义》，名义上是政治科学论文集，但更像是一本反暴乱思想专著。后文还会提及对此书的批判。威尔金森也和ISC有联系，曾为他们写过《恐怖主义vs.自由民主》。

可以看出，与反暴乱思想相关的学者，大多涉及政治光谱中的自由主义到极右主义，而且此种趋势还在不断加强。这种不断增强

1　以上内容可参见其著作《媒体与政治暴力》（*The Media and Political Violence*）。

2　更多细节，参见本章的“1990年后记”。

的研究兴趣，正反映出当代英国不断变化的政治形势，其中的一些因素已经在上文概述过。在任何时候，反暴乱思想都是国家，或者那些意图影响国家的人，对革命威胁的一种应激反应。这种看法显然是最近才形成的。 74

当代英国反暴乱思想的要素

近年来一些关于英国的研究，其写作基础乃是对于可能出现情况的假设，亦是一种右翼思想灾变论。

俄罗斯人来了

英国反暴乱作家们认为，最终所有形式的抗议，都与苏联共产主义颠覆西方的阴谋有关。这让我想起了菲利普·艾杰（Philip Agee）刚加入 CIA 时说的话："核心理论是，共产主义者在全世界建立独裁政权的意图就是苏联扩张的表现，反过来也是苏联在国内维持苏共权力的需要。"（1975：34—35）照这样看，近年来西方国家发生的一些变化也可视为向苏式政体退化的表现。因此罗伯特·慕斯在《民主的瓦解》一书中举了葡萄牙和智利的例子，并认为这两起事件最终与苏联的世界扩张计划有关。慕斯非常赞同克洛泽的观点，即认为随着欧洲共产主义的成长，战场"就在我们的领土上"（Moss，1975：19）。克洛泽将欧洲共产主义描述为"一种更复杂的解决问题的方式"，"是莫斯科对于 1968 年事件的反思结果"（1974：114—115）。这一观点和东南亚问题专家罗伯特·汤普森的观点类似。汤普森认为："就像不能孤立处理一个国家内的共产主义暴乱一样，在全球范围内，共产主义暴乱也不是孤立的，而是持续的、以叛乱和恐怖活动为形式的共产主义地下侵略的一个方面。"（Thompson，1972：156）基特森（1971：19）认为民族解放斗争实际上是暴乱的一种形式，其目的是为苏联、古巴以及其他伪装起来的实际上属于共产主义战线的国家的利益服务。

因此，西方的政治变化被认为是冷战的一种延伸。而在这场零和博弈中，西方被描述为可能的输家。和革命战争理论相似，在“世界革命 / 共产主义浪潮”这一课题中，大致有两种主流观点。一种粗浅的说法是，俄罗斯 / 古巴都是那些上当受骗者背后的操纵者。另一种比较复杂的观点则认为，虽然的确存在真正的民族主义暴乱，但到最后基本都会被幕后黑手唆使，成为颠覆国家政权的革命（Clutterbuck，1973：146）。

汤普森倾向于前者。他认为革命战争没有真正的基础，因为它和暴乱运动的社会构成完全没有关系。共产主义分子通过拉拢民众来扩充他们的队伍，当单纯的普通人终于被这些共产主义分子拉入
75 伙之后，暴乱就有了所谓“群众基础”，并随即发生（1972：35—36）。基特森的思维模式与其相似，他认为抗议的中坚力量是“有政治意识的理想主义者”。当安保力量与暴乱群众对峙时，这些中坚力量就利用这一点博取群众的同情（1971：84—85）。可以说，阴谋论贯穿了此处所讨论的所有著作。

今天英国的颠覆国家行为

正如我们所知，自由的代价就是永恒的警觉。在反暴乱作品中经常出现的一种理论是，最好的反暴乱就是根本没有暴乱。要想达到这一理想状态，就是要把颠覆国家政权的行为扼杀在萌芽状态。但这并不意味着反暴乱者们就无事可做了。恰恰相反。一旦你打算把这些颠覆国家的行为全找出来，就足够花上一辈子的时间。这需要庞大的人员支持。这些人每天都要在大街小巷寻找暴乱的迹象。世界上总是会有暴乱存在，很多领域都是如此。基特森将颠覆国家政权的行为定义为“所有妄图推翻国家统治阶级但不动用武装力量的行为”（1971：3）。这样的“非暴力行为”包括罢工、抗议游行、相关宣传、小规模的暴力活动。除了小规模暴力之外，这些活动

看上去就像自由民主国家的公民本应行使的权利。这样的定义，让我们对反暴乱者关于自由民主的看法不寒而栗。就算是“正常”的政治生活，也会被视为具有颠覆性。这告诉我们，公民权利和政治权利是当前社会冲突的核心。静静地等着，什么都不做，权利将不属于你。只有通过持续的斗争才能够获得权利。在反暴乱者看来，之前制定的法律不适用于颠覆国家政权的活动。任何政治活动都会被冠以颠覆国家政权的嫌疑，因为那些狂热的疯子们随时准备进行一番诡辩，然后把你关进监狱。

学生和学术机构

在克拉特巴克看来，之所以会发生“抗议”，是因为某些好战的少数派妖言惑众。他给出一份学生人口统计表，其中显示百分之一到三的学生是激进分子，百分之十到三十是抗议者，百分之六十到八十是主流派，百分之十到二十的人是乐天派，只有不到百分之一的人是法西斯主义者（1973：189）。他根本没有提到右翼组织，也没有详细总结过国民阵线等组织。相反，他把注意力放在左翼激进组
织的联盟上，并且给出了关于团结党、工人管理协会、国际马克思主 76
义小组、英国共产党以及有嫌疑的《新左派评论》等团体的绝密资料。在他眼中，甚至国际特赦组织和《星期日泰晤士报》均有颠覆国家政权的嫌疑，因为他们没有对北爱尔兰的军队施以援手。这实在是一场“文字狱事件”，认为任何左翼思想和行为都有重大颠覆国家政权嫌疑，没有经过任何理论分析，光凭某些组织的联系就得出了“抗议”和“城市游击队”有罪的结论。

克洛泽也认为左翼组织是社会问题的重要威胁，并称“极右的意识形态”“非常少，相比之下不太重要”（1974：107）。重要的是要时刻警惕那些私下结成的革命组织：“大学是滋生它们的土地。学生或者教师能把这些组织的思想扩散到其他大学去，这对于革命初期的展开十分有利。”（1974：144）

罢工

在针对工人运动及其危险性的认识上，反暴乱思想家们惊人地一致。基特森对1970年代后期的情景进行了描述：

> 如果工人群体中真的出现了严重不满，比如因生活水平的显著下降引发的不满等，那么那些专门煽动人心的煽动者，就会立刻把注意力放到工人身上，通过一系列操作创造出警方无法控制的混乱局面。这种时候，军方必须立刻出动，把局势给稳定下来。(1971：27—28)

罗伯特·慕斯则说得更直接一些：

> 只要做好准备，英国政府就不需要害怕那些罢工——扩大煤与石油储备，与私人运输组织合作，事先建立资源紧急调用机制，组织市民志愿者团队——只要在政治和教育上下足功夫，即使是全国性的罢工也无法撼动坚定的政府。(1975：117)

慕斯从智利的案例出发，得出了以上结论。在克拉特巴克博士看来，罢工是两种酝酿危机的方式之一，另一种是学生运动。他认为，需要对罢工进行法律上的管理，不能让罢工这一手段被用于与工业无关的领域。他预测，政府对于罢工的破坏可能造成工人对右翼组织的强烈抵触，而1960—1970年代制定的劳动法有助于解决这一局面(1973：250—256)。

媒体和心理战

某种运动是否合法，是所有反暴乱讨论的核心。梵·多尔恩(Van Doorn)就现代军队参与反暴乱进行了阐述："求助于法律，否

定敌人的合法性，强调维持法律与秩序的必要性。给他们的敌人扣 77
上‘颠覆国家政权’、‘恐怖分子’、‘极端主义分子’、‘强盗’等帽子是常用手段。”（1975：103）面对目前的北爱尔兰冲突，英国政府便是如此。以上词语带有很强的意识形态色彩，经常出现在电视节目之中，只是民众往往不会带着批判的眼光去思考它们。实际上，这些词语本身便有利于宣传官方意识形态。哈里斯—詹金斯（Harries-Jenkins）认为，自由民主政体为了维护法律和秩序而使用武装力量，可能会危及军队和国家的合法性（1976：48—51）。这意味着，宣传的方式和对信息的处理成了非常重要的武器，它们可以使军事介入显得正义、合法，甚至获得民众支持。这就是为什么所有的反暴乱理论家都在讨论媒体的作用，且通常对媒体抱有敌意。如巴顿（Burton，1975：9）曾强调媒体的重要性，认为报道“城市恐怖主义”可能会引发模仿行为。实际上，这些理论家几乎都对媒体能影响民众思想而感到不满。

正因如此，理论家们深深担忧着关于越南、乌尔斯特革命战争的电视报道。他们认为这些电视报道带有偏见，对政府不利。克洛泽认为，当媒体报道一些“会给政府抹黑”的新闻时，背后显然有颠覆国家政权的因素在作怪（1974：202）。基特森的立场和克洛泽相同，他也认为政府需要建立防止民众思想受到新闻报道影响的制度（1971：78）。费尔贝恩的主张更为复杂细致，认为这些新闻使得许多无知的人被身边的“极权主义心理战专家”欺骗，进而把一些错误的概念理解为“民族解放斗争”，却忽视了渴望权力的精英们藏在概念背后的野心（1974：286，290）。

结合这一背景，不难理解为什么目前英国政府会如此重视在北爱尔兰的思想战了。反暴乱思想家们似乎都认为，国家应该监管新闻媒体，否则将危及国家利益。但最近的一些研究否定了这种担忧。比如，在关于政府成功暂时平息 IRA 的报道中，英国军队往往以正面形象出场（Elliott，1976）。还有专家称，英国政府成功地对

78 BBC 实施了间接控制（Schlesinger，1978）。齐布纳尔（1977）指出，过去十年里，英国媒体对“法律与秩序”进行了大量的报道，且逐渐合并了“犯罪暴力”和“政治暴力”这两个概念，以更为宽泛的“暴力社会”替代。现在，抢劫银行、故意破坏公共财产、无政府主义者、IRA 的炸弹行动以及工人运动最终都被归入了“暴力”的范畴。鉴于反暴乱主义者们总是将工人暴乱视为对现有秩序的挑战，那把罢工、抗议，与恐怖主义、抢劫等都归为“暴力”，等于从某种程度上模糊了它们之间的区别，这种归类具有很强的意识形态属性。这等于是把工会的活动及其目的非法化了。

考虑到克洛泽在该领域所扮演的重要角色，我们不妨研读一下他的观点：

> 所有的政府都应该有一个或多个部门，专门负责处理一些复杂的信息。它们的任务是更正具有误导性甚至反动性的言论——不在于扭曲其真实性，而是交给值得信任的记者足够的证据，让记者代替政府发声。这不是新闻管制，而是制造新闻，使得社会舆论呈现出一边倒向政府的态势。这是对反动组织的回应，看上去也更名正言顺。（1974：206—207）

这与传统的新闻自由相背离。这种新闻处理方式，也完全与克洛泽保卫民主的职责相对立。他的观点表明，媒体本质上不愿意服从于政府的信息政策。政府的信息政策徒有民主的外壳，实际内部已经变质——自然也就没有资格去批评所谓“极权主义者”。并不是说应该对英国新闻媒体产生怀疑，只是警察和军方的确经常使用克洛泽所说的这种伎俩。历史上不乏先例，如 1919—1921 年的 IRA 运动（Chibnall，1977：ch.6）。毫不意外，CIA 的“灰色宣传策略”就是通过雇用个人或组织，来为他们制造舆论，并且还要假装信息来源并非美国政府，这与克洛泽的想法如出一辙（Agee，1975：70）。

针对颠覆活动和暴乱的反应

传统上,反暴乱思想家将暴乱分为以下几个阶段:首先,没有被察觉到的颠覆活动发展成为孤立的恐怖活动,而恐怖活动又变成游击战争,最终游击战争变成了大规模的全面战争。在每一个阶段,政府建立的法律机制都将遭到攻击。篇幅所限,本节不打算对这一观点展开全面讨论,只做简单分析。 79

专家认为,如果能从源头遏制颠覆活动,就不会出现之后的一系列问题。为此,需要建立完整的机制。慕斯呼吁建立“永久的反恐怖主义力量”以及“统一集中的反恐怖主义计划”(1975: 235)。克洛泽对其观点表示支持,他认为,需要建立“非常规战争部”,把所有安全部队、特别部门、智库、心理战部门、审讯部门、特别行动小组、拆弹部队、反游击战小组、语言学和人类学专家汇集在一起(1974: 207)。基特森则呼吁改变军队思维,建立“专家社区”。目前工作的关键在于国家需要预见到威胁,就像1970年代被假设为“骚乱伴随着破坏活动和恐怖主义产生,都市首当其冲”,因此“行动的指挥官需要战略性地处理信息”(Kitson, 1971: 199)。但此种军事主义思想或许与民主自由的意识形态相悖。建立专家骨干以加强社会监管,这与《陆军陆上行动手册》以及内政部报告所概述的重塑政府结构的构想有着直接的联系。

学界普遍认为,暴乱的开端,即“一部分人以武装力量对抗政府”(Kitson, 1971: 3),很可能需要暂停或修改原本的法律惯例。然而,修订法律需要谨慎,因为其关乎现任官僚机构那已被质疑的合法性。在某些地区已经宣布戒严的情况下,重要的是“为和平做好计划,也是为将暂时成为军事控制地区的管辖权移交给行政当局做准备”(Burton, 1975: 214)。基特森敏锐地指出,这对公正的法律体系来说,既是“道德上正确的”也是“权宜之计”,但这必须与严格的反游击立法结合起来(1971: 69)。汤普森的反暴乱“第二原则”也持类似观点：政府必须依法行政。可事实上，法律制度在紧急状态下，会简化取证程序，以及与驱逐出境、集体惩罚、监禁支持暴乱者和嫌疑犯等相关的法律条文（1972：53—54）。

有趣的是，克洛泽和慕斯都明确地呼吁一种“威权主义解决方式”。他们坦率地表示，“威权主义比极权主义更好”（Moss，1975：278）。佛朗哥治下的西班牙就是威权主义的代表，“它没有把政治和意识形态强行塞进人民的喉咙，而是通过给予他们不可忽视的好处——人民有拒绝的权利”（Crozier，1974：200）。相比东欧国家的极权主义以及西欧各种疑似社会主义来说，这种处理方式稍好
80 一些。

如果人们都信奉类似于革命战争之类的理论，那很显然，自由民主政体终将完全崩溃。在基特森的作品（作为现役军官，他想必不被允许公开发表异端言论）中，他明确提出，需要建立“反组织机制”（counter-organization），“由此，政府可以获得对人民的控制并且阻止敌人的渗透”（1971：79）。他在之后的书籍中也坚持这一观点（Kitson，1977：chs. 23，24）。

革命没有客观社会基础

这是一个重要的主题，其引发的诸多问题都和革命的成因有关，而革命的成因绝非本章篇幅所能穷尽论述。英国反暴乱思想家的立场隐含在其目前的言论之中。他们严重依赖操纵论和阴谋论来解释暴乱的起源，这使得一小撮具有煽动性的激进政治人士成为问题的关键，而非其他任何的客观条件。反暴乱思想家在驳斥针对自己的批评时常会提到这些观点。从本质上讲，这些作家以列宁主义的方式，强调对思想和意识形态的介入。诚然，第三世界存在着严重的贫穷现象，西方资本主义世界也有不同程度的经济危机。但是，由此发生的所谓“革命”完全是因为某些人在挑事。颠覆活动组织者的所谓“革命的理由”，实际上只是为了获得民众的支持而已

（Kitson，1971：29；Thompson，1972：21）。克洛泽（1974：14）曾十分直白地阐述过：

> 社会环境并不是暴乱的成因，它充其量也只能说是暴乱发生的背景。当有人觉得是时候暴乱了，暴乱就发生了。潜在的暴乱领导者心中所想的，远比他身边的环境更重要。

费尔贝恩也认为，“革命是经济和社会条件极端不合理时自然爆发的”观点完全错误，它不过是革命战争支持者们的思想宣传武器而已（1974：71—72）。类似看法在美国反暴乱思想家的言论中也能找到。如埃克斯坦（1970）就主张对社会状况的洞察力是首要的，他认为客观环境因素与暴乱之间没有明确关联。简单点说，这些学者认为，革命的根源是意志论和唯心主义。 81

从反暴乱到政治社会学

以上提及的许多著作都没有将其自身归入“纯理论”的范畴。的确，这些作品中有不少脚注，其中的一些颇能显示出作者的博学。但其宣传性质和意识形态色彩也是毋庸置疑的。保罗·威尔金森的《政治恐怖主义》（1974）和以上著作不同，相比其知识含金量，该书的重要性在于作者的学术地位显著提高了关于“恐怖主义研究”的可信度。因此，接下来将主要讨论反暴乱思想是如何保有政治社会学外壳的。

不断变化的研究目标

威尔金森（1974：11）在其论著开篇表示，该书的主要关切是“政治恐怖主义”，即革命运动、政府或者带有政治目的的个人所实施的武力恐吓活动。实际上，在书的最后，他的研究对象发生了些许变化。在批判恐怖分子对自由民主政体的危害之前，他突然缩小了研究范围，聚焦于“政治恐怖主义”中的“革命恐怖主义”（1974：129）。显然，由政府实施的恐怖主义至此消失在叙述之中。不过，因书的结尾意在向资本主义民主国家的统治者们提出建设性意见，所以书的整体逻辑未受影响。但该书的研究目标也就变成了那些没有掌握权力的激进分子们，国家的恐怖主义行为则完全被忽视了。

对“政治恐怖主义”的定义

威尔金森定义的关键在于，政治恐怖必须具有“不分青红皂白的性质”（1974：13）。他谴责不分青红皂白的无差别杀人，并得到了广泛的支持——但谁会不支持呢？（参见 Finer，1976；Rapoport，1971）另外，他认为所有的恐怖主义行动都是“隐性的非道德和反律法主义的”（1974：17）。这就有点不对了。等于是在说，对恶毒的压迫者进行有选择性的恐怖活动，永远不可能有道德基础，这远非不可争议的。此外，事实上并非所有的恐怖主义都是不分青红皂白的。假设 1919 年到 1920 年的 IRA 是恐怖分子（而不是反殖民运动的军事力量），那么他们开展的、有明确目标的行动，就不该是消灭英国特工和官员，而是像现在这样在公共场合引爆炸弹。当然，举这样的例子会引起术语方面的问题。把某人定义为恐怖分子，就等于是破坏了他的合法性。因此，“游击队”、“自由斗士”和“义勇队”这些概念就出现了。威尔金森显然也察觉到了这一点，并且警告称：“道德上的正确性事关舆论对某一行为的评价。因此恐怖主
82 义的学生必须谨慎地使用这些有争议的术语。”（1974：21）在我看来，“恐怖主义的学生”这个用词已经充分表明了威尔金森的立场。

威尔金森的定义绝对会引发争议。他赞同当下对恐怖主义的一般定义，即恐怖主义活动实质上是针对国家采取的活动，而不是由国家采取的活动（Sobel，1975）。另外他还关注“可采取的预防性政治、经济或社会措施，以及应当采取何种有效的反恐怖主义行动

或临时性行动，特别是已受到恐怖主义攻击的民主政府”（1974：22）。这些都是反暴乱思想家们最关心的问题，但他们从来不问“为什么会发生这些”，而是一个劲地强调“我们应该做些什么”。

威尔金森的分类学

威尔金森称自己已经在分类学上超越了 E. V. 沃尔特（Walter）的《恐怖主义与反抗组织》（1969），并说：“有必要建立一种更灵活的类型学，这种类型学不依赖于统治者与被统治者的二分法，而是源自革命和压迫之外的动机。”（1974：35）由此他做出了以下区分。

首先是第一个分类，“革命恐怖主义”，即“许多运动和派别采取的、系统性的恐怖主义暴力策略，目的是实现政治革命”（1974：36）。其原型是法国大革命期间的恐怖主义。然而，有必要指出的是，这是由政府组织的革命行动（Hobsbawm，1973）。这一结论的现实意义后文将会提到。

第二个分类是“亚革命恐怖主义”（威尔金森称这是他的创新），是“因革命和政府压迫之外的政治动机而发动的恐怖暴力”，往往发生在有文化暴力、世仇和暗杀现象的地方。威尔金森认为，这类活动“游离于传统的独裁统治之外，其政治影响微乎其微”（1974：40）。北爱尔兰的宗教谋杀，显然是“亚革命恐怖主义”，其影响是否微乎其微则很值得怀疑。

就像沃尔特只对国家暴力感兴趣一样，威尔金森基本上对他的第三个分类“压迫恐怖主义”不感兴趣。这被定义为“为了镇压、取缔、平息或抑制某一组织、个人、暴乱分子或疑似暴乱分子而有系统地运用恐怖主义暴力”（1974：40）。这显然不是一个“干净”的类别。法国大革命时期的雅各宾派革命者对他们的敌人实施的就是“压迫恐怖主义”。

威尔金森忽视了第三个分类“压迫恐怖主义”的现实意义。他的整个研究都建立在“自由民主存在之地，便不存在压迫”的基础 83

思路上。在他看来，镇压纯粹而简单地等同于为维护既定秩序而进行的军事行动——这也是他“国家守夜人”概念的延伸。威尔金森说，在那种情况下，“如果政府被迫使用紧急权力，暂停《人身保护法》或者实施军事戒严，那么它就面临着中止民主以拯救民主的悖论”（1974：109）。但如果我们换一个角度理解自由民主国家，这一悖论就不存在了。“压迫”主要与所要保护和维持的阶级关系有关。国家内部发生的公开镇压，不仅是保卫受威胁的民主政体那么简单，还是为了保护资本主义关系的根本结构不受动摇。

因此，对公开压迫的分类需要更加动态化和过程化。尽管自由民主国家的压迫统治在危机来临时最明显，然而这并不意味着它会突然出现。每个自由国家都处在准备实行压迫统治的过程中，因为它持续面临着对其暴力垄断和基本社会关系的一系列威胁。自由国家通过强硬措施来保护自己，却反而压制了民主自由这一点是不正确的。实际上，废除保护措施后的自由国家才真正压制了其民主自由。需要注意的是，“强硬的国家体制”和其反暴乱能力并不会在渡过迫在眉睫的危险后就消失不见。威尔金森的核心问题在于他的分类基于两种静态类型的对立状态。实际上，他的压迫体制（1974：40）必然与其自由民主体制（同上：109）构成连续统一的整体。

应用不合理的分类学

更确切地说，我将着重于他粗略证据中的一个例子。根据英国科学社会责任协会的《镇压的新技术》（*The New Technology of Repression*）以及约翰·麦古芬（John McGuffin）的《小白鼠》（*The Guineapigs*，1974）。很明显，在英国政府对北爱尔兰的统治中，被威尔金森称之为“有系统地运用恐怖主义暴力”的相关行为已经成为打击爱尔兰共和军的重要组成部分。在序言中，麦古芬（1974：9）描述了十四个人是如何毫不知情地被军事心理专家、精神专家和反暴乱思想家们选为“感觉剥夺”的实验对象的。

那么,这一证据(顺便提一句,威尔金森在讨论北爱尔兰和 IRA 问题时根本没有提到)难道和他所谓“自由民主”没有关系吗?英国本岛或许可以声称其拥有自由民主,但很难将这延伸到北爱尔兰,因为国家机器已经把对少数群体的镇压和歧视变成了一种例行 84
公事。根据威尔金森自己的标准,而不是我的标准,任何对北爱尔兰近代历史的解读都应该将其归入镇压的范畴;因为“没有一个被镇压的国家似乎能够摆脱秘密警察机关,其成员在谋杀、酷刑、逼供、谴责、颠覆等方面受过专门训练”(1974:42)。

过去常常有人谴责英国在爱尔兰使用过暗杀团体,现在却没有人对英国的所作所为进行评论。威尔金森明确提到了英国政府曾经“严刑拷打和恐吓被关押者以获取信息”(1974:42),而这正是麦古芬著作所讨论的课题。但他仍然继续声称英国政府在北爱尔兰的规章制度旨在维护自由民主政体:

> 自 1970 年代以来,IRA 的暴力行为一直直接针对英国政府,旨在迫使英国从北爱尔兰撤军,并且破坏联合王国政体。就此而言,IRA 显然是在对抗自由民主政体。但必须承认的是,自 1922 年在斯托蒙特建立统一政权,北方的基督教人口一直遭受政治、社会和经济歧视。另外,于 1922 年在北爱尔兰实行的《特殊权力法案》赋予政府广泛权力以压制任何形式的不受其欢迎的政治意见。(1974:116)

这是一套奇怪且支离破碎的言论。一方面,爱尔兰共和军必须被描述为反自由民主,另一方面,它又对一个缺乏社会公正、自由的政体展开了反抗。威尔金森未能分析北爱尔兰和英国本岛之间的关系,这两者的关系恶化源于 1920 年的《爱尔兰政府法案》和 1949 年的《爱尔兰法案》。把北爱尔兰政体和英国本土政体剥离开,是一种矛盾的思维。作为一个在1974年写书的人，在北爱尔兰经历了一段漫长的英国政府直接统治（这是直接从殖民主义手册中摘取的短语）之后，居然还打算把它们的政体分开讨论，这无疑是不诚实的。对于政治科学家来说，忽视目前英国无辜平民遭受的无差别暴力行为，与英国政府的爱尔兰政策之间的因果关系是不专业的。威尔金森对这一具体案例的处理，使其关于自由民主国家恐怖主义问题的理论方法受到了普遍质疑。

社会学家还是反暴乱学家？

威尔金森关于自由民主的观念，揭示了自由民主政府实行大量压迫的理论可能。应该如何定义被压迫国家的自由？公民究竟应该获得多少自由？自由民主政体合法性的真正含义是什么？目前还没有人提出这些问题。或许在某些情况下，关于自由民主国家内
85 部的恐怖主义理论，同时也是关于政府压迫的理论。

因此，引入反暴乱领域的理论十分必要。威尔金森就此提出了与汤普森、克拉特巴克以及基特森等人完全不同的看法。他建议政府把改革和强力的安全措施结合，形成一种“两战策略”（1974：138）。麦格赛赛（Magsaysay）已经将这一想法在菲律宾付诸实践并取得成功（Taber，1972：120—123）。威尔金森认为，政府必须在压迫和改革之间寻求平衡，同时也“不能对恐怖分子太手软”（1974：139）。另外，威尔金森还建议政府运用《特殊权力法案》禁止某些组织招收成员和示威游行。他援引汤普森的话说，“把公正的申诉程序和司法审查”与《特殊权力法案》结合起来。但是他又自相矛盾地说：“一旦民主国家实行军事统治，那么它将难以得到公众的长期支持。”（1974：141）

这份不同寻常的声明最能说明问题。对于反暴乱学家来说，击败叛乱分子以维护政府统治，远比其最终结果（维护民主）更重要。因此，对国民来说，重要的是维持民主的“形式”。威尔金森实际上

是在以“军事化民主”思路进行研究，正是这种反暴乱思想的逻辑影响了他的进路。

对反暴乱思想的批判

反暴乱思想及其实践已经遭到很多领域的批评。在总结部分，有必要对频繁出现的争议进行讨论。

道德标准和政治

显然，从事反暴乱研究，意味着采取反恐怖主义的道德立场。反暴乱者把维持秩序、满足国家需求作为第一要义。在此过程中，他们必然认可现任政权的合法性，并通常以避免现状更加糟糕为由来证明这一点。卢西恩 · 派伊（Lucian Pye）将此种反暴乱社会科学在第三世界中的作用描述为“积累控制意在破坏民主并建立暴君统治的暴乱分子的相关技术经验”（1964：179）。比起直接支持帝国主义统治，反暴乱思想更具迷惑性和隐蔽性。

政治科学家是否应该参与到类似的政府行为中仍无定论。卡 86
米洛特计划明确提出了一个问题，即是否将国家问题视为其本身的问题，是否将其应用至非本土的领域。社会学者参与制订泰国“行动计划”（Copans，1975），以及五角大楼文件披露的有社会学家参与制定美国的对越政策，这些都无疑强调出科学研究的道德性仍然需要讨论。这一领域的道德选择，与政治承诺以及特定社会在特定时期以暴力手段引发社会变革的共识立场有着不可分割的联系。

反暴乱思想的谬误

大多数研究者都关注“反革命有效吗？”这一问题。显然，时而有效，时而无效。这等于打开了关于革命成因的潘多拉魔盒。发动有效的反革命行动，一定要有足够的革命理论支持吗？这似乎很值得怀疑。而真正需要我们探讨的，是这类行动可能产生的长期影响。W. F. 沃特海姆指出了一系列旨在避免革命的措施，并区分了政府采取的三种主要应对方式：改革、转移注意力的宣传和镇压。他的结论是："所有妄图阻止革命的企图迟早都会失败。"（1974：293）这或许是基于他自己的某种信仰，而非历史事实。

反暴乱思想的批评者们，倾向于赞同沃特海姆的观点。罗伯特·泰博尔（Robert Taber）指出了反暴乱思想的一个谬误：

> 革命是人工授精过程的产物（通常是畸形的），游击队的核心（可以说是催化剂）是由局外人、阴谋家、政治僵尸、身体或精神的不在场者组成。他们以某种方式从其本身的社会地位中分离，操纵周遭环境，以达到阴暗险恶的目的。（1972：19）

毋庸置疑的是，这一章中提及的反暴乱思想大多带有此特征。这种阴谋论很少正确地认识社会现实的复杂性。当然，这类机械一元论的说法，有时的确可以做到一部分的解释工作，并协助政府成功完成镇压。反暴乱理论家的确对于政府的镇压有着迷信般的信仰，这无疑使其思想成为维持镇压政策的有力宣传。一元论对异端思想的排斥，将有利于政府的合法性。

泰博尔还指出另一个谬误在于对"方法、措施"的痴迷："游击
87 战争仅仅是战术和技术问题。在其他非常规战争中，这种观点也十分盛行。"（1972：20）显然，所有的反暴乱理论家们都有一个坚定的信念，即使用正确的镇压措施便可以解决所有的颠覆活动和暴乱。对"方法"的痴迷，可能会凸显意识形态的作用。革命战争理论的出现就是很好的例子：在他们看来，控制思想是重要手段。但对反革命思想的大量灌输，很可能适得其反。因为其忽略了一些看似微小，实际关乎革命根本的客观因素。

接下来如何走

在研究当代国家的权力时，对反暴乱的实践以及意识形态分析尤为重要。反暴乱思想在自由民主政权中的迅速发展尤其有趣，因为民主形式和军事行动之间的矛盾，终将危害政府统治的合法性。英国以及其他一些西欧国家关于“内部防卫”的发展，也使反暴乱研究具有更加紧迫的现实意义。特别是，为了阻止“欧洲共产主义”的发展企图以及应对持续的经济危机，强权国家可能会变得更为普遍。

自由民主政体中的“政治恐怖主义”理论，如果排除了国家权力，很可能会产生误导。它还必须考虑到即使在自由民主政体中，仍存在着部分压迫的可能性。我们无法像反暴乱主义者那样，简单地认为国家的所作所为都理所应当，进而提出有关社会控制的行政问题。必须将国家视作解释暴乱起因和发展的重要原因之一。科尔（Kohl）和利特（Litt, 1974）最近关于拉丁美洲游击队运动的研究，就在一定程度上体现了这一思路。我试图证明，关于自由民主政体中暴乱的主流观点具有误导性，因为它忽视了自由民主国家的一些本质性问题。

后　记

与其他领域的国家政策类似，反暴乱思想与统治阶级的利益以及相关的服务性研究存在一定联系。在相关论述中，“暴乱”、“恐怖主义”、“颠覆活动”都属于社会问题的病症。用C. 赖特·米尔斯（Wright Mills）的话说，这一章研究的就是“社会病理学”。另外，本章中列举的其他著作也都颇具研究价值。没有什么东西是一成不 88
变的。因此，如果我说，“反暴乱”如今已经不复存在了，希望读者不要感到困惑。基特森说，现在的美国军队

> 已经表示不再使用“反暴乱”和“反颠覆”等表述，而是以“内部防御与发展”代替。军方进行的维护现有秩序的行动，被称为“维稳行动”（stability operations），之所以这样，是在强调反暴乱是为了创建国家需要的稳定环境。只有如此，国家才能发展壮大。（1971：52—53）

所有对这一领域感兴趣的人，都应记下这段话。

致　谢

感谢以下学者对于本章的批评建议：菲利普·埃利奥特、罗比·古特曼、罗伯特·派克、亚当·罗伯茨、罗格·麦克纳利和尼拉·纽瓦戴维斯。另外还要感谢对我相关文章提出建设性意见的各位。出现的许多纰漏还请读者多多包涵。

参考文献

Ackroyd, C., Margolis, K., Rosenhead, R. and Shallice, T. (1977) *The Technology of Political Control*. Harmondsworth: Penguin.
Agee, P. (1975) *Inside the Company: CIA Diary*. Harmondsworth: Penguin.
Ahmad, E. (1973) 'The Theory and Fallacies of Counter-Insurgency' in J. Leggett (ed.),
89 *Taking State Power*. New York: Harper & Row.
Ambler, J.S. (1966), *The French Army in Politics*. Columbus: Ohio State University Press.
Asad, T. (ed.) (1973) *Anthropology and the Colonial Encounter*. London: Ithaca Press.
Barnet, R.J. (1972), *Intervention and Revolution*. St Albans: Paladin.
BSSRS (British Society for Social Responsibility in Science) (1974) *The New Technology of Repression: Lessons from Ireland*. BSSRS Paper 2.
Buijtenhuijs, R. (1975) 'Comment vaincre les Mau Mau: quelques observations sur la recherche contre-insurrectionnelle en Kenya pendant l'état d'urgence', in Copans (1975); reprinted from *Sociologische Gids*, Sept–Dec. 1972.
Burton, A. (1975), *Urban Terrorism*. London: Leo Cooper.
Bunyan, T. (1977a) *The History and Practice of the Political Police in Britain*. London: Quartet Books.
Bunyan, T. (1977b) *Time Out*, 363, 4–10 March.
Chibnall, S. (1977) *Law-and-Order News*. London: Tavistock.
Copans, J. (1975) (ed.) *Anthropologie et Impérialisme*. Paris: Maspéro.

CRCJ (Center for Research into Criminal Justice) (1975) *The Iron Fist and the Velvet Glove: An Analysis of the US Police*. Berkeley, Calif.

Crozier, B. (1974) *A Theory of Conflict*. London: Hamish Hamilton.

Clutterbuck, R. (1973) *Protest and the Urban Guerrilla*. London: Cassell.

De Paor, L. (1971) *Divided Ulster*. Harmondsworth: Penguin.

Downing, J. (1977) 'Northern Ireland: Beyond History and Religion', in *Thames Papers in Social Analysis*. Series 1: Northern Ireland. London: Thames Polytechnic.

Eckstein, H. (ed.) (1964) *Internal War: Problems and Approaches*. Glencoe, Ill.: Free Press.

Eckstein, H. (ed.) (1970), 'On the Etiology of Internal War', in G.A. Kelly and C.W. Brown Jnr (eds), *Struggles in the State*. New York: Wiley.

Elliott, P. (1976). *Reporting Ulster*. Centre for Mass Communication Research, Leicester University.

Fairbairn, G. (1974) *Revolutionary Guerrilla Warfare: The Countryside Version*. Harmondsworth: Penguin.

Fairbairns, Z. (1974) *Study War No More*. London: CND.

Finer, S.E. (1976) 'On Terrorism', *New Society*, 22 January.

Harries-Jenkins, G. (1976) 'Legitimacy and the Problem of Order', in G. Harries-Jenkins and J. van Doorn (eds), *The Military and the Problem of Legitimacy*. Beverly Hills, Calif., and London: Sage.

Hobsbawm, E. (1973) *The Age of Revolution*. London: Sphere.

Horowitz, I.L. (ed.) (1974) *The Rise and Fall of Project Camelot*. Cambridge, Mass: MIT Press.

Ivansky, Z. (1977) 'Individual Terror: Concept and Typology', *Journal of Contemporary History*, 12.

Kelly, G.A. (1970) 'The French Doctrine of la Guerre Révolutionnaire', in G.A. Kelly and C.W. Brown Jnr, *Struggles in the State: Sources and Patterns and World Revolution*. New York: Wiley.

Kelly, P. (1976) 'Home Office Prepares for War', *The Leveller*, December.

Kitson, F. (1971) *Low-Intensity Operations*. London: Faber.

Kitson, F. (1977) *Bunch of Five*. London: Faber.

Kohl, J. and Litt, J. (1974) *Urban Guerrilla Warfare in Latin America*. Cambridge, Mass: MIT Press.

Kuper, A. (1975) *Anthropologists and Anthropology*. Harmondsworth: Penguin.

Laqueur, W. (1977a) *Guerrilla: A Historical and Critical Study*. London: Weidenfeld & Nicolson.

Laqueur, W. (1977b) 'Interpretations of Terrorism: Fact, Fiction and Political Science', *Journal of Contemporary History*, 12.

Leggett, J.C. (1973) *Taking State Power*. New York: Harper & Row.

McGuffin, J. (1974) *The Guineapigs*. Harmondsworth: Penguin.

Minnerup, G. (1976) 'West Germany since the War', *New Left Review*, 99.

Moss, R. (1975) *The Collapse of Democracy*. London: Temple Smith. 90

Pye, L. (1964) 'The Roots of Insurgency and the Commencement of Rebellions', in Eckstein (ed.) (1964).

Rapoport, D.C. (1971) *Assassination and Terrorism*. Toronto: CBC Learning Systems.

Roberts, A. (1977) 'South Africa Resorts to Psywar', *New Society*, 21 April.

Schlesinger, P. (1978) *Putting 'Reality' Together: BBC News*. London: Constable.

Sobel, L.A. (1975) *Political Terrorism*. New York: Facts on File.

Taber, R. (1972) *The War of the Flea*. St Albans: Paladin.

Thompson, Sir R. (1972) *Defeating Communist Insurgency*. London: Chatto & Windus.
Van Doorn, J. (1975) *The Soldier and Social Change*. Beverley Hills, Calif., and London: Sage.
Wertheim, W.F. (1974) *Evolution and Revolution*. Harmondsworth: Penguin.
Wertheim, W.F. (1975) 'La recherche contre-insurrectionnelle à l'aube du XXe siècle', in Copans (1975); reprinted from *Sociologische Gids*, Sept–Dec. 1972.
Wilkinson, P. (1974) *Political Terrorism*. London: Macmillan.

1990年后记

1989年，恐怖主义研究基金会正式成立，这表明了英国恐怖主义研究的进一步制度化。保罗·威尔金森担任基金会主席，他是恐怖主义和冲突研究学会董事，任职于圣安德鲁大学，之前在阿伯丁大学任教。他是英国学界的带头人，也常以评论员的身份参与电视节目，可谓国际政策领域的权威专家。我已经在书中详细分析其著作了。他最新的专著，所述内容与之前的相差不多，其他学者以和我差不多的方式，对其进行过批评（参见George，1991；Herman and O'Sullivan，1989：176—183）。这些批评绝不足以撼动其坚实的恐怖主义构想，但倘若没有这些批评，人们也许会忽略一些重要观点。可惜到目前为止，类似于威尔金森的关于恐怖主义的研究，似乎很少被质疑。

后记的参考文献

George, A. (1991, forthcoming) 'The Discipline of Terrorology', in A. George (ed.), *Western State-Sponsored Terrorism*. Cambridge: Polity Press.
Herman, E. and O'Sullivan, G. (1989) *The 'Terrorism' Industry: The Experts and Institutions*
91 *That Shape our View of Terror*. New York: Pantheon.

第五章

从文化角度看共产主义

与菲利普·埃利奥特合著

这是一篇探索性的文章,而不是一篇权威分析。文章开头与西方文化中对共产主义的传统印象有关,旨在为读者描述上个时代对共产主义的理解,进而把这种有局限性的理解和当下关于意识形态的研究结合起来。

共产主义为研究现有意识形态系统的后果提供了关键案例。它往往被视作与自由资本主义社会截然相反的对立面,但这一刻板印象随着"欧洲共产主义"的发展而有所动摇。欧洲的共产主义政党宣称,要在资产阶级体制中走出不同于苏联的欧洲化社会主义道路。在本章中,我们将详细介绍共产主义政党的意识形态策略。目前,对"欧洲共产主义"的研究,沿袭了受极权主义理论影响的冷战思维,意在通过批判性解读,发掘其与传统共产主义之间的联系。当前最关键的讨论在于,它会否继续实行民主集中制。政治家、对外政策专家和主流报刊均将民主集中制视作使"欧洲共产主义"沦落为与传统社会主义为伍的巨大缺陷。

我们认为,对共产主义本身所含意识形态的解释,将有助于揭示布尔迪厄所说的文化“母型”：

> 文化不仅仅是“通用编码”或某一反复出现问题的“通用目录”。它是一组曾被编码过的通用主模板，通过类似于音乐创作的“发明艺术”，从中可以产生无限多个直接适用于特定情况的个人模式。（Bourdieu，1971：192）。

目前关于共产主义的论述，主要致力于编拟出共产主义的“通用目录”，即“母型”。通常情况下，“发明艺术”往往只是简单的重
92 复。但共产主义显然已经越过了资本主义社会的合法界限，因此如何区分、处理就揭示了维系界限的关键。更具体地说，极权主义理论以及通俗叙述中均能找到的，存在于共产主义和理性之间的各种对立，将证明本课题所涉及的文化“母型”。

在本章中，我们认为解读共产主义意识形态调和中介的研究揭示了四大主题。这四个主题与战时反敌宣传的主要主题非常相似。首先，在外部社会，局外人是潜在的敌人。局外人的行为越具威胁性，就越能鉴别（内部的）敌人，但必须考虑局外人的留存和支持情况。在特定的社会条件下，他们可能发现这种支持是不合理的。然而，在某些情况下，也可能会强调局外人和我们的相似性，以此作为对抗敌方意识形态的积极主张。

综上所述，这四个主题提供了完整的反对共产主义（以及其他更普遍的敌人）的论据，但也过分强调了这些意义模式的连贯性和自足性。保持思想一致性的压力小于保持意识形态武装的压力。因此，虽然我们正在处理各种类型知识劳动的成果，但其成果并不仅仅具备知识意义。相反，知识劳动因根本性的政治冲突而产生。政治冲突是知识生产的动力，也对各级意识形态的生产与分配造成了至关重要的影响。因此，意识形态能够以多种不同的形式广泛传播，而异类观点则因为不同文化群之间的差异而逐渐消弭。

对共产主义的印象

在许多方面，西方媒体对共产主义和共产主义国家的报道，最重要的不是说了什么，而是没说什么。

之所以会出现差异，是因为没有与之相反的报道，使得针对共产主义的刻板印象在新闻报道中大行其道。西方国家例行播出的新闻报道中很少直接涉及共产主义世界。对此的标准解释是，在完全不接受西方新闻价值的共产主义国家，西方记者受到了很大限制，因此想要从那里发出什么像样的报道几乎不可能。然而，一些 93
记录“铁幕”（或可称为“竹幕”）背后普通人生活的节目则揭示出背后更加复杂的原因。比如，1978 年 BBC 二套的最后一期《中国周刊》栏目的讨论会上，一群西方评论家批评了此前一部纪录片的真实性，因为片中所有中国人一直在微笑，这与他们印象中民众所受的压迫不符。

漫不经心的态度，以及一成不变的刻板报道，同样也是英国媒体对共产主义的态度。

在 1977 年 BBC 捐赠给莱斯特大学图书馆的一份剪报收藏中找到的有关英国共产党领导人的传记文件中，来自共产党报纸《晨星报》的剪报占了大半，仅有的一些来自非共产主义报纸的基本都是写给编辑的信。西欧共产党领导人虽然在其本国的政治制度中尤为重要，但在其他国家甚至都没有一个专门的档案。只有意大利的共产主义政党首领从 1974 年开始授权 BBC 处理有关他的材料。从 1974 年开始，只有这位意大利党委书记才有权拥有自己的档案（该项目于 1975 年末停止）。

这些剪报能够大致反映通常的新闻报道倾向，以及 BBC 认为哪些资料更为重要，需要留存以供记者和节目制作团队使用。这为研究媒体文化的生成提供了非常方便的渠道（Elliott，1972），同时也为本章一些阐述提供了经过系统性整理的文献来源。

我们的观察对象是新闻杂志《时代》和《新闻周刊》，自从“欧洲共产主义”成为焦点话题之后，相关研究已经进行了三年。它们为研究国际媒体文化提供了一个相似的入口，因为其风格化表达、诠释以及信息来源正被世界各地的记者和广播公司效仿。《时代》和《新闻周刊》定期更新的国际新闻报道，分为欧洲、美国和世界其他三部分。俄罗斯新闻只偶尔出现在欧洲板块。除了对西方所面临的军事威胁的描述，关于俄罗斯、东欧和其他共产主义国家的报道主要涉及三种类型差异，即个人和政治自由的衡量标准、经济福利以及生活方式之间的差异。正如撒切尔夫人在 1976 年 7 月第二次“铁娘子”演说中指出的那样：“他们的生活方式与我们迥然不同。”

现在，关于个人自由和政治自由的报道形式仍取自卡特总统对人权运动的宣传。只有新闻标题和关注度是新的。英国媒体关注的焦点，始终在于共产主义国家对异见者的审判。俄罗斯对持不同政见者的审判正是其缺乏自由的证据，并可看作斯大林时代的恐怖统治在当代的某种延续。现在，共产主义政府正像其历史上一样，
94 通过西方国家难以想象的措施，迫使公民从言论、信仰上双重遵从于国家。目前，在大多数西方公民的眼中，共产主义国家的普通公民从属于集体，会参与爱国游行或做广播操，会在学校以及工作场所唱歌并颂扬领袖。在西方人眼中，这些做法泯灭人性，暴乱迟早会发生，并颠覆其统治。这也成为小说家们重复创作的主题，即共产主义的统治系统不仅与西方不同，并且是错误的(Ruhle，1969)。

共产主义的经济系统也被认为存在缺陷。和西方的市场经济体制比起来，他们的经济体制充满了官僚主义色彩，且缺乏效率。配给制、供给短缺、黑市似乎佐证着共产主义生活的另类主题。这也被用来证实共产主义政府的军国主义，通过此种经济体制来限制人们的欲望，也更显出资本主义是生产商品的自然和必要方式。如果一个共产主义国家成功地生产了消费品，这可能是因为廉价的生

产成本或者其他一些不可言说的经济利益，但更有可能是因为其重新引入了准资本主义市场和激励体制。在一些边缘社会主义国家，经常能看到准资本主义的身影，比如南斯拉夫。准资本主义最常出现在南斯拉夫等边缘共产主义国家，但根据西方媒体的报道，多数东欧共产主义国家也已多次尝试将其引入。据《时代》周刊 1978 年 3 月 13 日的报道，这些国家包括俄罗斯以及最近的匈牙利。在这篇报道中，匈牙利经济形势的改善，与一张反映波兰僵化的经济体制的图片形成了鲜明对比。该图中，公民排着长队，并配上了“共产主义实践：波兰人排队买香肠”的标题。波兰也曾于 1977 年作为正面例子登上过《时代》周刊的版面，其报道称，由于无法生产新车，导致了其以半资本主义零售为基础的汽车维修和二手车市场的繁荣。

在注意到以上国家经济领域开始出现的准资本主义之后，西方媒体意识到，西方的消费方式对于任何政体的国家来说，都具有吸引力。百事可乐公司成功进入俄罗斯市场，或许是近年来引发业界最大轰动的新闻。《时代》周刊报道称，“对共产主义国家来说，此种对消费者需求的妥协前所未有”，李维斯公司在匈牙利获得了生产许可，而“蓝牛仔裤长期以来被东欧共产主义政权视为资本主义颓废的象征，有时甚至还会在官方媒体上对其谴责”（《时代》，1978 年 6 月 12 日）。这一新举措表明，迫于消费者方面抗议黑市高价的压力，政府不得不选择低头。不过，匈牙利生产的 60% 的牛仔裤仍被卖回李维斯，因为李维斯可以凭借低廉的生产成本从中获利。西方的音乐、娱乐、时尚等消费主义诱惑，对共产主义统治下单调、有序、刻板的生活方式造成了巨大冲击。 95

另一个最近开始流行的对比，来自消费主义和清教主义。古巴、越南、莫桑比克等国即将上台的共产主义政党，被认为是过度道德的当代新清教徒。尽管与前几任政权的堕落、腐败形成的鲜明对比反映了新领导层的一些信誉，但并不能掩盖其已在政治和经济领域建立起来的思想控制体系。在西方人眼中，这也成了共产主义国家长期以来的一个特点，即缺乏乐趣和吸引力，因为那里没有美女帅哥，或者更简单地说，没有任何看上去高兴的人。

从冷战时期开始，西方公民就认为共产主义国家的公民从不自发地在公众场合表达喜悦。美国作家艾因·兰德（Ayn Rand）是一位著名的反共产主义者，1944年在众议院非美活动调查委员会作证时曾表示：“社会主义是悲哀的。”在评论最近的一部美国电影《俄罗斯之歌》时，兰德认为这一定是亲俄宣传，因为片中出现了俄罗斯人的微笑。约翰·麦克道维尔（John McDowell）议员问她：

> 麦克道维尔：难道俄罗斯人都不笑吗？
> 兰德：几乎不笑。
> 麦克道维尔：几乎？
> 兰德：总之不会像电影里那样笑。如果他们笑了，也只是私底下偷偷地笑，显然不是那种在公众场合的微笑。他们不会用微笑来赞同他们的制度。（Hellman，1977：20）

有必要指出，虽然关于共产主义国家公民不苟言笑、颇为严肃的形象已经根深蒂固，但它与早期认为共产主义是对西方道德的颠覆性威胁的观点，已经存在显著差别。俄罗斯革命，就像之前的法国革命一样，似乎意味着道德和政治秩序的颠覆。对颠覆的恐惧存在于右派的阴谋论之中。1970年，伯德伍德（Birdwood）夫人以意大利共产党出版的电影杂志为证，发出了对共产主义者正妄图建立放纵淫乱的社会，以削弱西方道德观的警告。

陈旧的观念有时也会作为一种怀旧情绪出现。刊登伯德伍德夫人警告的《星期日泰晤士报》一年后报道了共产主义者在伦敦举行的欧洲会议。据报道，爱尔兰代表贝蒂·辛克莱（Betty Sinclair）在会上提到，她于1930年代刚刚入党时，“母亲非常担心。在她看来，共产主义就是自由恋爱和一切。有时我倒希望这是真的”。就像他们1789年时的前辈一样，教会领袖们在1917年开始与政治领袖们联合，大肆宣扬共产主义对既定道德的威胁。宗教领袖们通常坚定地反对共产主义，但他们并没有成为受欢迎的反共运动先锋。这是意料之中的，鉴于共产主义和宗教之间持续不断的反复类比，这种混乱证明了什么应该被视为现代社会的道德。 96

共产主义带来的威胁主要有两个相互关联的方面，即来自国内的颠覆活动和来自国外的军事威胁。正如前一章（Schlesinger，1978）所指出的那样，共产主义与俄罗斯的国际联系，以及在任何情况下发生的内部暴力均寻找国外帮助的倾向，让此二者密不可分。反间谍活动以及一些间谍大案的公之于众，使得媒体对间谍活动产生了浓厚兴趣，相关报道和虚构的电影电视节目大量增加。英国政治和工业生产关系中也不时出现红色恐慌。最近两次是在1974年和1966年议会选举前后发生的。国际红色恐慌则几乎是在1917年十月革命后立即开始的。然而，正如李普曼（Lippmann）和默茨（Mertz，1920）在他们关于十月革命之后《纽约时报》对俄罗斯所做的报道的研究中指出，“红色危险”仅仅只是当时大量新闻主题的其中之一。在停战协议签订之前，占据舆论主流的还是“德国危险”，因为当时德国在设法取得俄罗斯对其战争的支持。同盟国不再需要俄国援助并妄图介入苏联政治之后，“红色危险”才成为人们关切的主要话题。无论是历史还是当代案例，均凸显出政治当局在平息恐慌中所发挥的作用。

目前普遍认为，西方国家的主要外部威胁来自俄罗斯的军事力量，但如果俄罗斯想要让这种威胁成真，就必须实现对其自身经济走向的控制，抑制消费主义，并动用极富侵略性的对外政策。《时代》和《新闻周刊》都对俄罗斯的对外政策予以了大量关注，并定期对东西方阵营的力量平衡进行评估。真正使人们关注这类评估的，是北约新闻发言人最近的评论，即俄罗斯军队未来很有可能实现陆海空全方面发展。

如果说外部威胁主要表现为军事上的发展，那么内部威胁几乎总是被概括为一种单一的、无处不在的隐喻："床下的红色威胁"（reds under the bed）。根据帕特里奇（Partridge，1977）的研究，该短语起源于美国麦卡锡执政时期，但具体细节尚不清楚。它被重复用于几乎所有关于共产主义的报道之中。1974 年 2 月的大选前发生的红色恐慌甚至还为此提供了大量变式。比如把"床下"换成"床上"，进而表明红色恐慌已经外显在了社会的方方面面；或者把"红色威胁"换成其他可能对社会产生威胁的组织。总而言之，变化甚多。1974 年比较流行的两种表达是"煤层下的红色威胁"和"摇篮下的红色威胁"，前者指代矿工争端，后者指代伯明翰推行的宗教教育大纲中有四十页关于共产主义的内容。《每日邮报》曾刊登过一幅漫画：工会领袖们一起躺在床上，戴着印有锤子镰刀的徽章（象征着国外威
97 胁），他们警告彼此，"事态紧急！泰德在床下威胁着我们的运动"。代替"红色威胁"而出现的"泰德"（ted），是一名与工会对抗的政治家的名字（爱德华·"泰德"·希思）。类似的改编虽然并没有引发大的反响，却说明了文化中的普遍偏见，即左翼的意义只能通过歪曲右翼人物来暗示。

当时，最为辛辣的变体要属《世界新闻报》2 月 24 日报道中出现的"给那个离开了我的床的红色人投票！"这篇报道的内容是："虽然'红色威胁'已经离开了她的床，但心碎的家庭主妇仍旧在为她的共产主义者丈夫拉票"……因为"我既爱我的丈夫，也爱共产党"。

在编辑们看来，红色威胁（red）和床（bed）是押韵的短词，因此可以产生大量的变体。这些变体的反复让其意义被广泛传播，并从中生成了新的复杂影射。比如，如果某种威胁能够触及人们的"床"这样私密的地方，那威胁的潜伏性和普遍性可想而知。更不用说，"床"有两种意义的警告：一是提醒人们要时刻警惕，二是提醒人们提防诱惑。所谓"诱惑"通常用于解释人们（尤其是知识分子）是如何成为共产主义的支持者的。红色威胁会在人们觉得最安全，通常

也是最幸福、最毫无防备的时候乘虚而入。

“非理性”经常被用来解释人们如何以及为什么会支持那些既陌生又具有威胁性的观点。这让我看到了对共产主义的解释与战争宣传的相近之处。这种相似在当代的反暴乱思想中尤为明显，当然，其中大部分思想都是明确反共产主义的。过去三十年的解放战争，相比于不同独立国家之间的常规战争，会更加注重争取人民的支持。帝国主义政权的军事力量始终与当地人民关系密切。在不同的战争中，出现了不同的判别当地居民好战与否（也就是区分敌人还是无辜者）的方法。简单来说，建立关于差异的解释。不过正如布尔迪厄在其对阿尔及利亚人的研究中所指出的那样，这种区别会因为共同的殖民态度和针对土著居民的管理措施而并不奏效：

> 一方面，某些欧洲人认为解放战争是一群没有良知的杀手，在愤世嫉俗的头目领导下，通过诡计和恐怖行动煽动“那些已忠心于法国的当地民众”反对法国的一场动乱。另一方面，这些所谓“对法国忠心的当地民众”却都在有意识无意识地支持民族解放阵线，因为他们感觉所有“阿拉伯人”都是一体的。（Bourdieu，1962：153—154） 98

布尔迪厄认为，这种冲突是系统性的，是统治阶级和被统治阶级之间的差异日益扩大的产物，仅仅依靠武力在勉强维系二者关系。然而，帝国主义意识形态认为这种斗争只不过是反殖民阴谋论的结果。

阴谋论各式各样，但在个别案例中格外特殊，例如一些需要判断敌我，且从精神层面对敌人的意识形态进行孤立的场合。1955年，《每日见闻报》警告它的读者：“我们必须靠自己揪出共产主义者。他们从不公开自己的身份，这才是最可怕的。”弗兰茨·纽曼（Franz Neumann，1964）在其关于独裁统治的分析中提到，历史上的阴谋论往往都是政府为了博取民众支持而编造的，涉及种族主义和民族主义学说，以此把那些所谓阴谋家塑造成危险的异类。通过将阴谋家和国外势力联系起来，此类威胁就变得可信且邪恶。纽曼还列举了一些著名的阴谋论例子，包括耶稣会、犹太人、共济会、资本主义者和共产主义者。

阿尔及利亚战争就是一个非常好的例子。我们可以从中发现阴谋论是如何在意识形态层面自发形成的。该过程同时包含了军事力量和行政力量的介入。安布勒在对法国军事主义革命战争理论的综合分析中指出："在经历过中南半岛战争的老兵看来，阿尔及利亚叛乱实际上和越南战争一模一样，只不过战场从东南亚鱼米之乡换到了北非而已。这样的论调让人感觉民族解放阵线和越南共产党一样，都是受莫斯科指使的。"（1966：311）然而，法国共产党曾经对民族解放阵线进行过公开谴责，而民族解放阵线似乎也有意与阿尔及利亚共产党保持距离。可以明显看出，政府出于某些目的把这些事件和共产主义联系在一起，并进一步夸大为"革命战争本质上是一种共产主义现象"（同上：313）。

在曾经镇压过其海外领土暴乱的所有国家中，军方和政府都在重复着类似于此的说辞，并通过大众媒体加以传播。英国右翼政治家也是如此理解北爱尔兰争端的，此种解释还获得了非常广泛的信任。1971 年 10 月，英国媒体认为，爱尔兰共产党的第二次代表大会，是共产主义者挑起社会矛盾的证据。《泰晤士报》对此持怀疑态度，而《周日电讯》宣称："俄罗斯的煽动和介入被认为是引发这次危机的重要因素之一。"之后《每日电讯报》的报道称，对于饱受争议的北爱尔兰首相布莱恩·福克纳（Brian Faulkner）来说，如何处理北爱尔兰困局中的俄罗斯因素，将是他能否获取民众和英国政府信任
99 的关键。

1973 年，《每日邮报》在一篇题为《谁的红色之手》的社论中提出了关于"共产主义的幽灵"的概念，该词很好地展示了"阴谋"是

如何被阐释的。《每日邮报》指出，在爱尔兰危机发生之前，阿尔斯特没有共产主义者。但在目前的地方选举中，有将近一百名共产党候选人参加了选举："这是共产主义如何以暴乱和分裂为食的最戏剧性的例证。"体制的缺陷让共产主义得以存在，就像不卫生的环境会滋生害虫和疾病一样。

当约翰·高兰(John Gollan)当选英国共产党总书记时，英国媒体欣慰地认识到，这位新部长以及他的家庭出身，正体现了共产主义与贫困之间的相关性。《旗帜晚报》将前任书记哈利·波立特(Harry Pollitt)和高兰进行了对比，前者"在很多人看来是个农民或者小商人"，而高兰"看上去像很多人心目中的共产主义者。他看上去又瘦弱又饥饿，甚至有点憔悴"(1956年5月14日)。《经济学人》认为，这种反差对相关人士来说暗示着危险的可能：

> 或许共产党的同志们都已经察觉到肥嘟嘟的、粗俗的哈利·波立特时代已经结束了……而憔悴、紧张的高兰先生将会一直盯着他们。或许，他会在英国人民遭受巨大损失之后，直接毁掉共产党。

事实上，与其他解释共产主义阴谋的方式相比，承认社会缺陷性的人并不多。为了一致性起见，可以将其归纳为四个"F"，即导致了病毒侵入的体制漏洞(Flaws)、导致人民陷入危机的威权(Force)和愚民政策(Fooling)，以及狂热(Fanaticism)，而实际上狂热就是阴谋论的唯一解释。

《经济学人》把高兰塑造成了一个时刻盯紧共产党员的老大哥形象。"恐怖主义"一词经常会被用于形容极权主义国家的控制，以及反对国家权力的暴力行为。两者的相似之处，使得这两种明显不同的现象被归为同一：它们都侵犯了个人的权利，因此它们是违背自然的；它们的行为都不可预测，因此它们是非理性的。阿瑟·凯斯特勒(Arthur Koestler)在其著作《正午的黑暗》中将不自然和非理性联系在了一起，认为共产主义国家和解放运动有着相同的恐怖主义性质。有人认为，这是国际阴谋的一部分。在殖民战争中，针对战争残暴行为的控诉，一旦提及恐怖主义，就会产生非常好的宣传效果——殖民政府在对革命者进行批判的时候，往往会用“恐怖主义的胁迫”来解释为什么共产主义阴谋家们能够得到如此多民众的
100 支持。1940 年代的荷兰人在印度尼西亚就是这么做的，三十年后，英国又在北爱尔兰采取了一样的行为：

> 在荷兰人的军事观念中，印尼人主要分为两类：一类是恐怖主义的受害者，一类是敌人，也就是恐怖分子。这些恐怖分子是印尼国民最大的敌人。军队的任务就是以“正义和安全”或者“法律与秩序”的名义，将这些人民的敌人铲除。(Van Doorn，1971：82)

在这个案例中，革命恐怖主义甚至可以与日统时期的极权主义(法西斯主义)恐怖联系在一起。梵·多尔恩引用了总司令 1948 年 12 月 17 日的命令：“记住，对于这里长期遭受恐怖压迫的人民来说，你们肩负着维护正义和人民安全的使命。”(同上：83)

许多对共产主义的解读倾向于把两个实际上不相关的现象进行类比和联想。这种基于“相似点”的争论并非基于正面和负面的实际区别，而是为了站在自身的立场上处理敌人的意识形态，并对其进行讥笑讽刺。接下来，他们就会开始进一步讨论共产主义和激进无神论者与宗教之间的平行关系。另外，还有人会把目光放到共产主义国家内部的阶级、财富和地位的差异上，并颇为嘲讽地断言：尽管共产主义者发表了进步和革命的言论，但他们从本质上还是保守的。

长期以来，人们一直认为，在与共产主义打交道时，民众被其正面宣传而蛊惑是很难避免的。李普曼和默茨引用了《纽约时报》1918

年 12 月 28 日的一篇社论，为联合对抗苏联辩护。《纽约时报》认为，布尔什维克主义的言论可能会污染军队士兵的思想：

> 在布尔什维克主义发展壮大之前，同盟国应当采取及时的措施与其对抗，否则布尔什维克主义就会渗透到每个士兵的内心，并且让他们相信，无知必将战胜知识。久而久之，所有的民众都会成为布尔什维克主义的俘虏。到那时候再想镇压布尔什维克主义就太迟了，因为政府的军队已经失去了士气。立刻对布尔什维克主义进行镇压，这看起来并不是一个很难做出的决定。（引自 Lippmann and Mertz，1920：18）

纽约时报对共产主义的担忧带有保护主义色彩，这种保护主义已经影响了很多关于最有可能被共产主义洗脑的人的报道，这也是第四章讨论的反暴乱理论的特点。

但是事实证明，正如穷人以及未受教育的单纯的普通民众一样，那些受过良好教育的人也很容易被共产主义“侵蚀”。1955 年 6 月 18 日的《每日见闻报》发表了一篇题为《内部敌人》的文章，提到一个年轻的共产主义者“企图毒害思想最容易变质的青少年”，还提到了著名共产主义知识分子帕默·杜德（Palme Dutt）和詹姆斯·克拉格曼（James Klugmann）。文章称： 101

> 克拉格曼是一名精明圆滑的剑桥毕业生，已经成功献身于共产主义事业，因为在他的学生时代，共产主义者欺骗他，称反法西斯主义和共产主义是等同的。帕默·杜德，无神论共产主义者们的大祭司，正是在牛津大学读本科期间，也就是最容易受影响的年龄段，从和平主义者转变为了共产主义者。

共产主义阴谋家们的“狂热信仰”长期以来就是以这样的方式

被解读的。譬如，把帕默·杜德比作大祭司，把他和某种名声不太好的古代宗教关联起来，以此影射共产主义其实是在野蛮地控制民众，而非提供现代意义上的信仰。这种把共产主义和宗教联系起来的做法，在几乎所有西方文化中都能找到。有时候，这种解读甚至会被用在共产主义的支持者身上。比方说，《时代》周刊给圣地亚哥·卡里罗（Santiago Carrillo）在西班牙选举期间演讲的照片配上了这样的文字："卡里罗正在布道。"台下倾听这位西班牙共产党总书记讲话的听众，似乎并不是信任自由民主选举的选民，而是一些已被思想同化的信徒。类似的说法似乎无处不在，很容易被忽视，因为其隐藏在"教条"、"主义"、"信仰"等看似常识性的单词中。这种类比的暧昧性和迷惑性暴露了资本主义自由的一些基本假设，并给我们带来了一些关于社会分析的主要且持续性的问题。

认为革命体现了一种新信仰的说法，已像法国大革命一样陈旧落后。在对这一事件的评论中，有些人积极地宣扬其理性价值，另一些人则消极地诋毁，认为目前的革命信仰甚至更为老旧。布克（Burke）属于后者，他认为，真正的宗教需要一位获得民众信任、敬畏的领袖，而相比之下，革命则是对宗教的歪曲。这使得布克把狂热和暴力联系了起来："洛林的红衣主教（圣巴托洛缪节大屠杀的煽动者）是16世纪的杀人犯。而你们（王公贵族们的教师）则很荣幸地成了18世纪的杀人犯。这就是你们和他唯一的不同。"（Burke, 1910: 139）布克认为，历史将"教导文明的后代憎恨这两个野蛮时代的恶行，它将教导文明的后代不要对任何宗教和哲学理论开战，因为这两者给予我们生活最美好的福音"（同上：140）。

在其他人看来，共产主义与宗教之间的道德对立显而易见。李普曼和默茨引用的《纽约时报》在后革命时期的一则头条新闻，曾
102 将此与布尔什维克对德国这个共同敌人的反对进行了比较。即使是对反基督教深恶痛绝的宗教领袖，似乎也很善于利用这种关系。坎特伯雷大主教杰弗里·费舍尔（Geoffrey Fisher）称："现代世界

只有两种人知道自己在追求什么。共产主义者和信仰坚定的基督徒……剩下的人都是和蔼可亲的平庸之辈。”在一个愤世嫉俗的时代，信仰和承诺是有吸引力的，因为它们确实可以赋予生命意义。理查德·克罗斯曼（Richard Crossman）在战后出版了一本收录前共产主义者们放弃信仰的书，书名《上帝已负》（*The God that Failed*）饱含伤感。

但那个时代的怀疑主义，实际上是对共产主义和宗教两者轻蔑态度的表现。由于认识到国际共产主义与天主教会之间的相似之处，这种蔑视在盎格鲁—撒克逊文化中被赋予了特殊的新教色彩。正如乔治·奥威尔（George Orwell）在《通往维根码头之路》（*The Road to Wigan Pier*）中所言："共产主义者和天主教徒所宣扬的并不相同，某种程度上它们甚至可以说是完全相反的，而且如果情况允许，它们十分愿意摧毁对方，但从局外人的角度来说，两者十分相似。”西方媒体最近把这一国际共产主义的“神学化”与欧洲共产主义的“改革”联系了起来。读者或许可以在后续第六章的具体描述中看出，西方文化中的这种解读方式在圣地亚哥·卡里罗这样的欧洲共产主义领袖身上颇具意义。在出版了一本谈论新思想的书之后，西方媒体把他比作路德，而把勃列日涅夫比作教皇，这种比喻正中卡里罗下怀。在他访美期间，美国媒体把路德换成了圣保罗。另一方面，在西方媒体看来，意大利共产党书记恩里科·贝林格（Enrico Berlinguer）则更像是一个伪造教皇通谕的叛徒。

反天主教是共产主义领导人可以利用的工具。因为社会在受到科学、理性主义、工业主义的影响而发生变化时，教会的组织形式和信仰将第一个受到猛烈冲击。这些复杂的发展耗费了几个世纪，值得长期关注。然而，古典社会学家们则倾向于将这些问题分解为传统社会与现代社会之间的主要对比（Kumar，1978）。不同学者对这一理论有着不同的理解。然而，他们始终会把宗教归于传统社会的范畴。圣西门、孔德和涂尔干等人则以不同的方式提出，新社会

可能会产生新形式的宗教。而工业革命的产物，即共产主义，则是
103 这种新宗教的有力候选。

印象背后的理论

前一节中讨论的西方对共产主义的刻板印象是持续且连贯的。这主要得益于社会和政治哲学家们研究出的社会意识形态系统。战后的极权主义理论很好地把希特勒的德国（老敌人）和斯大林的苏俄（新敌人）联系在一起。由此，在西方民众眼中，共产主义顺理成章地继承了法西斯主义的罪恶形象。从中可以看出，有些理论虽然遭到学术界的广泛批评，但仍被现实中的部分精英和主流舆论青睐。这并不奇怪，正如大卫·莱恩（David Lane）所说，毕竟“在西方世界，极权主义是迄今为止对苏联和其他以它为模板的国家最普遍、最主要的政治性解释”。就其本身而言，它的作用是“充当一种元理论，即一套面向社会的声明”。其角色，尤其是在冷战时期，经常被当作一种反对苏联马克思主义的意识形态。巴伯（Barber，1969）关注到大量关于集权制度的实际定义，可引用弗里德里希（Friedrich，1969）近年来引发政治科学争论的观点。他列举了极权主义的以下特征：极权主义意识形态；一党专政，对意识形态有着坚定的信仰，通常核心领导人只有一个人；秘密警察制度成熟；垄断控制大众媒体、武器和所有组织，尤其是经济组织。不过，包括巴伯、柯蒂斯（Curtis）和莱恩在内的许多学者认为，这并不适用于苏联。因为与事实不符，且存在本质主义嫌疑，招致学界的普遍批评，但这并不影响新闻界对此的使用。学界对极权主义理论的否定，是建立在对当前发展中的国家社会主义政权的密切评估之上的。人们可以推测，它在大众层面的持续存在，是基于对这些社会的普遍情况缺乏了解，特别是由于媒体导致的对后斯大林主义的忽略。尽管如此，有一点很重要，那就是一些学者并没有放弃极权主义，尤

其是那些最能接触到其他有影响力的精英的学者。雷蒙·阿隆在他最近对“欧洲共产主义”的批判中使用了这个词，而让—弗朗索瓦·何维勒（Jean-François Revel）也正在研究目前西方国家面临的“极权主义诱惑”。两个极权主义理论的批评者，斯皮罗（Spiro）和巴伯，已经提出了一个连贯且令人信服的解释，以说明这个概念如何帮助美国用简单的善恶术语，重新合理化一个复杂和不可预测的世界（Spiro and Barber, 1970：7）。他们认为“极权主义”有几个独特但相关的用途。第一，如果第二次世界大战是反对极权国家的，那么日本、意大利和德国对极权结构的剥离以及它们向民主的转变，就说明了美国战后的联盟政策是有意义的。第二，极权主义的逻辑（特别是所谓“多米诺骨牌理论”）被用来解释共产主义阵营的威胁行为。在这一理论的背后，隐藏着为反暴乱理论家所钟爱的“世界阴谋论”。第三，在民主和极权主义的斗争中，没有供第三世界国家生存的中间地带，因此为了防止其他国家陷入极权主义的深渊，美国的干预是必要的。正如我们所见，这种对于极权主义的理解很大程度上组成了美国对外宣传政策的核心。

104

卡尔·波普尔（Karl Popper）和雷蒙·阿隆是两位杰出的马克思主义批判理论家，他们同时也是自由主义的倡导者，其论著兼具逻辑与热情。因此，他们的作品读起来很有趣，更重要的是，他们的读者群不仅局限于学术界，还包括整个知识阶层。多年来，阿隆一直是一位声名显赫的新闻评论员，同时也是一位博学的学者。波普尔的成就在于，他质疑了将接受马克思主义假设作为理论基础的行为。作为当代最著名的科学哲学家之一，他的政治哲学被广泛认可。波普尔对马克思主义最详尽的批判包含在他的两卷《开放社会及其敌人》中。该书于1943年完成，并在H. A. 哈耶克（Hayek）的帮助下出版。哈耶克本身就是马克思主义的主要批评者，也是目前右翼经济理论中颇具影响力的人物。波普尔的《开放社会及其敌人》是在“马克思主义可能会在战后世界成为一个重大社会问题”

的前提下写就。波普尔认为，开放社会具有许多特征，其中一些特征与他对科学进步的看法有关。今天的开放社会是一种“干涉主义民主”，它以具体的经验主义的“批判理性”来维护理性。它把资本主义及其最糟糕的经济剥削抛在脑后，并采用了“零碎的社会工程”方法。这是一个后资本主义技术统治的时代——这倒不是波普尔的原话，但毫无疑问，这是他和阿隆共享的概念。因此，在对马克思主义的批判中，开放社会是对西方资本主义新组织模式的肯定，但其仍处于本质上抽象且哲学的层面上。然而，这并不是说它的意识形态意义不明确。

105 波普尔想要表达的是，从逻辑上看来，有计划地向社会主义过渡是不可能的，而改革比革命更加合乎情理。政治活动，就像科学一样，需要经过猜想和验证的过程，这种实用主义的典范就是自由民主政体的理论与实践。波普尔的目标是提供一种有科学支持的哲学理论，以使现代资本主义合法化。

波普尔的摩尼教式世界观反映在他思想的二元结构中。与自由实用主义者不同，乌托邦主义者的行为基于完美社会的蓝图。因此革命可能是一次伟大的尝试，也可能是彻头彻尾的失败。在采取实际措施之前，无法从逻辑上确定理想国家的全貌。但乌托邦主义者拒绝承认他们规划社会的不理性，并必然诉诸暴力。波普尔在1948年冷战刚开始时写就的《乌托邦和暴力》一文中提出了以下几组对立的概念：

理性/暴力

真正的理性主义/虚假的理性主义

论证/暴力

暂时目标/最终目标

社会改革/不现实的乌托邦蓝图

理性态度/感性态度

比起波普尔在英国的活动，阿隆则更加直接地参与到了法国的政治争论中。他大多数研究成果的主旨都和波普尔类似，尤其是他把西方“多元宪政”国家和东方的极权主义国家进行了区分。和波普尔类似，阿隆关注马克思主义的非理性，并强调了马克思主义在没有实践之前就进行预测的逻辑缺失。我们可以从阿隆的著作《知识分子的鸦片》（1955）中看出其分析的连贯性，其中他对于某些邪恶的左派进行了强烈批判，而紧接着就发生了赫鲁晓夫颇具争议的新政。之后，在《为颓废的欧洲辩护》中，阿隆控诉了当前社会上蔓延的邪恶主义。

在《知识分子的鸦片》中，阿隆的主要目的是论证马克思主义和宗教之间的相似性，论证马克思主义实际上是宗教的替代品。他发明了“世俗宗教”（secular religion）一词来分析这一现象，并认为共产党“近似于教会，是救赎信息的受托人和监护人”（1955：268）。阿隆对宗教进行了详尽的对比，他认为共产党在强制推行正统教义的过程中接受了天主教的主张。因此，马克思主义的意识形态应该被称为人民的鸦片。在这本书中，阿隆提出了一个论点，认为意识形态的终结（在放弃教条的意义上）是一个可取的目标。这种和宗教紧密结合的观点，后来出现在他反对“欧洲共产主义者”的论战
中。他警告法国人，他们正在遭受“被莫斯科控制的、宣扬意识统 106
治的群体”的毒害。他还说：“从欧洲共产主义者中最先进的新教徒言论来看，他们仍然在古罗马帝国及其所谓改革理论之间徘徊。”（Aron，1977：47）

从以上内容可以清楚地看到，理性是如何被与西方自由民主实践联系在一起的。可以说，这些作家站在有利于自由民主的立场上，肯定着资本主义的经济和政治制度，并把自由和“开放社会”绑在一起。所谓“意识形态的灭亡”等论调，也是这种立场所决定的。这种研究的起源可以追溯到丹尼尔·贝尔（Daniel Bell）的论点：“意识形态，曾经是指引人们行动的纲领，现在已经逐渐走到了消亡的

尽头。”（1962：393）意识形态需要激情和热忱，而这些东西在现代社会没有立足之地。因此马克思主义也很难得到人们的认真对待。

> 很少有人继续认为能够通过所谓“蓝图”和“社会规划”来建立一种新的乌托邦社会……在西方世界……知识分子对于某一政治事件（福利国家的建立、分权的诉求、多元化的政治经济体制等）往往很难达成共识。由此可以看出，意识形态的时代已经结束了。（Bell，1962：403）

西摩・马丁・李普塞特（Seymour Martin Lipset）更简洁地表达了同样的观点，他说：“工业革命的根本政治问题已经得到了解决。”（1960：406）这一下将我们直接带入到了理性和共识的世界，后工业技术的世界。理性在西方体系中确实得到了体现，但遗憾的是，在某些地方仍缺乏理性。因此“在稳定的民主社会中，或许已不需要意识形态和感性来支持所谓阶级斗争，但在全球其他地区建立自由政治经济体制的过程中，意识形态显然很重要”（Lipset，1960：417）。

爱德华・希尔斯（Edward Shils）将自由社会只能容忍宪法允许范围内的反对意见的观点理论化。意识形态政治的减少以一种“文明”的形式表现出来，它“与其他对阶级、宗教、职业的异见相容，但它出于对共同利益的尊重而规范它们”（1972：60）。意识形态政治不仅仅是情感上的，而且是一种病态国家的积极表现：“每个社会都有被驱逐者、不幸者和被诅咒者，他们无法匹配社会生活的常规要求。”（同上：53）沿着阿隆的观点，他指出，意识形态政治只是千禧年主义的一个当代例子，民众应该注意到许多宗教领袖的偏执倾向。

由此，宣称意识形态时代已经终结的理论家们，无论保守还是激进，都参与到了对资本主义民主的神圣、全民、多元化的歌颂中，
107 并将以马克思主义为代表的，带有意识形态的思想视作混乱且难以实现的准宗教思想。

总　结

近年来，人们越来越频繁使用“再现现实”，而非以往的“社会镜像”来形容媒体。相比之下，新闻人更喜欢“镜像”这一说法。因为这意味着他们对其所报道的新闻不负任何责任。媒体的受众们采用了现象学社会学[1]中的“再现”，以此描述对媒体的新认知，即媒体具有巨大的影响力。

我们在本章的论点是，虽然“再现”一词确实比“镜像”更好，但其同时也对媒体的角色造成了误导。它又一次倾向于把他们置于聚光灯下，置于舞台创作的中心。它否认媒体是世界的纯粹被动反射器。它为公正、客观的批判以及其他基本规则奠定了基础，这些基本规则通过借鉴社会科学中实证主义的批判来解释媒体实践。但是，尽管关于“再现”的讨论重申了媒体的积极能动性，但此种说法还是倾向认为（尤其是经过大量学习实践的）新闻媒体拥有太多权力来界定现实。

其他一些研究也竭力表明，媒体并非孤立行事；媒体所讨论的主题由所谓“社会文化”提供、处理和重复。社会其他方面针对媒体的大量不同理解、定义充分证明，媒体融合在整个文化环境中，这驳斥了那些把媒体看作独立的事实编造者的观点。在这一章中，我们也关注了媒体创造力的局限性，探索了主流文化中与新闻生产相关的路径。不难看出，大众媒体对共产党及其领导人的报道，与知识层面上社会政治关于共产主义的理论之间存在着一些连续性。

本章讨论的内容，也可在其他文献中找到。本文的分析可以从新闻业和社会的理论延展到虚构的表现形式，并同时适用于精英阶层以及普通大众。

1　现象学是 1960 年代在美国兴起的一种反自然主义的社会学理论。——译注

事实上，在很多讨论中，复杂多样的文化现象和专业职能之间的关系并没有充分地理论化。人们仍严重依赖一种大众社会理论，该理论假定了相关内容向下扩散、传播的过程。例如，赫希（Hirsch）在近期的一项研究中，对两个媒体行业进行了区分：第一生产者，也
108 就是精英媒体，直接从他们那里获取信息的受众比较少，但他认为精英媒体是文化生产的核心；而大众媒体被视为分销商，“很简单，负责生产的媒体主要关注对形式、内容、模式以及产品的创新，而分销商媒体则从中进行选择，根据大众的需要展现标准化，或弱化了的版本”（Hirsch，1978：3）。

完全有理由质疑该系统的开放性，以及其所设想的信息流动方向。我们已经展示了相关的主流理解，当然不同的观点依然存在，但往往在系统上比较孤立，且只适用于某一具体的领域。在下一章中，通过研究“欧洲共产主义”，将补充介绍关于不同群体（马克思主义者和资本主义者，精英和大众）的意识形态生产的社会学解释，以及这些差异如何通过不同类型的媒体传递给不同的受众。

我们还举了不少西方共产主义政党的例子，并且由此论述了西方媒体与西方共产主义政党的关系。可以看出，西方的理论家和大众文化的生产者对于共产主义都有着浓厚的兴趣。与之相关的话题已成为社会学领域的常客，研究它们有利于洞悉整个社会变化的进程。另外，分析主流文化对共产主义的理解，也是了解主流文化本身的一种极佳方式，而这不能简单地被认为是一种宣传手段，它
109 们与社会文化的本质也存在联系。

参考文献

Ambler, J.S. (1966) *The French Army in Politics, 1945–1962*. Columbus: Ohio State University Press.

Aron, R. (1955) *L'Opium des Intellectuels*. Paris: Calmann-Lévy.

Aron, R. (1977) *Plaidoyer pour l'Europe Décadente*. Paris: Robert Laffont.

Barber, B.R. (1969) 'Conceptual Foundations of Totalitarianism', pp. 3–52 in Friedrich et al.

(1969),
Bell, D. (1962) *The End of Ideology*. New York: Free Press.
Bourdieu, P. (1962) *The Algerians*. Boston, Mass: Beacon Press.
Bourdieu, P. (1971) 'Systems of Education and Systems of Thought', in M.F.D. Young (ed.), *Knowledge and Control*. London: Collier Macmillan.
Burke, E. (1910) *Reflections on the Revolution in France*. London: Everyman.
Cohen, S. (1973) *Folk Devils and Moral Panics*. St Albans: Paladin.
Crossman, R. (ed.) (1949) *The God That Failed*. New York: Harper.
Curtis, M. (1969) 'Retreat from Totalitarianism', pp. 53–121 in Friedrich et al. (1969).
Elliott, P. (1972) *The Making of a Television Series*. London: Constable.
Freidrich, C.J. (1969) 'The Evolving Theory and Practice of Totalitarian Regimes', pp. 123–64 in Friedrich et al. (1969).
Freidrich, C.J., Curtis, M. and Barber, B.R. (1969) *Totalitarianism in Perspective: Three Views*. London: Pall Mall.
Hellman, L. (1977) *Scoundrel Time*. New York: Bantam.
Hirsch, P. (1978) 'Institutional Functions of Elite and Mass Media', paper presented to the International Sociological Association's World Congress, Uppsala, Sweden.
Kumar, K. (1978) *Prophecy and Progress*. Harmondsworth: Penguin.
Lane, D. (1976) *The Socialist Industrial State*. London: Allen & Unwin.
Lippmann, W. and Mertz, C. (1920) 'A Test of the News', *New Republic*, 4 August.
Lipset, S.M. (1960) *Political Man*. London: Heinemann.
Neumann, F. (1964) 'Anxiety and Politics', in *The Democratic and Authoritarian State*. New York: Free Press.
Partridge, E. (1977) *A Dictionary of Catch Phrases*. London: Routledge & Kegan Paul.
Popper, K. (1974) *The Open Society and its Enemies*, Vol. 2. London: Routledge & Kegan Paul.
Popper, K. (1976) *Conjectures and Refutations*. London: Routledge & Kegan Paul.
Revel, J.-F. (1978) 'The Myths of Eurocommunism', *Foreign Affairs*, January: 295–305.
Ruhle, J. (1969) *Literature and Revolution: A Critical Study of the Writer and Communism in the Twentieth Century*. London: Pall Mall.
Schlesinger, P. (1978) 'On the Shape and Scope of Counter-Insurgency Thought', pp. 98–127 in G. Littlejohn, B. Smart, J. Wakeford and N. Yuval-Davis (eds), *Power and the State*. London: Croom Helm.
Shils, E. (1972) 'Ideology and Civility', in *The Intellectuals and the Power*. Chicago: University of Chicago Press.
Spiro, H.J. and Barber, B.R. (1970) 'Counter-Ideological Uses of "Totalitarianism"', *Politics and Society*, November: 7–21.
Van Doorn, J. (1971) *Armed Forces and Society: Sociological Essays*. The Hague: Mouton. 110

第六章

政治口号的出现与消亡：以“欧洲共产主义”为例

与菲利普·埃利奥特合著

“欧洲共产主义”是一个意识形态概念。本章旨在追溯其在目前意识形态斗争中的起源、发展和细化。讽刺的是，一个由反共产主义分子提出的概念居然为马克思主义者以及非马克思主义者的理论家们提供了大量的参考。这讽刺有两层含义：首先，共产主义者采用了这一概念；其次，这一概念正在逐渐偏离其提出者反共产主义的初衷。后者又催发了“欧洲共产主义”的意识形态修复工作。这种发展的社会学意义在于它阐释了精英阶层先取得，又在某种程度上失去，然后再次夺回意识形态主动权的过程。

“欧洲共产主义”有助于我们研究不同意识形态精英之间的劳动分工。报道事件并为政治和经济领域提供信息的人、分析信息并评估其对政策的影响的人、直接或间接解读事件以供民众消遣的人，他们之间存在明显区别。下文将详细阐述这些区别，并初步提出他们与不同立场的机构、不同类型的报刊杂志以及不同的传播媒介之间的关系。我们认为，在这些阶层中，信息的传播和流行必然有一个复杂的过程。“欧洲共产主义”这一构想本身在英语媒体间得到的传播有限。英国主流媒体仍然沿袭欧洲共产主义之前，即冷战时期的思维方式进行新闻报道。系统性的分析表明，这种现象可能会继续存在下去。

西方的意识形态精英们（由政治家、记者和学者组成）对现存的思维模式做出了大量贡献。尤其是在危急时刻，他们临危受命完成了意识形态的重组。鉴于冷战以来国际关系的变化以及 1956 年以来主要西欧国家共产党的迅速发展，这样的意识形态重组相当有 111
效地缓和了紧张的国际局势。必须对这些变化、发展进行定位和解释，因为国际共产主义运动带动了共产主义思想的迅速传播，已经对主流意识形态框架造成了一些冲击。西方政治精英面临着解释冷战时期关于共产主义的传统刻板印象与当前现实之间的差距的问题，特别是意大利、法国和西班牙的共产党。随着这些政党在各自的国家逐渐掌握政治权力，这个问题被迫提上了议程。本文认为，“欧洲共产主义”一词的产生以及相关争论的发展，反映了在政治缓和期做出重大意识形态调整的必要性。这也导致了大量不同的非马克思主义观点的出现，下文将对此进行讨论。

首先，应该说并不存在所谓“欧洲共产主义”浪潮。不可否认，一些西方共产党之间存在着趋同的计划和理论构想，它们都因目前的资本主义危机而产生，并拒绝将斯大林主义和苏联模式看作走向社会主义的唯一道路。但这并不足以被统称为同质化的“欧洲共产主义”浪潮。西方主要共产主义政党和一些社会主义者之间的联合，也尚未构成一场即将改变欧洲面貌的连贯运动。当然，这或许预示着第二国际与第三国际之间的和解。但对西欧政治前景的评估，需要更多地关注国家现实，而不是过分地强调趋同。

词　源

“欧洲共产主义”实际上融合了大量不同的意识形态，因此关于它的起源有三种说法也就不奇怪了。[1]

阿方索·达尔马(Alfons Dalma),一名有克罗地亚血统的奥地利记者,现居罗马,是右翼书籍《欧洲的共产主义》的撰稿人。他认为,天主教哲学家奥古斯托·德尔·诺斯最先想到这一词语(Dalma et al.,1977)。鉴于其他两种说法提供了更加详细的证据,我们认为,德尔·诺斯至少不是最重要的发明者。

第二个可能是阿里戈·李维(Arrigo Levi),《新闻周刊》意大利专栏的作家,也是都灵自由派报纸《新闻报》的编辑。1976年12月,
112 李维猜测,"欧洲共产主义"一词可能是他在1975年12月《新闻周刊》专栏文章中首创的。在那篇文章中,他颇有见地地阐述了"欧洲共产主义"在未来世界局势中的地位：

> "欧洲共产主义"(也有人称其为"白色共产主义"和"新共产主义")的演变或许会成为欧洲历史和东西方关系的决定性因素。它挑战了西方传统政治平衡,也威胁到了苏联在东方政权中的地位。最终,东方和西方,谁会受到更大的冲击呢?从某种程度上说,结局或许会是一种政治缓和。比起冷战时期的"阵地战",这要求各国政府具备更高水准的政治经济策略。(《新闻周刊》,1975年12月15日)

这段话是在讨论与泛欧洲会议的另一次推迟有关的欧洲共产党之间的事态发展。相比"白色"和"新","欧洲"一词至少可以淡化反共产主义的色彩,更不用说这一强调国际合作的词所具有的登

---

1 在沃尔夫冈·莱昂哈德(Wolfgang Leonhard)的权威著作《欧洲共产主义》(*Eurokommu nismus*,1978：9)中,也提及了上述主张。但在本章初版写完后,我们才看到此书。其内容绝大多数资料来源与本书相同。通常,巴比利的主张被认为是最严肃的。莱昂哈德没有考虑到"欧洲共产主义"的词源,或者说没有意识到意识形态分支是特别重要的,因为他主要对当下的事态发展给左翼带来的实际的政治后果感兴趣。

上更广阔舞台的潜力。[1]

然而，对“欧洲共产主义”最确切、证据最完备的说法，来自一名克罗地亚人弗莱·巴比利（Frane Barbieri）。他曾在贝尔格莱德的一个周刊任总编，并于1974年加入米兰的一个反共产主义日报的编辑团队。一群反对政府左倾路线的记者创办了这份报纸，主要目的是打压意大利左翼势力。这份报纸的创始人之一，米兰的自由派参议员，恩佐·贝提扎（Enzo Bettiza）称，弗莱·巴比利在写一篇名为《勃列日涅夫的期望》的社评中第一次使用了“欧洲共产主义”一词。他说：“这并不是一个亲共的说法。但后来，西班牙的著名马克思主义者雷蒙·塔马梅斯把这个词和温斯顿·丘吉尔的‘铁幕’、沃尔特·李普曼的‘冷战’相提并论。那么，问题来了，这个词究竟是我们的，还是他们的？”（Bettiza，1978：21—23）这个问题非常关键。它使如何控制意识形态结构的问题，显得重要而明确。贝提扎作为《交锋》（*Encounter*）的定期撰稿人，发表了许多观点在该杂志。《交锋》也在之后关于“欧洲共产主义”的意识形态活动中扮演了重要角色。

在西德外交官曼弗雷德·施泰因曲勒（Manfred Steinkühler）博士对巴比利的采访中，为该词语的“考古”提供了更多细节（1977a）。该采访解释了巴比利在创造新词“欧洲共产主义”时的设想和意图。他说，其主要是受到了两位西班牙共产党领袖圣地亚哥·卡里罗和

1　在近代史上，“白色”通常被与保皇派、正统派和保守派联系在一起，比如法国、西班牙和俄罗斯的君主主义者。“新”似乎是一个更加中性的前缀，但在意大利语中，它与“新法西斯主义”的用法有特殊的联系。“欧洲”则更强调国际合作、国际资本主义、技术和发展等。我们很难拒绝这样的结论：以意识形态的特征，来概括对西方共产主义政党发展的反对，从根本上来说是无法令人满意的。因为这种特定的划分，忽视了共产主义可能采取不同形式。这与建立在极权主义理论基础上，并在冷战期间普及的反共产主义立场背道而驰，这种立场认为共产主义是一种不可分割的本质主义观点。参见克利福德·格尔茨（Clifford Geertz）对另一个令人不满意的意识形态特征的分析：《塔夫特—哈特利法案》，一个“奴役劳动者的法律”（1975）。

曼努埃尔·阿斯卡拉特关于在西方发达资本主义社会背景下,实现苏联式社会主义的“真正的欧洲替代方案”构想的影响。巴比利称这是他创造“欧洲共产主义”一词的灵感来源,同时他也意在和阿里戈·李维所提到的“新共产主义”做对比,因为他认为“新共产主
113 义”一词有点“过分”了。在一份值得充分引用的详细叙述中,他进一步解释了其意图:

> 决定使用“欧洲共产主义”这一表述,是因为它在地理上精确,但在意识形态上模糊。相比之下,“新共产主义”这一表述则显得过于明确、独立。而“欧洲共产主义”究竟是什么,尚是个未知数,它的社会基础和意识形态都可说是十分模糊。所以,我问自己:如今的欧共体正在把西欧的政治传统发挥到极致,那么如果欧共体由欧洲共产主义者管理,它还会是原来的那个欧共体吗?欧洲共产主义者说他们想要独立于美国和苏联。如果你有在关注西班牙共产党,大概会发现他们想要一步步地实现苏联体系的欧洲化。但这只是一个假象。一个欧洲共产主义者统治的欧洲一定会是一个苏联化的欧洲。(Steinkühler, 1977b: 348—349)

巴比利认为,欧洲共产主义者对于要建立一个怎样的国家有着十分成熟的概念,却完全不清楚该如何实践。他们缺乏对苏联体制的全面批判;也没有弄清楚如何保障民主;最后,和南斯拉夫共产主义者不同的是,欧洲共产主义者崇尚极权和国家中心主义,而不是分权主义。总之,巴比利的观点形成于一系列关于西方共产主义近期发展的理论假设的框架下,而且其发表于意大利右翼反共产主义运动的相关报刊。

因此,在其起源中,“欧洲共产主义”意在表明对目前主要西方共产党发展趋势的反对和怀疑。但随着该概念的发展,其态度与其

说是反对，不如说是一种遏制。

遏制论者

阿里戈·李维(1977a; 1977b)于1976年1月写了一篇名为《欧洲共产主义：以意大利目前的经验为例》的文章，发表于美国《对外政策》的春季刊上，同年7月又被另外一份精英杂志《全面报道》所转载。他在文章中列举了三种对共产主义的不同立场：右翼组织草率地认为共产主义本质上都是一样的，因此表示反对；左翼组织则断定任何修正主义都是社会民主主义的形式之一；而在这两者之间，还有中间派提出有必要谨慎看待这一问题。李维给出了认同第三种观点的两个理由：一是意大利共产党的发展将分裂基督教民主党，进而威胁意大利的议会制政府；二是外交政策指出，有充分的理 114
由谨慎对待意大利共产党宣布从莫斯科独立的声明。李维初次在《新闻周刊》专栏中使用“欧洲共产主义”一词时，通过与地理因素相关联，他在一定程度上揭示了英美(反对)和意法(谨慎接受)态度之间的区别与差异。

开放的欧洲人和闭塞的英国人之间的区别很有意思，但并不具备足够的说服力。许多美国人主张遏制欧洲共产主义，另外，还有几位堪称学术权威的欧洲人也加入了反共阵营。显然，美国的反共阵营包括美国国务卿塞勒斯·万斯，以及美国国务院、外交部的部分官员，以及1976—1977年间为颇具影响力的美国外交政策期刊撰稿的大部分人。《对外政策》上发表的关于欧洲的文章，如李维(1977a)，两位美国政治科学家彼得·兰格(Peter Lange, 1976)和罗伯特·利伯(Robert Lieber, 1977)，以及前美国大使劳伦斯·西尔伯曼(Laurence Silberman, 1977)，基本都属于这一类型。同样，《外事》杂志中刊登的文章也有不少认为应当遏制欧洲共产主义的，包括前意大利银行负责人和现任意大利工业联合会主席奎多·卡里(Guido Carli, 1976)、伦敦《泰晤士报》的意大利通讯员彼得·尼克尔斯（Peter Nichols，1976）、学者查尔斯·加蒂（Charles Gati，1977）、《国际先驱论坛报》首席通讯员也是《新闻周刊》记者的詹姆斯·O. 格尔茨巴罗（James O. Goldsborough，1977）、意大利共和党领袖乌戈·拉·玛尔法（Ugo La Malfa，1978）等。当然，共产党的一些著名官员（Segre，1976；Kanapa，1977；Napolitano，1978）也曾提出过一些迎合西方政治经济精英们的观点。有意思的是，1978 年，《对外政策》上难觅关于欧洲共产主义的踪影，但同年的《外事》则发表了两篇本质上反共的论文（Chirac，1978；Revel，1978）。

这两份杂志都与活跃于美国外事政策决策的精英群体密切相关。《对外政策》在卡内基国际和平基金会的支持下，由国家事务公司出版，发行量约 18 000 份。编辑委员会包括大卫·哈伯斯塔姆等著名记者，以及兹比格涅·布热津斯基和埃利奥特·L. 理查德森等对外政策学者和政府要员。《外事》由外交关系协会出版，发行量高达 72 000 份。它创办于 1921 年，正如多姆霍夫（Domhoff，1969）所说，它是“企业富豪将其意愿转化为政府政策的具体机制中的重要一环”。《外事》杂志的主要资金来源是一些“龙头企业和大型基
115 金会”。最近，外交关系协会的成员甚至还成功地进入了美国国防和外交事务的决策层。值得指出的是，和伦敦的皇家国际事务研究所、波恩的外交政策协会一样，美国的外交关系协会也会由政府官员为其成员举办内部发布会。

类似地，与皇家国际事务研究所合作的英国杂志《今日世界》也于 1976—1977 年间发表了大量与遏制欧洲共产主义有关的文章（Popov，1976；Stehle，1977；Timmermann，1977）；美国信息服务局（USIS）的双月刊《共产主义问题》也发表了类似文章。《共产主义问题》上的分析复杂而精细，内容也十分广泛，这无疑是对那些认为政府出版物仅仅是其喉舌的阴谋论者的一种回击。该刊对于一些选项的中立评估，印证了“意识形态重组理论”的正确性。毕竟，政策决策者们要的是答案，而不是假消息。正因如此，这类杂志在意

识形态分工中占有重要地位。投稿人经常会利用这一点发表言论。比如，罗纳德·提尔斯凯（Ronald Tiersky，1976）就提出，如果法国共产党成功参与到了政策中，那么法国很有可能实现“非独裁社会主义”。这就是在警告那些可能正在读《共产主义问题》的“大西洋政治精英们”意识到现实的严峻，不要再被还原论者的分析迷惑了。

毋庸置疑的是，遏制论者的分析彼此之间也大有不同，但相比之下，他们之间的共同点更令人震惊。因为他们都是通过权衡赞同或反对的意见，对欧洲共产主义目前发展进行的研究。他们得出了一个共同的结论：共产主义可以被社会整合到资本主义民主之中，或者至少可以被包含。相关的争论出现了，主要可概括为以下几点：

第一，有人提出，即使一个政党不受欢迎，整个政治系统还是需要接受它，这是不可避免的趋势。比如利伯认为，“在西方相对开放、自由、多元化的系统中，想要杜绝变化是极其困难的。因此，对改革者采取包容态度的美国政治和激进的欧洲政治（在不可避免的情况下）都有可能给本土的共产主义政党提供一席之地（如意大利）”（Lieber，1977：47—48）。与其相似，格尔茨巴罗（1977）提出，对共产党的隔离政策已被证明无效，而其长期被政府系统性地排除在外，正是导致了拉丁欧洲国家危机的原因之一。

第二，有人从合并的角度，认为只有在现有的政治体制中，共产党夺取政权才有可能。比如，研究法国共产主义的权威政治科学家罗纳德·提尔斯凯（1976：46）就以法国和法国共产党为例进行了清晰的阐述：“一个有活力的社会主义政党，如果面对强大的反对党、坚固的官僚体制和强大的军队、舆论的历史记忆等因素， 116
其领导层能否调动足够的力量来发动革命，这很值得怀疑。”其他人（比如Lieber，1977）则强调国家和国际经济基础设施的问题，认为这是任何西方政府，包括共产主义者在内的政府都需要面对的问题。

第三，遏制论者认为，共产党已经改变了他们的政治策略。提尔斯凯（1976：46）坚信，“斯大林主义已经在法国共产主义中逐渐消亡”。自由欧洲电台的政治分析员凯文·德芙琳（Kevin Devlin, 1977：19）也认为，“欧洲共产主义”源自西方共产党的共同利益，后者可以被描述为一种“在融入其所处的社会政治环境的过程中，优先考虑自身政治利益”的趋势。

第四，从国际关系的角度看，欧洲共产主义可以说是对苏联的一种挑战，因为这些共产党似乎都脱离了莫斯科的领导，还提出了吸引东方阵营异议者的观点。虽然有大量证据显示欧洲共产主义者和苏联有联系，并且其对苏联的外交政策表示基本支持，但仍旧有知识分子提出了“挑战论”的观点。不过，正如提莫曼（Timmermann）所强调的那样，政治缓和期是这些新生政党存在的重要条件。如果法国共产党想要法国退出北约，或欧洲共产主义思想开始动摇东欧集团，那么所谓“政治缓和期”将不复存在。提莫曼还强调了苏联对这些政党的攻击，尤其是对西班牙共产党领袖圣地亚哥·卡里罗的新书《“欧洲共产主义”和国家》的攻击，因为其中提到了苏联对东欧内部稳定的担忧。然而，提莫曼的结论是，苏联不会完全与西方共产党断绝关系，因为它们是在协助苏联实现其外交目标。苏联可能会设法使这些政党出现内部分裂，把它们变成下一个芬兰。

第五，有经济方面的论据认为西方共产党有巩固资本主义统治的政治价值，但很少被公开讨论。[1]《泰晤士商业新闻》驻罗马记者约翰·厄尔（John Earle）在《今日世界》，以及意大利工业联盟的奎多·卡里在《外事》上发表的文章，均明确地说明了这一点。厄尔写道：“基督教民主党长达三十年的霸权统治，导致了一种浪费、低效和非理性的经济。”（1976：218）卡里也认为，意大利共产党能够有效地从根本上调整经济结构，其方式是当前的主导政治力量无法

1　1976年6月大选后，欧洲经济学提供了一个对PCI明显有利的评估，这是一项由西方主要银行联合进行的综合研究，但其内容并未公开。

实现的，即提高官僚机构的效率，创新公共事业管理模式，促进工业现代化以及引入有效的收入政策。因此，他认为，需要形成“更广泛的政治共识，否则将会陷入政治空想的危机”（同上：718）。 117

除了与国际关系有关的之外，欧洲共产主义领导人在《外事》上发表的文章也重复了类似的观点。意大利共产党外事部门的领导塞尔吉奥·塞格雷（Sergio Segre）、法国共产党外交部门的领导简·卡纳巴（Jean Kanapa）、意大利共产党经济方面的发言人乔治·纳波利塔诺（Giorgio Napolitano），都曾以一种有意让人放心的方式提出过这些观点，这无疑宽慰了美国的政策决策者们。因为其无不表明欧洲共产主义政党对于民主的认同，以及强调他们独立于莫斯科，并对北约、欧共体等西方机构表示支持。一句话，他们坦诚、高效、偏向于专家政治。他们呼吁美国不要对他国的内政进行干预，尤其是意大利，因为意大利共产党有能力复兴意大利经济，且无意破坏现行的政治制度。

西方共产主义研究者、财经杂志《巴伦周刊》的欧洲记者尼尔·麦金尼斯（Neil McInnes）的观点，跨越了遏制论者和反共论者之间的界限。在 1976 年发表的关于“欧洲共产主义”的研究中，他沿用了许多遏制论者的方法论对各家共产党进行了一一评估，但最终得出了与遏制论不同的结论。尽管具有金融背景，但他对经济观点不屑一顾，声称含糊的政策和良好的意图，只不过是一种民族主义和经济民粹主义的形式。他认为，欧洲共产主义者的主要缺陷是仍沉迷于将民主集中制作为主要组织形式，这“能让领导人不断将其亲信推向重要职位”。任何可能威胁到他们掌权的经济、政治管理，最终都敌不过熟悉的政党官僚结构。麦金尼斯认为这些共产党：

> 放弃了无产阶级专政，多次向社会民主党派和资产阶级政党妥协，消除了西方对于他们与苏联关系的戒心，在共产主义运动中确立了国际权威——但是他们仍旧在坚持民主集中制。（1976：48）

彻底的反共论者

很少有彻底的反共论者会像麦金尼斯这样细数自己的反对观点，他们往往借助一套完全不同的独特方法论。反共论者们不会逐点讨论共产主义政党的变化，也不会思考当前政策的替代方案，他们只关注这些政党仍与斯大林主义相关的特性，进而将后者归入熟悉的极权主义理论框架之中。其论点往往是对那些他们认为被共
118 产主义表象欺骗的西方同胞的攻击。比如沃尔特·拉克尔（Walter Laqueur），他从很早就开始涉足这一领域，并高举反"欧洲共产主义"的大旗。他认为，欧洲共产主义者实际上和战前的法西斯主义没有区别，二者都妄图以自由为代价取得经济的发展。许多当代的美国记者和知识分子都被欧洲共产党蒙蔽了，就像当年他们的前辈被墨索里尼蒙蔽一样。共产主义和法西斯主义的等同性是极权主义理论的核心论点，而正是这种理论支撑着反共论者对共产党进行攻击的合理性。

拉克尔是学术大师中采取彻底反共论立场的典型。他是伦敦当代历史研究学会的董事，且在美国也有职位。他对于魏玛共和国、中东、恐怖主义和游击战都有着浓厚的兴趣，同时也是《评论》（*Commentary*）杂志的特约编辑。[1] 另外一位类似的，也同样知名的人物是雷蒙·阿隆，他被公认为具有国际影响力的全球思想家，其作品被翻译成多国文字，广为流传。

1977 年，《交锋》杂志刊登了阿隆最新作品的两段节选。其中严厉批评了那些被马克思主义迷惑的人。早在 1955 年，阿隆就发表过一本类似的书，即《知识分子的鸦片》，1977 年出版的著作名为《为颓废的欧洲辩护》。在这本书中，阿隆通篇都以极权主义的论调来支撑其反共思想。并提出了一个重要的概念，即"魏玛综合征"，

---

1 《评论》，类似于《交锋》，一直在积极应对"欧洲共产主义"的威胁，详情见下文。

意为“民主选举只能提供两种自杀性的选择：要么把权力交给那些会把权力毁掉的人；要么违背民主本身的合法性原则”（1977：8）。“欧洲共产主义者”不值得信任，因为“即使他们将其与莫斯科分离开……但仍然因共同的信仰而联系在一起”（同上：10）。阿隆把民主集中制的延续作为其论点的依据：

> 他们所宣扬的学说基本上与苏联相同，且多年以来都是用相同的方式进行解释：他们没有放弃民主集中制；他们对未来政权的概念仍然与苏联相同，尽管他们坚称会避免其极权主义倾向。欧洲共产主义者是否隐藏了他们的目标并不重要，重要的是他们的方法和观念可能会带来的后果。（同上：18）

此外，让—弗朗索瓦·何维勒在其名为《极权主义的诱惑》的书中对遭受共产主义蒙骗的美国政府和出版商进行了严厉的批判。[1]1978年的《外事》杂志（怎么看都像是何维勒所说的被蒙骗的出版商之一）刊登了何维勒的一篇文章。他认为，所谓“去除斯大林 119
主义”实际上只是民主集中制的把戏，“什么去除斯大林主义，实际上都是文字上的美化而已”，“只有去除了共产主义，欧洲共产主义才可能具有逻辑性和连贯性”（Revel，1978：297，305）。

《交锋》报道称，1977年，针对“欧洲共产主义”的意识形态重组主动权已经悄悄地从反共论者溜到了遏制论者手中。在一系列的文章和采访中，《交锋》试图通过质疑欧洲共产主义者的主张，来重新获得主动权。“当代历史作家”乔治·奥班（George Urban）负责了两篇主要的采访，一篇是和意大利共产党中央委员会委员卢西

1　战争不仅仅发生在外交政策精英阶层。阿隆和何维勒在法国的重要政治周刊《快报》上也发挥着重要作用，阿隆是编辑委员会主席，何维勒担任杂志主任。《快报》目前专门从事反共产主义运动（参见 Walter Schwarz，《卫报》，1979年2月23日）。

奥·隆巴多·拉迪切的对谈，一篇是和阿尔铁罗·斯皮内利的对谈。后者指出，“欧洲人对此颇为震惊。阿尔铁罗·斯皮内利，欧共体的创始人之一，在布鲁塞尔担任了多年的意大利高级专员……居然成了‘欧洲共产主义’的主要发言人”（Urban，1978a：7）。和阿隆一样，奥班的文字也强调了对意大利共产党及其策略的不信任。1978年，这两篇采访连同奥班在自由欧洲电台进行的其他采访，被编辑成书，而该书的编辑导语反复强调了他们本质主义的论点：

> 欧洲共产主义者正试图以相反的顺序，摆脱马克思—列宁—斯大林主义的束缚。不管这些举措是否仅仅是战术上的，它们的政治影响都是重大的。它们揭示了欧洲共产主义构想基础上的断层……畸形的欧洲共产主义，要么以社会民主主义结束，要么倒退回某种形式的列宁主义。而如果实现了社会民主主义，它就不再是共产主义；如果倒退回了列宁主义，它就不再欧洲。（Urban，1978b：8）

本质主义者对此类断言情有独钟。阿隆对何维勒的观点表示赞同：“欧洲共产主义就像是欧元：即使加上了‘欧洲’二字，它也还是共产主义。”（参见《新闻周刊》，1978年1月2日）

当然，《交锋》上刊登的文章并不一定都是批判欧洲共产主义的。波兰哲学家、前马克思主义者莱斯泽克·科拉科夫斯基（Leszek Kolakowski），最近出版了一本权威的《马克思主义史》。他认为社会民主主义是一种可能：“到目前为止，缺乏民主共产主义可能存在的经验证据，所有现存证据都与其相反。然而不能排除，共产主义某一分支最终能够实现某种新型的、新生的社会民主主义的可能性。”（1977：19）

在此之前，国际关系学名誉教授理查德·洛文塔尔（Richard Löwenthal）曾在《交锋》杂志上提出过相同的观点。他就本质主义者的观点评论称，如果发生了必要的变化，那么“欧洲共产主义”将“不再是我们所知道的共产主义”。然而，《交锋》杂志上这些迎合左 120 翼读者观点的学者中，有许多人实际上是彻底的反共论者。比如科拉科夫斯基，他就坚持认为东欧国家现在仍然是极权国家，另外，虽然“欧洲共产主义者们”可能的确怀着一颗真挚的心，但他们是否意识到了自己的思想存在事实上的分裂？（参见阿隆和奥班）欧洲共产主义可能会出现，但迄今尚未出现（参见著名反共论者安妮·科力格尔）；欧洲共产主义者必须通过与苏联断绝联系，并且剔除党内的列宁主义因素，进而证明他们真的厌恶专制主义（尼尔·麦金尼斯、雷蒙·阿隆、乔治·奥班和前英国外交大臣大卫·欧文都曾提出过关于忠诚测试的问题）。

除了这些观点，乔治城大学还提供了一些其他的意识形态倡议。国际劳工研究项目负责人罗伊·古德森（Roy Godson）和史蒂芬·黑泽勒（Stephen Haseler），后者因抨击马克思主义在工党的影响力而闻名，合写了一本名为《欧洲共产主义：对东西方的影响》（1978）的著作。他们否定了“一种新的政治现象正在出现”和“一种新的泛欧运动正在逐渐成形”的观点。他们的论点还带有一些战略意味：西方共产主义者所做的一切都是为苏联的战略利益服务的。这种论调仍建立在对民主集中制的坚持，以及未被重构的本质主义基础上：

> 的确，目前对于苏联共产主义教条和苏联在国际共产主义运动中的霸权地位有着许多不同的解读和态度，但是在我们看来，这种与正统的微妙偏离尚不能让它们被定义成一种全新的、西欧本土的、与既往共产主义以及苏联毫无联系的新主义。（1978：4）

大卫·欧文和沃尔特·拉克尔也和上述学者一样，拒绝信任欧洲共产主义者。他们认为，社会民主主义者应该努力把共产党踢出体制外，并且尝试隔离支持改良主义者的选民。

除了有国际劳工研究项目的支持，古德森和黑泽勒的书同时还得到了纽约国家战略情报中心（National Strategy Information Center）的资助。国家战略情报中心的基本理念是"鼓励民众思考战略和国防问题，以此确保民主国家公众的知情权，进而确保防御系统的可行"（1978：125）。黑泽勒在乔治城大学的研究还得到了出版右翼杂志《政策评论》的传统基金会的支持，黑泽勒也是该杂志编委会中的一员。[1] 因此，很显然，这几大资金来源联合支持着乔治城大学的反共产主义意识形态的研究工作。黑泽勒和古德森背后还有六名对多国共产主义有着深入研究的专家学者，为二人提供相关文献作为背景资料——这在学界是一种很罕见的运作模式。另外，这个团
121 队还有七名助理。

1978 年，另外一种本质主义声音出现在《华盛顿战略和国际研究中心评论》上。新言论却不乏旧面孔。《华盛顿评论》由乔治城大学战略与国际研究中心出版，该中心也是《华盛顿邮报》的总部。该杂志的编辑之一是沃尔特·拉克尔，执行主编则是迈克尔·莱丁（Michael Ledeen），后者同时也在为《新闻报道》的欧洲板块供稿。罗马大学历史学教授罗萨里奥·罗密欧（曾接受乔治·奥班的专访）和美国参议员、前驻联合国大使丹尼尔·P. 莫尼汉都是这一杂志的投稿人，他们都曾提出过共产主义和极权主义可以画等号的观点。而其他学者则结合具体例子，提出了自己的观点。比如曾担任过蓬皮杜总统助手的泽维尔·马切蒂（Xavier Marchetti）就认为，左翼政党在 1978 年 3 月法国议会选举中的胜利，对于国家经济和安全

---

1 《政策评论》成立于 1977 年，其第一篇文章就是关于"欧洲共产主义的幽灵"。其作者是英国记者罗伯特·慕斯，同时还是编委会成员之一。他编辑了《经济学人》的内部机密文件《外国报告》。慕斯在冲突研究机构（一个专门研究反暴乱文学的机构）中发挥着重要作用，在英国享有不错的声誉。

都是一种威胁。他的观点基于一种多米诺理论：“密特朗将成为左翼社会主义者的俘虏，而这些左翼社会主义者则可能成为共产主义者的傀儡。”（1978：47）作为基辛格在美国国务院的助手之一，赫尔穆特·索南费尔特（Helmut Sonnenfeldt）在接受迈克尔·莱丁的采访时，以国际视野解读了这个问题。[1] 西方应该鼓励欧洲共产主义成为一股破坏苏联阵营稳定的力量吗？索南费尔特持谨慎态度，他认为这“或许将进一步扩大东欧国家与苏联的差异”，但是

> 对我们来说，最终的问题是，无论它们可能带来的好处是否会被这些政党掌权后的非常有害的后果所抵消，其后果无疑会对我们自己的西方制度、西方安全以及西欧国家之间、西欧国家与美国之间的关系产生影响。（1978：50）

这些设想是在更广泛的讨论中提出的。“欧洲共产主义”的可信度是大卫·欧文演讲的中心内容，这篇演讲也被转载于《华盛顿评论》的4月刊。欧文的立场并不是简单的本质主义。事实上，他对共产主义的历史发展采取了相当复杂的研究思路，他认为共产主义的“自然条件从来就不是一个统一的整体；当下的团结并没有历史上的渊源，更非源自莫斯科的指导”（1978：7）。欧文强调，有必要在社会民主党和共产党之间保持明确的界限，过分的亲近是不可取的。欧文明确拒绝使用“欧洲共产主义”一词，他这么做的理由在于“战争是为了掠夺思想”。这表明他和那些占领了《交锋》和《新闻报道》杂志版面的学者们站在同一意识形态的战壕中。而且他说话颇为直截了当：

---

1 索南费尔特以他的名字，命名了“勃列日费尔特主义”，这与上届美国政府有关，后者认为苏联和美国的势力范围应该保持稳定。“勃列日费尔特主义”是《世界报》使用的专有术语，它将勃列日涅夫学说，与1975年12月在伦敦举行的美国外交官会议上发表的索南费尔特学说结合在了一起。

> 我是故意不用“欧洲共产主义”这个词的。我对这种统一
122 现象的存在深表怀疑。这是一个危险的术语。它赋予了一个定义不清、难以比较、至今仍然无法验明其身的现象以条理性和尊严感。现在，西方共产主义领导人倒是常常使用这个词，这实在是太有意思了。因为他们知道这一术语具有很强的吸引力。它是一个非常方便的复合词语。它会使得人们暂停对共产主义的批判，不再认真地分析这一现象，并放任其逐渐蔓延。最后“欧洲共产主义”将变得受人尊敬。因此，我们必须毫不犹豫地拒绝使用它，以阻止它流行起来。（1978：14）

沃尔特·拉克尔在一篇赞扬欧文观点的社论中，也表达了该词给予共产主义者的好处：“意大利共产党和法国共产党在组织结构和政策上存在巨大差异……‘欧洲共产主义’一词模糊了这些差异。停止使用这一词语完全有可能，但不幸的是，这不太可能被各方所接受。”（1978：3）人们可以理解这种焦虑，这一词语已经成为精英报刊上传统政治话语的一部分。1978 年 7 月，《共产主义问题》的一篇社论提到了“欧洲共产主义”所指愈加宽泛的趋势。向来仇视共产主义的《每日电讯报》认为欧洲共产主义指的是意大利和西班牙共产党。1979 年 2 月，《经济学人》的一篇关于欧洲共产主义者对东南亚局势态度的分析文章中指出，意大利、法国、西班牙共产党采取了不同的立场，并以此作为欧洲共产主义分裂的证据——如果不使用“欧洲共产主义”这个词的话，这篇文章就继续不下去了。虽然这个词的意义和优点目前尚存争议，但它的广泛运用的确给了共产主义政党一些积极影响。他们正好利用这个词语的知名度，明确其立场。他们称，比起暴力方式，他们更希望通过议会选举获得政权，他们更尊重政治和公民权利，在经济和社会事务中将缓和极端的集体主义形式，在党际关系中倾向于拒绝苏联霸权。由此看来，意识形态战线上还要发生不少腥风血雨。

意识形态分工

正如我们 1977 年 11 月在剑桥提到的英国前外交大臣以及他对欧洲共产主义的攻击所表明的那样，遏制论者和彻底的反共论者之间的区别不仅仅是个体差异的问题。相反，它导致了对意识形态生产中特定的意识形态代理群体所扮演的不同角色的分析。遏制理论主要出现在与外交政策发展密切相关的机构和组织出版的国际关系期刊上，而反共产主义理论则多在更大众的准商业期刊（如《新闻报道》和《交锋》）上发表。《政策评论》和《华盛顿评论》背后的金主，往往反对外交政策领域的遏制论者。而《新闻报道》和《交 123
锋》则更加倾向于公众领域，其刊登的文章主要是政治家和记者们为了向更广泛的民众普及知识而做的关于社会发展的分析。

在英国，哈罗德·威尔森（Harold Wilson）、大卫·欧文以及早期的玛格丽特·撒切尔的主要政治干预都遵循反共产主义路线。唯一的例外是埃里克·赫弗（Eric Heffer），他关于社会民主化的文章被发表在《泰晤士报》（1977 年 11 月 7 日）和《卫报》（1977 年 11 月 29 日）上。赫弗在《泰晤士报》上发表文章的同日，威尔森在《卫报》上对“无界限的政治瘟疫”提出了批评，这充分显示了工党内部的争论。然而，在这种争论中，提倡遏制或接纳的声音往往只能通过党内杂志或左翼出版商传播，而那些传统的反共产主义分子则能够通过大众媒体传播而获得更加广泛的受众。因此斯图尔特·霍兰德（Stuart Holland）在给萨松（Sassoon）关于意大利共产党的演讲合集（1978 年由诺丁汉发言人出版社出版，获罗素基金会提供出版资助）写的序言中提到，这本书对于那些“对欧洲共产主义所知甚少，并认为欧洲共产主义是民主政治体制内的传染病患者”和“思想更为开放、想在做出判断之前了解更多知识的公众”来说，十分值得一读（Sassoon，1978：7）。

这体现了西方文化体系的关键问题，即精英和大众之间，或者说管理政治（administrative politic）和选举政治（electoral politic）之间的脱节。1976—1977 年间，在精英阶层对于欧洲共产主义的讨论中，遏制派占尽上风。至少在英语国家，欧洲共产主义几乎没有通过新闻杂志和高端报纸得到普及，即使有，也只是在报道精英阶层的争论和反共产主义分子的攻击时有所提及。比如《时代》和《新闻周刊》在介绍卡里罗关于欧洲共产主义反苏联举措的著作时，同时也重点推介了各种反共产主义分子在西班牙和法国的出版物。

《经济学人》（1977 年 11 月 5 日）的一篇关于欧洲共产主义发展的文章中只引述了安妮·科力格尔（Annie Kriegel）、安德烈·格鲁克斯曼（André Glucksmann）和亨利·基辛格（Henry Kissinger）这几位西方评论家的言论，他们都是绝对的反共产主义者。出版界普遍认为，在关于欧洲政治发展的新闻报道中使用“欧洲共产主义”一词能够带来许多便利，因此开始大量使用它。

这引起了反共论者的一些担忧。拉克尔的助手迈克尔·莱丁在 1977 年的一篇评论文章中抨击了美国对欧洲共产主义的报道。他的文章表明当时的反共产主义分子正在有力地反击欧洲共产主义。在文章中，莱丁抱怨美国媒体被这个用来包装贝林格观点的词
124 语所蒙蔽。但是类似的不触及经济精英和政治精英根本利益的报道，又往往会被这些精英拿来作为将欧洲共产主义和极权主义等而视之的依据。

亨利·基辛格（著名的反共产主义者）提出了一个概括性很强的观点。他接触过不少精英机构，如伦敦国际战略研究学会、美国公共政策研究所，以及斯坦福大学胡佛战争、革命与和平研究所（简称“胡佛研究所”）等。另外，他在精英媒体中也颇有势力，影响所及包括《大西洋季刊》和《全面报道》等杂志。但他最重要的角色还是本质主义反共论的推广员和标志性人物。在 1978 年 1 月的一次电视直播中，本质主义反共论大放异彩。这次电视直播由 NBC 发起，有上百万民众观看。后续，节目又于周日晚上的 BBC 二套播出

了加长版。巧合的是，几乎同时，卡特政府公开表示反对意大利共产党参与意大利政治。

基辛格宣称，“欧洲共产主义”就是在欧洲的共产主义，然后他播放了一段有关柏林墙的视频，作为他演讲的开头。柏林墙被认为是共产主义在西方通过武力所能达到的极限状况。基辛格警告说，现在的共产主义已找到了新的方式，通过选举，越过阻碍，对西方进行渗透。这一节目之后还提供了针对各个国家进行的调查，其中有许多地方都对共产党进行了抹黑，基辛格不断地重复一系列口号来阐明他的观点。他强调，“欧洲共产主义”不过是一种马基雅维利式获取权力的策略，其作用等同于特洛伊木马。共产党内部不存在民主，共产主义经济体制也往往比资本主义经济低效。恐怖和暴力对共产党有利，因为后者会不惜一切代价挑起民众与秩序的矛盾。以上这些组成了基辛格的长篇悖论。既然西方资本主义世界如此繁荣，而东方共产主义国家如此落后，为什么西方世界还是有人支持共产主义呢？显然，正是因为共产主义有其合理性，所以才会有人渴望它并支持它。

因此，本章的第一部分的初步结论是，西方媒体和文化系统并不允许辩论和观点的自由流动，而是存在着对政治传播产生重要影响的分工。意识形态精英，会适时参与意识形态重组，但这无法改变他们对背后金主的依赖。因此，只要投资者的立场不变，那么冷 125
战以来对共产主义的偏见也就不会改变。

从资产阶级到共产主义分析

在本章剩下的内容中，首要的关切是描述“欧洲共产主义”一词如何被欧洲共产主义者所利用，并说明为什么会发生这种情况。已有不少前辈为我们铺好了路，但这并不意味着这一研究不会遇到任何的困难。

证据显示，“欧洲共产主义”一词是在1975年中期（巴比利）或者1975年后期（李维）被创造出来的。费尔南多·克劳丁（Fernando Claudín）在他的作品《欧洲共产主义和社会主义》中显然把日期给搞错了，他说：“在1970年末，一个新词，‘欧洲共产主义’，席卷了国际新闻界，并且很快被传播到政治领域。它源于共产党以外的政党，因此当时共产党内对此持保留意见。”（1978：7）显然，现在的共产党人已经消除了这种保留意见。但有意思的是克劳丁含糊其词的表达。虽然“欧洲共产主义”一词被西班牙共产党领袖圣地亚哥·卡里罗欣然接受，但即使是在他最著名的著作《“欧洲共产主义”和国家》中，他也觉得有必要保留引号。卡里罗关于这一新词的阐述，揭示了它的反共意义是如何被淡化，并最终被赋予积极意义的：

> “欧洲共产主义”一词……非常流行，虽然它不是由共产主义者创造的，其具体价值也有待商榷，但显然它是用来形容目前的某种共产主义潮流的……为“欧洲共产主义”辩护的政策和理论阐述，体现出在这个革命、进步的时代，人们努力想要正确描述欧洲社会的现实，并且将这一词语与目前世界革命的发展特点结合起来。因此，在找到更好的定义之前，“欧洲共产主义”就是一种社会现实。（Carrillo，1977：8—9）

关于三大共产党是从什么时候开始自称为“欧洲共产主义者”的，尚不明确。这可以理解，毕竟过程非常曲折：有人认为是1976年，也有人认为是1977年。在1976年6月的东德欧洲共产党峰会上，卡里罗显然不情愿使用这一词语，法国共产党也坚决避免使用，只有意大利共产党毫无顾忌地使用。各国共产党对该词原有的消极意义有所顾忌，这样的态度大概持续了半年之久。而贝林格在柏林会议的演讲表明，他认为共产党需要利用好这个得到广泛关注的词语，因此有必要灵活地对它进行解释。在断言西方必须找到自己的社会主义道路之后，贝林格谈到了意大利、法国、英国和西班牙共产党的趋同性，并分析说： 126

> “欧洲共产主义”近日引发了新一轮的研究浪潮。显然，我们不是这个词的创造者，但是这个词能获得如此广泛的关注，恰恰说明了它的深层意义。它洞察到了西欧社会转变的一种新方式——通过社会主义道路建立社会主义社会的可能性。（Berlinguer，1976：61）

贝林格处理这个词语的有趣之处在于赋予其积极意义的方式：他把它和之前出现的西方共产党的联合倾向结合在了一起。贝林格没有过多提及这个词的来源，而是把它理解为学界对在西欧实现社会主义具有信心。这不可谓不妙。

之前引用的卡里罗的演讲，说明他和贝林格一样致力于将“欧洲共产主义”通俗化，并使其为共产主义事业所用。据克劳丁说，卡里罗第一次以通俗化意义使用该词是在 1976 年 7 月向西班牙共产党中央委员会做的一次报告中（也可以看作对贝林格的一种呼应）。而首次公开使用则是在 1976 年 12 月，当时卡里罗提出了一个口号：“走‘欧洲共产主义’道路，夺取政权。”（Claudín，1978：8）因此不难看出，为什么一些评论家认为柏林峰会可以被视作共产党开始采用“欧洲共产主义”一词的前兆（比如，Gati，1977）。

也有人认为第一次使用是在 1977 年，这似乎更容易被接受一些。1977 年 3 月，意大利、法国、西班牙共产党在马德里召开会议。新闻界称此为“欧洲共产主义者峰会”。会上，法国共产党的乔治·马歇（Georges Marchais）进行了详细的解释，再次指出这不是共产党人自己创造的词语。根据《晨星报》1977 年 3 月 17 日的报道，马歇说：

> 就连我们三个国家之间也存在不少差异，那么我们的社会主义民主自然也会和那些已经实现社会主义的国家有所不同。如果欧洲共产主义是这个意思，那我们可以接受。但如果共产主义设想的是建立一个新的国际中心，那我们的回答是，不。

法国共产党从来就不喜欢这个词。马歇的陈述中也多少透露出不情愿的意味。但格尔茨巴罗称，马歇已经确信这个术语对共产党有利，而非不利。

伴随着圣地亚哥·卡里罗著作的出版，共产主义者对“欧洲共产主义”的应用迈向了新阶段。卡里罗对苏联社会主义的批判，导致后者通过《新时代报》对其进行了强烈攻击。虽然目前学界没有
127 过多关注这一点，但这使得主要的西方共产主义政党不太情愿自称为“欧洲共产主义者”。这些共产党认为卡里罗有点自作主张，他们支持卡里罗表达观点的权利，但并不悉数同意他的观点——尤其是他对苏联的批评。意大利《团结报》（1977 年 6 月 28 日）的一篇社论肯定了这些共产党的做法，但它在使用“欧洲共产主义”时格外小心，不仅加了引号，还使用了“所谓”这一前缀。卡里罗的著作被认为是不成形的“欧洲共产主义”理论，甚至没有核心论点和相关规章。但他还是提出了“所谓‘欧洲共产主义’”关注的关键特征，即政治民主发展过程和剧烈社会转型之间的关系。

显然，需要一些证据来证明意大利、西班牙和法国共产党对这一词语的不同态度。我们认为，在佛朗哥主义崩溃之后，西班牙开始正式走向民主的时代，西班牙共产党迫切需要获得国内社会对其的认可。而攻击苏联的缺点，确实是条捷径。值得注意的是，西班牙共产党以一种独特的方式宣传“欧洲共产主义”，因此也遭受了较多来自苏联的批评。西班牙共产党国际部负责人曼努埃尔·阿斯卡拉特（1977）成了《新时代报》的第二个攻击目标。他提出，马德里峰会“确定了欧洲共产主义的形式”，并且重申了批判苏联的必要

性——而意大利和法国共产党显然很少做出这种表态。克劳丁也认为，对于卡里罗来说，他可以承担得起相关风险，但另外两个共产党距离权力更近，因此搞好与莫斯科的关系是事关国家利益的重要课题。

意大利共产党对于身份认同的问题并不担心，因此也并不是很需要“欧洲共产主义”一词。它是西欧最大的共产党，有着悠久的历史，完备且独特的道路模式。贝林格和纳波利塔诺等主要领导人倾向于避免使用这一术语，而且从来没有就其传播进行过太多的强调。然而，很显然贝林格想要谨慎地利用这个词，但他的伙伴们没有意识到“欧洲共产主义”一词的潜在好处。比如，在 1977 年于莫德纳举行的一次会议上，一名资深党内历史学家提出，“欧洲共产主义”根本不存在。随后，贝林格特地在 9 月 18 日的结束陈词上提到了这一点，他强调了意大利和法国、西班牙共产党的趋同性，并且谨慎地指出这三个国家还没有成立一个区域组织，他认为，如果有的话这或许就是“欧洲共产主义”（Radice，1978）。另一方面，意大利共产党的某些领导人，比如阿曼多拉（Amendola），曾经特别强调过意大利政治的特殊性。他说： 128

> 我认为当人们说“欧洲共产主义”的时候，他们是错的。因为根本不存在这么一种东西。各个共产主义政党，都有着各自不同的战略。我们反对为共产主义重建一个独立于莫斯科的世界中心，也不打算在罗马或者巴黎建立一个单一的“欧洲共产主义”中心。（1977）

埃里克·霍布斯鲍姆（1977）曾经采访过乔治·纳波利塔诺，并且将采访内容编辑成书。这本书在西欧被翻译成了各种语言，引发了广泛争论。在第一篇采访中，根本就没有提到“欧洲共产主义”（1975 年 10 月），直到第二篇采访时才出现这一词语（就在马德里会议之后）。纳波利塔诺给出了一个相当模糊的定义，并很快指出，这一概念实际上也适用于欧洲之外的其他地区，比如完全可以搞一个“日本共产主义”。

比起其他两国，法国共产党更在乎的是它一贯奉行的民族主义，以及对北约和欧共体的反对态度。法国共产党国际部的杰拉德·斯特里夫（Gérard Streiff）在其一份党报（《新法国》，1977 年 2 月 28 日）上对马歇于马德里做的陈述进行了预测，并称发达资本主义国家的共产党已经达成了一个广泛的共同议题，但同时也不忘强调，“‘欧洲共产主义’不是属于我们的政治词语。实际上，我们并不相信存在任何普遍的或区域性的社会主义模式”。之后，法国共产党政治部门的简·卡纳巴于 1977 年 11 月在巴黎的一份报纸上列举了“欧洲共产主义的几个特性”。卡纳巴说：

> 总之，“欧洲共产主义”这个词选得非常糟糕。实际上，它所描绘的现实不仅与欧洲的共产主义政党相关，而且不是与所有的欧洲共产主义政党相关。但是我们并没有兴趣搞这种文字游戏……“欧洲共产主义”这一表达……按照我们的用法，已经被赋予了一种积极的，或者攻击性的意义；它适用于那些在自由世界里为社会主义奋斗的人们，并成为激励他们的动力。正因如此才会有人接受它。显然那些创造它的人们，现在应该感觉很尴尬。（1976）

卡纳巴的言论表明，他清楚地意识到使用“欧洲共产主义”一词带来的好处，但仍然与之保持着一定的谨慎距离。

总而言之，我们认为，许多共产党都在使用“欧洲共产主义”一词（当然各自强调的重点并不相同），因为绝对不能让一种强大的意识形态被他们的敌人所用。在相关反击中，他们成功地对这一词汇进行了重新解释，并赋予其积极的意义。对于最初以反共产主义初

衷发明该词的人来说，这很棘手。值得注意的是，“欧洲共产主义” 129
一词能够迅速扩散，并通过翻译渗入到西方马克思主义文化中，意大利共产党和西班牙共产党起到了重要的推动作用。

一个有趣的问题是，共产党未来是否还会继续使用“欧洲共产主义”一词。随着法国共同纲领的崩溃，左翼政党未能获得多数选票，在可预见的未来，只有意大利共产党能够爬向权力的巅峰。在更广泛的非马克思主义话语中，“欧洲共产主义”一词失去市场是必然的。如今只剩下一个共产党能够对资本主义构成威胁，而且其威胁相比1974—1976年还要小了不少，“欧洲”一词也已失去了不少发挥空间。鉴于意大利共产党和法国共产党历史上曾经对“欧洲共产主义”表现出一种不情愿的态度，它未来在马克思主义话语中的发展态势也不是很明朗。目前只有东欧的异见者们仍偶尔在使用它。

结 语

在本章中，我们介绍了针对近年来西欧共产主义发展而做的一些主要类型的意识形态工作。我不敢说此次讨论足够完备，但我想做几点总结应该会有利于读者们理清思绪。

第一点，也是最重要的一点，意识形态已经演化成了两种不同的文化系统，其意义已经呈现出了格尔茨式的网状形式。每一系统都由不同的意识形态学家、组织和大众媒体支撑。任何一方都对另一方具有参考价值。研究一种意识形态的材料，将从另一种意识形态中获取。但两者之间的关系，并不是建立在共通意义上的相互渗透和重叠。相反，两者之间存在明确界限，只有通过类似战争的方式才能跨越。信息和思想被用于情报战，通过转化敌人的术语，令其为己方所用，或者单纯用作宣传手段。在莫里斯·康弗斯（Maurice Cornforth）的《开放哲学与开放社会》一书中，两种体系之间的差异已经非常清晰地展现出来。康弗斯称此书是为了对抗卡尔·波普尔而为马克思所写，并阐述了具体事件上的差异，实际都是双方根本路线差异的组成部分。从书名就可以清楚地看出，在书中，康弗斯试图重新调整一些关键的标志。

在“欧洲共产主义”的例子中，两种系统之间的区别可以从政治、法律等方面体现出来。当共产主义者通过选举方式取得政权之
130 时，可能就是“欧洲共产主义”第一次登上西方政治舞台之时。对于反共产主义分子来说，这实质上是马克思主义者们夺取政权的诡计，只不过其中包括了对当代经济关系和阶级斗争发展的重新分析。每种思想体系对政治权利都有不同的理解。

这引出了第二个重要结论，“欧洲共产主义”本身，其实是一个意识形态主体。比起内容来说，其发展过程更加值得关注。本文曾讨论了该词的意识形态初衷以及它的倾向转变。在西方，共产主义必然是企图利用意识形态象征“多元化”的一种反面文化。在“欧洲共产主义”的案例中，此种“多元化”尤为明显。并由此衍生出了西方对于共产主义的不同理解，也打破了在主流意识形态中建立的针对共产主义的单一叙述。这不仅暗示了可能会有接受民主价值观的优秀共产主义者，更重要的是，它允许可能会有另一种类型的共产主义存在，这超越了既往极权主义理论的范畴，即所有民主的敌人从根本上来说都是一样的。[1]

有趣的是，直到最近，所有形式的社会主义，包括社会民主主义，都站在了西方民主的对立面上。约瑟夫·熊彼特（Joseph Schumpeter）在其著作《资本主义、社会主义和民主》中，用怀疑主义的措辞，讨论了社会主义和民主之间的关系，这与前面提到的论点非常相似。熊彼特认为，社会主义不具备任何实现民主的内在因素，唯一的问题是它能否实现民主，它能够实现怎样程度的民主。

1　参见安妮·科力格尔的批判文章《反对欧洲共产主义，另一种共产主义》，她的结论是：“对它说不，因为两者是一样的。”

熊彼特否认他是在指责德国和奥地利社会民主党的“第二国际”是马基雅维利主义，但他确实强调了其发现的机会主义：

> 他们生活在一个对非民主深恶痛绝的环境下……在某些情况下，他们完全有理由拥护保护他们及其活动的民主原则。在其他情况下，大多数人对政治和其他方面的结果感到满意，并有望实现在民主路线上的进步。因此，在宣称效忠于民主的同时，他们一直在做着显而易见的事情。(1970：238—239)

是不是所有形式的社会主义本质上都是反民主的？这个问题还没有定论。最近，许多反对欧洲共产主义的理论家开始讨论这个问题。1978年，二十六个关于“资本主义和民主之间是否有着必然联系”的回复占据了《评论》杂志的8月刊。其序言暗示，许多知识分子现在接受了曾经他们认为是错误的、政治危险的东西，后者与 131
社会主义相关，将会不可避免地导向极权主义。除了何维勒之外，《评论》还很清楚地提到了法国的“一些新哲学家”和英国的“保罗·约翰逊(Paul Johnson)等人”，并称他们都表达过这种担忧。可以想见，英国的“等人”中一定有史蒂芬·黑泽勒。他曾于1977年向《评论》投稿了一篇名为《社会民主主义者的尸骸》的文章，其中讲到“新哲学家”何维勒和约翰逊都曾对社会主义民主向社会主义转变的暗流提出过警告，而这些人是当代民主政治的希望。

这时，意识形态斗争已经从用极权理论批判共产主义，转向了将“社会民主”视作民主社会主义唯一形式的垄断意识形态阶段。黑泽勒在他的文章中说道：“英国工党的左派实际上是‘欧洲共产主义’运动的一个分支。比起北欧社会民主主义政党，它显然更像是‘欧洲共产主义’。”(《泰晤士报》，1978年10月27日)黑泽勒在文章中还说，随之带来的危险是大西洋联盟和北约的崩溃。然而，如果社会民主联盟秘书、活跃的工党右翼分子黑泽勒仅仅是就国防政策的一点提出谴责的话，那么保罗·约翰逊，前《新政治家》杂志编辑以及《周日电讯》和《旗帜晚报》投稿人的论点则更为广泛。在《旗帜晚报》的一篇文章（1978年12月5日）中，他对一本新的右翼分子论文集的出版表示欢迎。那本论文集叫作《对峙：开放社会能够撑到1989年吗？》（Institute of Economic Research，1978），其中提到了当下人们面临的两个选择：集体主义还是个人自由。约翰逊赞扬了右翼分子中新出现的正统思想浪潮。其中包括“新哲学家”、《通往奴役之路》的作者哈耶克，他是早期研究极权主义的学者之一，对于玛格丽特·撒切尔的文章以及美国东海岸的《评论》杂志有着偏爱。他们的预测往往都比较阴暗、悲观，这些人不仅想努力使得自己的预测合理化，还想把这些预测传播到世界的各个角落。

回到“欧洲共产主义”上来，这是一种新型的共产主义，与传统的本质主义观点，即共产主义是一个不可分割的，且可识别的敌人不同。当关于“欧洲共产主义”的讨论从精英圈子逐渐下移到了普通民众时，这引出了第三个结论，即“欧洲共产主义”揭示了西方意识形态精英之间的内部分工。

公众舆论的问题与国际局势缓和有关。基辛格认为，想要打消
132 西方民众因捷克斯洛伐克、越南、智利等事件而产生的顾虑，意识形态调整十分必要。问题是如何在不放弃对峙的情况下，实现意识形态的调整。“欧洲共产主义”最初的吸引力在于其潜在的反苏联特性。显然，这也是起初共产主义理论家攻击它的原因。但在西方的背景下，“欧洲共产主义”的价值倾向十分模糊，是与杜布切克的“人性面孔”（human face）、阿连德的“民主之路”（democratic road）相似的麻烦概念。由此可以看出西方反共产主义者们一直都试图让公众相信，他们一直予以区分的“欧洲共产主义”和“传统共产主义”实质上是同一个东西。总而言之，“欧洲共产主义”是不值得被信任的。

总之，“欧洲共产主义”在西方系统中有四种价值。第一，以一种新的形式强调了一种旧的危险；第二，它将促进东欧的演变，进而

对敌人的内部秩序造成混乱；第三，它可能带来的潜在经济影响。如果意大利共产党参与到意大利政府工作之后，确实有助于帮助资本主义度过危机，那说明“欧洲共产主义”并不是任何传统共产主义的形式，而是一种不同的新事物。

第四种价值是在被动对抗意识形态的经验中显现出来的，作为一个简明的术语，“欧洲共产主义”使运用反例进行论证成为可能。一个国家的任何良好风气都可能被另一个国家的不正之风颠覆，只有不好的才是真实的。基辛格在广播节目中加入葡萄牙政党的内容时，这种技巧达到了顶峰，葡萄牙政党可能是由欧洲人组成的，但迄今为止没人有勇气说它是欧洲的政党。自从 1978 年 1 月卡特政府改变了评估体系之后，外交政策价值就变得不再可信。把意大利人孤立起来，给他们提供特殊待遇，总是能更好地发挥经济价值。“欧洲共产主义”不太可能仅仅作为一个实用纲要存在下去。本质上它是一种防御而非攻击的方式，没有理由认为强势文化的发言人会假装做出防御姿态。

至于共产主义者，“欧洲共产主义”一词更多地被赋予了积极含义，而不是作为马克思主义分析的术语。正如这个词从它最初的创造者那里“跑开了”一样，它也从保守党领导那里“跑开了”。尽管这些领导人小心翼翼地与这个概念保持距离，但在关于左翼的争论中，他们通常都被统称为“欧洲共产主义者”。另外，在左翼的讨论中，这个词的流行程度暂时与主流政治讨论相当。 133

参考文献

Amendola, G., interviewed by Weber, H. (1977) 'The Italian Road to Socialism', *New Left Review*, November–December: 39–50.

Aron, R. (1977) *Plaidoyer pour l'Europe Décadente*. Paris: Robert Laffont; extracts translated as 'My Defence of our Decadent Europe', *Encounter*, September–October 1977.

Azcárate, M. (1977) 'Eurocommunism: A Reality, a Hope', *Mundo Obrero*, March; reprinted in *Euro-Red*, 4: 4–5. 134

Berlinguer, E. (1976) 'For New Roads towards Socialism in Italy and Europe', *The Italian Communists*, 2(3).

Bettiza, E. (1978) 'Great Illusions in the Face of Danger', *Encounter*, January: 21–3.

Carli, G. (1976) 'Italy's Malaise', *Foreign Affairs*, July: 708–18.

Carrillo, S. (1977) *'Eurocommunism' and the State*. London: Lawrence & Wishart.

Chirac, J. (1978) 'France: Illusions, Temptations, Ambitions', *Foreign Affairs*, April: 489–99.

Claudín, F. (1978) *Eurocommunism and Socialism*. London: New Left Books; Spanish original published 1977.

Cornforth, M. (1977) *The Open Philosophy and the Open Society*. London: Lawrence & Wishart, rev. edn.

Dalma, A. Rovan, J., Razumovsky, A., Vermehren, M. and Ramseier, H. (1977) *Euro-Kommunismus*. Zurich: Edition Interfrom.

Devlin, K. (1977) 'The Challenge of Eurocommunism', *Problems of Communism*, XXVI, January–February.

Domhoff, G.W. (1969) 'Who Made American Foreign Policy, 1945–1963?', in D. Horowitz (ed.), *Corporations and the Cold War*. New York: Monthly Review Press.

Earle, J. (1976) 'The Italian Economy: A Diagnosis', *The World Today*, 32(6) June: 214–21.

Gati, C. (1977) 'The "Europeanization" of Communism', *Foreign Affairs*, April: 539–53).

Geertz, C. (1975) 'Ideology as a Cultural System', in *The Interpretation of Cultures*. London: Hutchinson.

Goldsborough, J.O. (1977) 'Eurocommunism after Madrid', *Foreign Affairs*, July: 800–14.

Haseler, S. (1977) 'Europe: The Collapse of the Social Democrats', *Commentary*, 64(6).

Haseler, S. and Godson, R. (1978) *Eurocommunism: Implications for East and West*. London: Macmillan.

Hayek, F. (1944) *The Road to Serfdom*. London: Routledge & Kegan Paul.

Institute of Economic Research (1978) *Confrontation: Will the Open Society Survive until 1989?* Hobart.

Kanapa, J. (1976) 'Les caractéristiques de l'eurocommunisme', *Recherches Internationales à la Lumière du Marxisme*, 3–4: L'Eurocommunisme; published in 1978.

Kanapa, J. (1977) 'A "New Policy" of the French Communists?', *Foreign Affairs*, January: 280–94.

Kissinger, H.A. (1977a) 'Communist Parties in West Europe: Challenge to the West', *Atlantic City Quarterly*, 15 (3), Autumn.

Kissinger, H.A. (1977b) 'Eurocommunism – Kissinger's Warning', *Across the Board*, September: 82–9.

Kolakowski, L. (1977) 'The Euro-Communist Schism', *Encounter*, XLIX (2), August.

Kolakowski, L. (1978) *Main Currents in Marxism*, 3 vols. Oxford: Clarendon Press.

Kriegel, A. (1977) *Un Autre Communisme?* Paris: Hachette.

La Malfa, U. (1978) 'Communism and Democracy in Italy', *Foreign Affairs*, April: 476–88.

Lange, P. (1976) 'What Is to Be Done – about Italian Communism?', *Foreign Policy*, Winter: 224–40.

Laqueur, W. (1976) 'Eurocommunism and its Friends', *Commentary*, 62(2), August: 25–30.

Laqueur, W. (1978) 'The Eurocommunist Debate' (editorial statement), *Washington Review of Strategic and International Studies*, 1(2), April.

Ledeen, M. (1977) 'The "News" about Eurocommunism', *Commentary*, 64 (4), December: 53–8).

Leonhard, W. (1978) *Eurokommunismus: Herausforderung für Ost und West*. Munich: Bertelsmann.

Levi, A. (1977a) 'Eurocommunism: The Italian Experience So Far', *Across the Board*, July.
Levi, A. (1977b) 'Italy's "New" Communism', *Foreign Policy*, Spring: 28–56.
Lieber, R.J. (1977) 'The Pendulum Swings to Europe', *Foreign Policy*, Spring.
Löwenthal, R. (1977) 'Can Communism Offer an Alternative World Order? Some Lessons of 20th Century Politics', *Encounter*, XLVIII (7), April.
McInnes, N. (1975) *The Communist Parties of Western Europe*. London: Oxford University Press. 135
McInnes, N. (1976) *Eurocommunism*. Washington Papers, No. 37. London: Sage.
Marchetti, X. (1978) 'The French Left and March Elections', *Washington Review of Strategic and International Studies*, 1 (1), January.
Moss, R. (1977) 'The Spectre of Eurocommunism', *Policy Review*, 1 (1), Summer.
Moynihan, D. (1978) 'The American Political Elite: A Conversation with Michael A. Ledeen', *Washington Review of Strategic and International Studies*, 1 (1), January.
Napolitano, G. (1978) 'The Italian Crisis: A Communist Perspective', *Foreign Affairs*, July: 790–9.
Napolitano, G., interviewed by Hobsbawm, E. (1977) *The Italian Road to Socialism*. Nottingham: Journeyman.
Nichols, P. (1976) 'On the Italian Crisis', *Foreign Affairs*, April: 511–26.
Owen, D. (1978) 'Communism, Socialism and Democracy', *Washington Review of Strategic and International Studies*, 1 (2), April.
Popov, M. (1976) '"Eurocommunism" and the Pan-European Conference', *The World Today*, 32 (10), October: 387–92.
Radice, L.L. (1978) 'Un socialismo da inventare', *Critica Marxista*, 4, July–August.
Revel, J.F. (1976) *La Tentation Totalitaire*. Paris: Laffont.
Revel, J.F. (1978) 'The Myths of Eurocommunism', *Foreign Affairs*, January: 295–305.
Romeo, R. (1978) '"Rome 1984?" A Conversation with G. Urban', *Washington Review of Strategic and International Studies*, 1 (1), January.
Sassoon, D. (ed.) (1978) *The Italian Communists Speak for Themselves*. Nottingham: Spokesman.
Schumpeter, J.A. (1970) *Capitalism, Socialism and Democracy*. London: Unwin.
Segre, S. (1976) 'The "Communist Question" in Italy', *Foreign Affairs*, July: 692–707.
Silberman, L. (1977) 'Yugoslavia's "Old" Communism', *Foreign Policy*, Spring.
Sonnenfeldt, H. (1978) 'The Sonnenfeldt Doctrine Revisited: A Conversation with Michael A. Ledeen', *Washington Review of Strategic and International Studies*, 1 (2), April.
Stehle, H. (1977) 'The Italian Experiment and the Communists', *The World Today*, 33 (1), January: 7–16.
Stehle, H. (1978) 'The Italian Communists on the Parliamentary Path to Power', *The World Today*, 34 (5), May: 135–83.
Steinkühler, M. (ed.) (1977a) *Eurokommunismus im Widerspruch: Analyse und Dokumentation*. Cologne: Verlag Wissenschaft und Politik.
Steinkühler, M. (1977b) 'Ursprung und Konzept des Eurokommunismus: Gespräch mit Frane Barbiere', *Deutschland-Archiv*, April.
Tiersky, R. (1974) *French Communism, 1920–1972*. New York: Columbia University Press.
Tiersky, R. (1976) 'French Communism in 1976', *Problems of Communism*, 25 (1), January–February.
Timmermann, H. (1977) 'Eurocommunism: Moscow's Reaction and the Implications for Eastern Europe', *The World Today*, 33 (10), October: 376–85.
Urban, G. (1977) 'Communism with an Italian Face? A Conversation with Lucio Lombardo

Radice', *Encounter*, XLVIII (5), May.

Urban, G. (ed.) (1978a) *Eurocommunism: Its Roots and Future in Italy and Elsewhere*. London: Temple Smith.

Urban, G. (1978b) 'Have They Really Changed? A Conversation with Altiero Spinelli. Eurocommunism, Again', *Encounter*, 1 (1), January.

136 Vološinov, V.N. (1973) *Marxism and the Philosophy of Language*. London: Seminar Press.

第三部分

集体认同问题

第三部分导读

人们经常讨论语言；仅仅在我们市里就有七八种不同的语言，每个人都能听懂一点。从乡下来的小女孩们只会说保加利亚语，所以大家都认为她们很蠢。每个人都会数一数他知道几种语言。掌握多门语言很重要，在关键时候也许能救自己或者别人的命。

埃利亚斯·卡内蒂，《获救之舌》(1988)

身份(假设他们认为自己有身份)就像铁面具一样，戴在人们脸上。人们随心所欲地抛弃自己的旧身份并进行研究，把它抛到一边，再换上另一个身份，再度研究，像往常一样小心翼翼。身份不是由终生不坏的铁制成，而是由极轻的、几乎是实验性的可换材料锻造而成，它们并没有成为人的第二天性；虽然它们很难捉摸，就像是科学家建立的分子模型，但人能在每一个模型中找到自己，每一个身份都至关重要。

格雷戈尔·冯·雷佐里，《一个反犹分子的回忆录》(1983)

“消灭一个民族的第一步，”霍布尔说，“就是抹去它的记忆，摧毁它的书籍、文化和历史。然后书写新书、创造新的文化、创造新的历史。不久，这个国家将开始忘记它是什么，以及它曾经是什么。它周围的世界甚至会忘得更快。”

米兰·昆德拉，《笑忘书》（1983）

身份是一个永远开放的追求，而强迫性地捍卫一个人的起源，有时可能是一种倒退的奴役，有时，人们愿意屈从于流离失所。

克劳迪奥·马格里斯，《多瑙河》（1989）

最后一部分的章节将会探讨集体认同的问题。在接下来的几年里，这个主题一定会成为人文科学的核心论题，而本书中收录的仅仅是这些问题的一部分而已。

第七章和第八章原本是作为一篇带着质疑性目的的长论文发表的。在欧洲学术机构工作时，我被官方的共同文化意识形态，与同事、朋友之间坚持的民族多样性之间的割裂所震惊。

之后的章节通过对近期大众媒体和文化领域的研究进行提问，进而探讨“文化认同”、“视听空间”、“民族文化的防御”以及由强有
137 力的情感构建的“欧洲身份”。这里采取的方法是分析性和概念性的，目的是研究当代政策辩论背后的一些关键假设。文化讨论充斥着过多的标签和口号，这真的能产生一些严肃的概念性思想吗？我的结论是，很少或根本没有：目前流行的话语为文化领域中各种有争议的政治经济问题提供了体面和品牌认同。再深入探究，就无法避免地会触及理论的底土，而表面的混乱正是从中产生的。

书中最后部分的质疑，首先与大众传播在建构文化身份中被广泛假定的角色有关。答案简单而明显：媒体一定很重要，因为它们如此普遍。它们必须如此吗？在不同的情况下，它们又是如何以不同的方式发挥作用的呢？在第七章中，这些问题引发了我们对目前的媒体理论和政治争论的探讨。然而，对于如何将民族认同或文化

过程在其构建中的作用理论化，仍没有太多进展。第八章将继续思考一些值得注意的、能够帮助我们解决“民族认同”相关问题的社会理论，因为“民族认同”仍旧是当代世界身份认同问题的核心部分。

此外，书中第九章将涉及“欧洲化”。这一章写得很匆忙；而且，除了在书即将付印时增加了参考文献之外，其余基本还是1990年春末（经过许多早期版本之后）的内容。它所处理的环境正在不断地变化，在学术出版的时间尺度上，很难跟上时代的步伐，至多只能识别一些迫在眉睫的困境。 138

第七章

论民族认同(一):文化政治和媒介学家

欧洲焦虑与欧洲口号文化

如今,在讨论文化生产、消费和国家机构(或者说欧共体)之关系时,“民族认同”已经成为一个通用的流行语。很多学术研究都表达了对这一问题的关切,对此提出的假设也是五花八门。

在欧共体内部,文化的警报正在响起。这一点从近期的欧洲共同体委员会(CEC,即欧盟委员会)绿皮书《电视无国界》中可见一斑:

> 信息是欧洲一体化的决定因素,也许是最具决定性的因素……只有欧洲人真的想要联合,欧洲一体化才能实现。只有欧洲身份存在,才能催生欧洲人的此种意愿。只有欧洲人获得足够信息,欧洲身份才可能存在。但目前,国家层面正在管控大众媒体传播信息。(1984a: 2,28)

因此,开放边界,让电视节目大放异彩吧。我对于这一选段(它在报告中的第 2 页和第 28 页重复出现,显然十分重要)感兴趣的地方在于它的修辞和假设。欧洲联合是目标,而“信息”(在广义的人类学意义上可以解读为“文化”的一个方面)则是实现它的手段。欧洲一体化被认为是基于某种意愿的,而这种意愿依赖于一个先决条件: 欧洲身份。但这反过来又依赖于信息。因此,信息(文化)被认为是意志的传达者或连接者: 这种建立理想社会秩序的概念,完全是理想化且意志论的,不太可能成真。

没有必要再多举几个类似的理想化言论了。然而,我们找到了支持这些言论的说法,来自《欧洲共同体和文化》:

> 欧洲文化共同体已经是一个不可否认的事实。在语言、品味、艺术风格的多样化表面之下,也存在着相似性,即内在的、基于共同文化遗产的欧洲身份。几百年来,不同的个人、思想、风格和价值观的贡献,共同创造了我们共有的文明。(CEC, 1985: 3) 139

又是这样的思维,即存在着一种共有的文化,相比之下多样性只是表象或某种副产品。事实上,共有文化早已赋予了欧洲人以某种身份。显然,此种言论认为,存在一种公式化地解决实际文化差异带来的纷繁问题的思路: 简单点说就是“多样之中找统一”。

但“欧洲的遗产”究竟是什么呢? “多样之中找统一”或许是一个方法。“欧洲”的含义如此模糊不清。在这个问题上,《欧洲的传承》一书颇具教育意义,其旨在提供一种关于第二次世界大战后期的欧洲文明的“客观”历史构想(参见 Barker et al., 1954)。该书由同盟国教育部长会议(Conference of Allied Ministers of Education)于 1943 年 2 月任命的图书委员会历史委员会负责,意在构建积极的欧洲历史,淡化纳粹事件,并冷静地评估战后的分裂问题。在“回顾与后记”一章中,著名历史学者欧内斯特·巴克(Ernest Barker)对两种“欧洲”的概念进行了比较。一种是南部观点，这要追溯到古希腊时代的“一片大海保卫着海岸与腹地”；一种是北部或中部观点，也就是认为欧洲是“自西向东延伸的（当然如果你喜欢的话也可以是自东向西）、亚洲广袤陆地的附属部分或突出物”（1954：296）。显然，所有关于文化身份的理论，都需考虑到其背后悠久而复杂的历史因素。当前关于欧洲定义的模糊性，正是由于对历史问题，尤其是战争和国际竞争的处理差异造成的。因此，欧洲理论家必须创造一个超越地理空间范畴的“想象的共同体”：“地理学家眼中的大欧洲——从爱尔兰西海岸到乌拉尔山脉，从北角到西西里岛南海岸的欧洲——只是空间意义上的欧洲，而非精神上的。”（Barker et al., 1954：346）

回到绿皮书上，我们发现共同体仍未建立。电视（尤其是欧洲节目）被认为在“发展和培养欧洲共同文化和民族遗产意识”以及促进民众关于欧洲“命运共同体”的认识方面发挥了重要作用（CEC，1984a：28）。文件还指出，建立强有力的欧洲电影业和电视业，能够促进就业并维护欧洲自身的文化认同，在美日经济扩张的大背景下维系欧洲经济发展（CEC，1984a：4）。显然，身份早已存在：有一种需要捍卫的超国家文化，在这种文化中，欧洲被认为是一
140 个已经构成的主体（CEC，1984b：8—9）。让·莫内（Jean Monnet）曾说：“如果要重新建立欧洲共同体，我们应该从文化开始。”（CEC，1984b：10）类似的权威言论，似乎是在颠覆传统的发展观点，认为应当把重心从经济转移到文化上来。然而，在这种说法中，文化显然还是为经济服务的。其功能就是保护国内生产资本和就业。

在谈到另一种相关的说法之前，有必要就支撑起官方观点的历史观进行一些讨论。所谓共同文化源自“不同的个人、思想、风格和价值观的贡献”。但是问题来了，几个世纪以来的战争对旧大陆造成的破坏，以及全球范围内的帝国主义扩张，这些难道不属于目前的共同文化的创造者吗？没有人能回答这个问题：共同文化必然性

地需要遗忘可怕的过去，因此很可能被认为是一种虚假的。现在这个具有“共同文化”的欧洲，实际上是第二次世界大战和随后发生的世界秩序变革的产物。在当代欧洲话语中，这种说法不够得体，往往不被接受，甚至被压抑。另一种说法是，目前这种“多样之中找统一”的做法已经扭曲到需要重写历史，并对社会记忆进行必要的重新编码。这些都是集体认同构建的重要特征，下文将更详细地加以讨论。

把印象作为文化防御的工具

欧共体的问题已成为学者和专家们的当务之急。一个典型的例子就是所谓“欧洲文化价值项目”（该标题已表明其意图），由曼彻斯特大学的欧洲媒体研究所发起。在安东尼·普拉格内尔（Anthony Pragnell，1985）最近对欧洲电视的研究中，他提出了“如何让我们的电视业更加欧洲化”的问题。这个项目是“在一些西欧小国的广播组织代表的建议下进行的。他们担心国外，尤其是北美的电视节目对欧洲文化和价值观造成的影响”（Pragnell，1985：1）。又是“美国的挑战”。这种担忧并不新鲜，但这并不意味着它不重要。显然，这些言论假设了“欧洲文化”和“欧洲价值观”的存在，也假设了明确解释施加在特定目标上的影响的可能性。

相比普拉格内尔的实证研究，我更在乎他所提出的问题以及可能的解决方案。他谈到了欧洲对此的担忧： 141

> 其他国家的电视节目中提出的一些令人咋舌的观点（尤其是拥有强大文化的美国），可能会渐渐侵蚀欧洲各国的传统文化、价值观以及民族自信。同时，恐慌还来自对美国素材的过度使用。这可能会对西欧的身份认同造成不利影响，而这正是欧洲的政府组织和机构不愿看到的。（Pragnell，1985：5）

不难发现这种言论和文化帝国主义理论十分相似。后者在过去的几十年里，因赫伯特·席勒（Herbert Schiller）和安东尼·史密斯（Anthony Smith）的研究而大获流行。在最近的一篇文章中，席勒再次强调，现代的跨国公司已经成功地瓦解了国家广播电信业，因为跨国合作已几乎渗透到国家信息系统的方方面面。它们正发展为一种渗透，甚至重置国家文化空间的强大力量。由于跨国合作能够绕过政府，因此所谓“国家文化保护机制”在概念上并不能奏效（Schiller，1985：18）。“文化空间”在这里发挥着与“欧洲身份”相同的功能。主要的不同在于，席勒就“文化防御”提出了一种宿命论，而普拉格内尔提出了一些实现“文化防御”的具体建议。

实际上，上文引用的普拉格内尔文本包含许多错误。他提到了欧洲国家的文化，以及这些国家的传统。他将其看作受到冲击的静态对象，但忽略了文化的动态性。“文化”和“传统”之间的关系是什么？人们认为在“西欧存在一种共同的认同感”。但那到底是什么？“欧洲”和“西欧”是可以互换的两个概念，但是所谓“西欧”的地理概念仍旧非常不清晰。显然，每当有新的文化加入“欧洲大家庭”，传统的“欧洲身份”就会发生一些变化。

普拉格内尔试图对文化进行定义：

> 文化被看作元素的混合，它能够区分不同的群体。例如，它定义了哪些东西能够让人们笑、让人们哭、让人们振奋；它决定了家族中每个人扮演的角色以及学校所传授的知识。民族价值观被认为是文化的一部分，并且影响整个群体对于道德、伦理和政治事件的态度以及处理方式。（1985：8）

普拉格内尔认为，文化塑造民族性格，而承载着文化的国家，则
142 能对人民造成同质化影响，使其产生身份认同。这样的定义把“文化”看作一种成品，国家、民族则具有某种稳定性。这种略显业余的

观点,实际上也是官方对于民族文化的认识:民族文化是完整的,正在整体化的,或已经整体化的。而官方并不意味着精英群体,普拉格内尔恰恰强调了这种狭隘高层文化观点的局限性。

普拉格内尔显然意识到了当代民族国家之间的文化冲突,但他选择了无视:

> 民族、宗教文化和欧洲文化之间并不需要有什么冲突。在国家内部,不同的宗教和种族群体之间的多样化是一定存在的,有时甚至十分明显。但这些独立的群体文化,能够被共同的民族文化中和、团结到一起。与此相似,西欧的某些领域中也存在明显的,甚至是可见的共同文化元素。(1985: 9)

这样看来,各国的民族文化就是一个附属品,但又不能太封闭,因为它需要吸收来自"欧洲共同文化"(官方文件对其的描述可谓空白)的元素。普拉格内尔在欧洲范围内进行了大量的实践研究,详细阐述了"多样之中找统一"的战略。虽然实际上他把"欧洲文化"形容得就像是一座难以逾越的大山。

这一论点的实际主旨与绿皮书一致,即强调必须保障国内文化生产。原因在于,进口将对文化和工业造成潜在损害。然而,普拉格内尔希望远离席勒的"文化帝国主义"理论,他认为这种理论实际上是强行给原本独立、分离的美国电视节目扣上了"系统性"、"条理性"和"早有预谋"等阴谋论的帽子。

作为对阴谋论的反驳,这无可非议。尽管我们将看到,这种观点早已受到新修正主义的攻击。下一步可能更值得怀疑,因为根据伊利胡·卡茨(Elihu Katz)和塔玛尔·利比斯(Tamar Liebes, 1985)最近所做的复杂研究,普拉格内尔(1985: 13)实际上反驳了文化输入具有强大而明确的影响这一命题。显然,这破坏了他自己的一个基本出发点。不久后他又再次遭到反驳,当他提出,作为国家公共

服务的电视系统将发挥其融合公众的力量，产生同质化效应，并创
143 造出“一个了解其历史、文化和传统的共同体”（1985：15）。这种国家文化模式随后被其投射到欧洲层面，好像电视上的饮食节目可以毫不费力地促进国家之间的联合一样。

我花了一些时间研究普拉格内尔的作品，可以说，他代表了绝大部分目前研究所谓欧洲问题的学者。显然，他坚信：民族文化基本上不存在任何问题，欧洲身份早已经存在（但无法描述），有害的文化影响可以被清晰地识别出来——这些假设是他整个理论的基础。如果没有假定的文化损害，就没有理由进行文化防卫。

把“视听空间”作为一种政治隐喻

关于文化防御的修辞会涉及许多专业术语。近年来联合国教科文组织关于文化认同的争论就是很好的例子。

在1982年于墨西哥城举行的联合国教科文组织世界文化政策大会上，“文化认同”成为秘书长总结报告，以及会后的报告和宣传中的关键词。在相关定义上，与会人员下了很大功夫：

> 文化属于人类，属于全人类。文化是普遍的，但不是单一的……会议坚决承认并重申所有文化的平等尊严，拒绝任何形式的文化等级制度……会议重申，每个国家都有义务尊重所有文化……文化认同是对传统、历史以及过去几代人传下来的道德、精神和伦理价值的捍卫。（Unesco，1982：8）

期望委员会起草的草案具有思想上的连贯性，显然不切实际。然而，这其中的困惑和矛盾，特别是其广泛而富有弹性的中心论点，显得重要且有趣。联合国教科文组织同样奉行“多样之中找统一”的战略，但其实施的层面略有不同。所有人（和所有文化）都是平等

的，因此需要彼此尊重。但他们并没有遵照该原则。他们还认为在现代世界中，文化属于各种群体，而其中最重要的是民族，因此对民族文化进行防卫具有合法性。因此：

> 重点在于推广民族和地方语言的发展……许多代表认为，在谈到文化认同时，不能不重申国家主权和领土独立的基本概念……然而，另一些代表坚持认为，不能仅仅从民族特性来界 144
> 定文化认同……我们不能孤立地看待文化认同问题。(Unesco，1982：22—23)

在全球层面实行“多样之中找统一”战略，会比在欧洲实行更加困难。如果语言是文化认同的核心，那么文化认同就不能等同于民族认同，因为某个特定的民族国家中，可能存在着不同的语言群体。文化自治主义者与民族融合主义者之间的矛盾呼之欲出。文化认同不是孤立的，一旦承认这一点，接受了认知、政治和经济力量并非在世界上均等分布，就相当于含蓄地承认了文化等级的存在。统治与不平等的问题，不能仅靠语言来消除。因此，教科文组织话语的含糊之处在于：主张所有多元文化都是平等的，反对将文化认同与民族认同画等号，即反对民族特性过多地限制文化。但是，一旦承认“内部与外部的辩证统一”(Unesco，1982：23)，独特性和绝对自治权就会受到威胁。因此，国家文化防御的逻辑是难以排除的。

教科文组织对文化和信息流领域的关注(参见 MacBride，1980)在最近关于“拉丁视听空间”可能性的研究中出现了特殊的变化。在阿尔芒·马特拉特(Armand Mattelart)向法国社会主义政府提交的报告中，“多样之中找统一”变成了一个针对特定范围的文化防御。

马特拉特寻求建立“拉丁视听空间”，但也注意到了这种表达的模棱两可。因为“在它所涵盖的地理区域内，‘拉丁语言’作为官方语言，或作为民族语言、少数民族语言、多数语言时的地位都各不相同”；此外，在一些国家（特别是在拉丁美洲）是强制要求使用“拉丁语”的（Mattelart et al. 1984：ix）。这可能足以使该研究失效，但实际上并没有：“在一个政治、工业和金融活动被重新定义的时代，一个新的‘空间’只能通过收集经验，融合出现过的历史、文化、经济遗产而产生。”（同上：x）显然，这种充满新内容的“空间”，在很大程度上与“欧洲认同”功能相似。文化亲和力最终被认为是存在的，并成为一种足以使地理、文化边界合法重组的力量。这个项目显然完全符合欧洲的概念，因为它提出了一种不同的（实际上是相反的）一体化原则。

再一次，在马特拉特的书中，我感兴趣的不是它的实证支持（它很快就过时了——这是困扰该领域的普遍问题），而是它的概念结
145 构和目标。当然，它还是一场关于世界文化体系重组的争论，并聚焦于视听产业。关于创造空间的修辞，借用了文化产业固有的模糊性（参见 Mattelart and Piemme，1982）；“视听”既是象征性的，也具有经济意义。这种模糊性使得人们可以同时进行文化和经济两方面的争论。其根本目的是为了加强、扩大目前在世界音像市场处于弱势的生产基地。公众的呼吁，显然是针对这样一种情绪，即对于维持特定类型的身份来说，民族的、拉丁语的文化生产是必不可少的，否则其身份就会被动摇。

然而，这种观点并非完全正确。事实上，文化认同和国家文化防御，虽然其根本想法都在于创造一个新的“视听空间”，但它们往往被当作值得怀疑的对象来处理：

> 与新抵抗形式发展有关的悖论之一是，他们可以将最陈腐的民族主义甚至种族主义，嫁接到他们对改变的真实愿望上。文化认同明显地体现出此种模糊性，很容易就会滑入民族主义者对某个群体优于其他群体的判断之中。（Mattelart et al.，1984：110）

虽然,文化认同没有明确的定义,但它具有负面特征,即“充当现实的屏障”,这表现为四种方式:如果未佐以相应的生产政策,它可能导致保护主义;可能会被混淆为“捍卫一个固定的过去”;可能会被简化为一个国家的标签,贴在那些可跨国复制的事物上,最终成为“风景如画的民间传说”;最后,它可能被当作“文化帝国主义的替代”——这一学说在拿破仑一世统治下的拉丁美洲曾饱受谴责(同上:17—18)。显然,“拉丁文化认同”不能做到这些,所以必须找到其他内容来消除其潜在的负面含义:“拉丁视听空间”能做到吗?

实际上,已被污染的“文化身份”逐渐被更宏大、未被污染的“空间”取代了,概念上的置换和替代正在发生。这显然可以避免联合国教科文组织话语中那种固有的模糊性,避免对国家地位和文化之关系中的核心问题的(故意)混淆。使用“空间”的目的,是通过其模糊性提供解决问题的途径。然而,这是不可能的,因为它需要一些带有拉丁性质的限定形容词(即使是一种净化后的变体)。我们又回到了文化统治的问题上。也许这不仅存在于“拉丁人”之间,还存在于他们与其他人群,尤其是与背叛者盎格鲁—撒克逊人之间。并非所有文化都是平等的,“空间”不仅具有包含性,还有排他性。

然而,这项研究的奇怪之处在于,没有使用“空间”这个新的替代性概念。在地理学家托尔斯滕·哈格斯特兰德(Torsten
Hägerstrand)的著作中,他以一种发人深省的方式(就目前文化领域 146
的争论而言,该研究是完全独立的)将视听空间与身份问题联系起来。马特拉特对这些颇为基本的问题并未做过系统阐述,因为这种联系在概念上被其否定了。

哈格斯特兰德(1986:8)以瑞典为例,区分了两种形式的社会融合。“领土一体化”指的是面对面的社会交往形式,其中“亲近是最高范畴,因此思维、忠诚和行动高度受地域限制”。他认为,有充分证据表明，人对其出生地的身份认同是必要的。与此相对的是，在信息全球化时代的“当代系统社会”中的“功能整合”。哈格斯特兰德（1986：13）提出的问题是，广播是否能够帮助人们获得比目前地域组织更大范围的空间。他认为当代瑞典社会的信息结构有两个方向：广播电视倾向于强调国家与国际的一致化，而地方媒体则倾向于加强领土的一体化：

> 电信媒体有一种促进等级和中心重新定向连接的内在倾向，导致人们不再进行面对面的交流。但这些限制并没有完全阻止可能性的发生……对大多人来说，他们居住的地方及地区，不仅仅是一个社交空间，至少在潜意识里是这样。存在也与有形景观息息相关，有形景观是一种基本资源，也是一个需要理解和照顾的实体。在这一领域，广播可以大大提高人们的空间意识。（Hägerstrand，1986：20，25）

其核心观点在于，管理视听空间对于社会认同的构建具有重要影响。哈格斯特兰德主张利用媒体，重新唤醒并强化当地的历史、时间和地理感。在此情况下，他使用了“可能性空间”这个术语。这显然意味着，媒体“国有化”社会空间的“内在倾向”可以被有意识地抵消，而他们强化传统习俗以及基于领土的身份认同的潜力还远未枯竭。值得注意的是，“视听空间”和（社会文化）身份不需要被视为相反的或可替换的术语，可以将两者结合，运用于类似哈格斯特兰德的分析框架中。这也进一步说明，可以用多种方式处理关于“空间”的概念。在马特拉特的宏伟设计中，主要的方式是向外去创造“拉丁人”的区域。因为它还不能被定义，所以仍然是空的、需要被填充的。但在哈格斯特兰德的案例中，他建议向内，由国家空间（曾被认为是理所当然的）转向地区性的、已被熟知的空间。任何对社会空间、媒体和文化认同形式之间关系的进一步思考，都需要考

虑外部和内部的运动,这也就需要关注身份构成的更广泛过程,下 147
文将对此进行讨论。

新修正主义

马特拉特的方法标志着从席勒式方法的倒退:它暗示了一个多元中心的文化生产概念,而不是后者所提供的单一中心。然而,并非所有的中心都是平等的。马特拉特以牺牲过度扩张的盎格鲁—撒克逊人为代价,寻求为相对弱势的“拉丁人”扩张文化空间。然而,我们越来越多地看到另一种完全不同的印象,即从这些全球性的结构主义中彻底后退,面临向主观主义崩塌的另一种危险。几年前,弗雷德·费耶斯(Fred Fejes,1981)指出了媒体帝国主义理论的致命弱点:就文化产品的生产总值(GDP)而言,技术和形式的组织、人员、价值观和教育力量,在文化由北至南流动的过程中产生的可能性,对于那些使用它们的人来说,仍然模糊不清。他呼吁对观众进行研究,以补充和扩大现有理论。

新研究似乎已经产生。大部分新修正主义可以追溯到斯图尔特·霍尔的“马克思主义文化主义”(1977)。1970年代早期,霍尔提出了有关媒体话语的“编码”和“解码”的开创性研究(受符号学影响很大)。1980年,他开辟了一条全新的研究路线,随后大卫·莫利(David Morley,1980)进行了实证研究。莫利关于听众的研究,试图将不同的“解码”与翻译者的社会地位联系起来。他采用了一种积极的、意义建构的受众观,远离了实证效应和“使用与满足”的传统方法。随后,莫利将他的工作扩展到考虑家庭内部的社会关系如何影响家庭电视的使用和解释(1986)。类似的,这种方法后来也被其他学者采纳和修改,比如伊恩·安(Ien Ang)、彼得·达尔格伦(Peter Dahlgren)、伊利胡·卡茨、塔玛尔·利比斯和贾斯汀·刘易斯(Justin Lewis)等(参见 Drummond and Paterson,1985)。

这一修正主义思潮是如何处理文化帝国主义问题的，值得我们停下来讲讲。震惊世界的电视剧《达拉斯》（*Dallas*）是最好的例证——它被频繁提及，且仍具有研究意义。对马特拉特和他的合著者来说，这部电影被视作“完美的仇恨象征、文化贫困……以及与之抗争”（1984：90）。在修正主义的框架内，它被卡茨和利比斯
148 （1985）重新定义。他们通过来自不同民族背景的观众讨论，产生了相应的“民族符号学数据”，强调了不同文化背景下人们反应的差异。他们认为，没有任何信息能被一致地感知，“阅读节目，是屏幕上的故事和观众文化协商的过程”（1985：187）。然而，文化的范围在镜头下缩小了，看上去似乎完全脱离了与任何统治权力的联系。

伊恩·安（1985）也注意到了观众对《达拉斯》反应的复杂性。她根据自愿参与的读者来信样本，提出了其中心论点：人们观看《达拉斯》是为了消遣，而作为“大众文化意识形态”的知识分子却没有认识到这一点。在她看来，“西欧国家文化认同的高尚捍卫者在谴责美国文化帝国主义时，注意力放在了错误的方向”。他们看不到普通人对情节、人物、戏剧性结构的多重参与。在这里，新的修正主义立场，迫使关于文化生产的政治经济论据与文化消费和解释方式分离。尽管我们不应低估文本的娱乐性，但也不应忽略其背后的权力关系。

最近，迈克尔·特雷西（Michael Tracey，1985）主张更定性地研究项目，沿着民族志的思路，以解决文化帝国主义的问题。他认为应当从底部问题向上移动：将受众对“媒体消费的实际体验”视作关键数据（1985：36）。他还建议，这确实是“共同人性”的普遍反应，这类研究应该寻求得出结论（1985：41—43）。显然，这种分析潜藏于我们内心深处本质的诉求，远远超出了莫利更加有理有据的针对品味的微观社会学分析。

新修正主义者强调以何种方式解释文化产品的重要性，这是有道理的。但他们对观众微观政治的强调，可能带有主观主义的倾

向，这应当避免。媒体帝国主义理论家认为，政治上的还原论是公正的批评。然而，他们没有忽视的重要问题是，文化权力如何在全球和国家层面上行使，以及它们之间的相互关系。虽然新修正主义者已经找到了结构主义方法的弱点，但他们微观层面的分析并不能提供好的论点，以检验何种程度上的文化集体构成了他们的身份。 149

需要明确的概念化

前面的讨论已经证明了在当前的文化交流语境中，诸如“文化认同”、“国家认同”以及“跨国认同”等词的中心地位。然而，尽管如此，我们还远不清楚这些术语的实际含义，更重要的是，我们还不清楚上述学者对如何构建这种集体身份的观点是否一致。

在为文化辩护的各种论点背后，中心论点(或许说是普遍的信念更为恰当)为：当过度进口外国文化产品时，会损害甚至摧毁我们的身份认同。新修正主义否认这一观点，并自然地假设我们深知文化消费的种种影响。此外，其补救方法，即消费更多本土文化，或消费更多你认为对你有益的东西，也是基于与前文完全相同的前提。

这背后涉及对文化及其边界是如何构成、复制以及修改的假设，但还尚未被好好讨论。除非明确地将这些进程概念化，否则相关讨论将无法开始，也就不可能产生对集体身份及其与文化过程关系的有用看法。我们必须处理其他更多的文献，才能达到这一目标。在传播学研究中，集体身份往往作为其他概念的补充、剩余而发挥作用。现在，我们需要超越传统的论点：不从沟通及其对集体认同和文化的影响开始，而是首先聚焦于集体认同本身，弄清楚该如何分析它，并思考交际实践的重要性，及其可能在宪法中发挥的作用。

当传播学专家沉默，会有其他人开始发声。下一章将继续研究一些与集体认同问题相关的理论，以及直接与集体认同的形成和复制过程概念化相关的实证研究。

致 谢

第七章和第八章，是我在 1985—1986 年间，在佛罗伦萨欧洲大学学院做让·莫内研究员时的研究与写作成果。如果没有帕迪奥罗的持续鼓励，我可能不会致力于集体身份的问题。我还要感谢鲍勃·杰瑟普、克劳斯·格雷茨曼、马克·卡辛斯诺、马丁·范格尔德伦的评论，其中许多意见仍需要我继续思考。与艾布拉姆·德·斯旺、斯瓦恩·汉内斯、西格里斯特·埃弗拉伊姆、尼
150 拉·尤瓦尔—戴维斯的交谈也让我受益匪浅。

参考文献

Ang, I. (1985) *Watching 'Dallas': Soap Opera and the Melodramatic Imagination*. London and New York: Methuen.

Barker, Sir E., Clark, Sir G. and Vaucher, Prof. P. (eds) (1954) *The European Inheritance*. Vol. III. Oxford: Clarendon Press.

Commission of the European Communities (1984a) *Television without Frontiers: Green Paper on the Establishment of the Common Market for Broadcasting, Especially by Satellite and Cable* (COM, 84, 300 final). Brussels: CEC.

Commission of the European Communities (1984b) *Towards a European Television Policy*. Brussels: CEC.

Commission of the European Communities (1985) *The European Community and Culture*. Brussels: CEC.

Dahlgren, P. (1985) 'The Modes of Reception: For a Hermeneutics of TV News', in Drummond and Paterson (1985). pp. 235–49.

Drummond, P. and Paterson, R. (eds) (1985) *Television in Transition: Papers from the first International Television Studies Conference*. London: BFI.

Fejes, F. (1981) 'Media Imperialism: An Assessment', *Media, Culture and Society*, 3 (3), July: 281–9.

Hägerstrand, T. (1986) 'Decentralization and Radio Broadcasting: On the "Possibility Space" of a Communication Technology', *European Journal of Communication*, 1 (2), June: 7–26.

Hall, S. (1977) 'Culture, the Media and the "Ideological Effect"', in J. Curran, M. Gurevitch and J. Woollacott (eds), *Mass Communication and Society*. London: Edward Arnold. pp. 315–48.

Hall, S. (1980) 'Encoding/Decoding', in S. Hall, D. Hobson and P. Willis (eds), *Culture, Media, Language*. London: Hutchinson. pp. 128–38.

Katz, E. and Liebes, T. (1985) 'Mutual Aid in the Decoding of *Dallas*: Preliminary Notes from a Cross-Cultural Study', in Drummond and Paterson (1985). pp. 187–98.

Lewis, J. (1985) 'Decoding Television News', in Drummond and Paterson (1985). pp. 205–34.

MacBride, S. (1980) *Many Voices: One World*. London: Kogan Page.

Mattelart, A. and Piemme, J.-M. (1982) 'Cultural Industries: The Origin of an Idea', in Unesco (ed.), *Cultural Industries: A Challenge for the Future of Culture*. Paris: Unesco. pp. 51–61.

Mattelart, A., Delcourt, X. and Mattelart, M. (1983) *La Culture contre la Démocratie: L'Audiovisuelle à l'Heure Transnationale*. Paris: La Découverte; English trans. 1984: *International Image Markets: In Search of an Alternative Perspective*. London: Comedia.

Morley, D. (1980) *The 'Nationwide' Audience*. London: BFI.

Morley, D. (1986) *Family Television: Cultural Power and Domestic Leisure*. London: Comedia.

Pragnell, A. (1985) *Television in Europe: Quality and Values in a Time of Change*. Manchester: European Institute for the Media.

Schiller, H.I. (1985) 'Electronic Information Flows: New Basis for Global Domination?', in Drummond and Paterson (1985). pp. 11–20.

Smith, A. (1980) *The Geopolitics of Information*. London: Faber.

Tracey, M. (1985) 'The Poisoned Chalice? International Television and the Idea of Dominance', *Daedalus*, 114 (4): 17–56.

Unesco (1982) World Conference on Cultural Policies, Mexico City, 26 July–2 August 1982, Final Report. Paris: Unesco. 151

第八章

论民族认同(二)：社会学理论中的集体认同

社会科学中的集体认同问题

身份认同问题在主流社会学和政治学中均陆续有过讨论，尽管很难找到将其概念化的共识。我不打算在这里全面回顾这些文献，因为其他学者已经做得很好了(参见 Sciolla, 1983)。可以这么说，大多数文献主要聚焦个人与社会的关系，并延续了不同的早期概念语言对个人“性格”和“个性”形成的关注。

但这不是目前讨论进展的最佳水平。有些人认为，“身份”只适用于个人，而不适用于集体——例如，伯杰(Berger)和卢克曼(Luckmann, 1966)的现象学研究方法就采用了这一立场。反对谈论集体身份认同的主要担忧是，这或许会涉及不可接受的实体化或物化。正如肖拉(Sciolla, 1983：14)所指出的那样，这是一个非常受限的概念，其假定集体身份对于个人来说是完全外部的和强制的。她认为：

> 有这种可能性，即认为集体身份是复杂过程的结果，这是由自主绘制边界和构建符号所构成的，与特定个人的期望和投

> 射相互作用,也可能会产生冲突,在不稳定的平衡中,其结果可能是个体身份的改变(在极限情况下,退出群体)或群体自身身份的改变(在极限情况下,集体身份的瓦解)。

M. 奥里奥尔(Oriol)和 P. 伊格纳特—法斯廷格(Igonet-Fastinger, 1984)在最近对身份问题的反思中也赞同了这一观点。他们还认为,这包含了理论上构成群体的主观维度,以及实际上构成群体成员关系的客观因素。对他们来说,"身份"成了辩证法思维的最佳体现: 身份体现了"我们"与"他们",生活经验与习俗传统,现在与 152
历史的关系,而所有这些关系又立刻唤起了所涉双方的相互作用(1984: 157)。

近年来,集体认同问题一直是族群和社会运动研究中值得关注的问题。正如保罗 · 皮斯托伊(Paolo Pistoi, 1983: 82)和 J. W. 拉皮埃尔(LaPierre, 1984: 197—198)所指,在 1960—1970 年代,种族问题成为许多西方国家重要的政治议题。他们也指出,对民族意识和运动的研究热潮,也导致了对民族认同的关注。

对拉皮埃尔来说,这也使得集体认同成为社会科学研究的新对象和新问题。在莫里斯 · 哈布瓦赫(Maurice Halbwachs)的开创性研究之后,"集体身份"与集体记忆联系在了一起,当代群体通过共同的过去、回忆、仪式、解释和重新解释来认识自己(1984: 196)。拉皮埃尔区分了集体身份认同中的防御和反攻时刻。他认为,有一个悖论是,当群体变得不同时,他们仍然坚持认为他们一直是一样的。他还指出了个人以及集体记忆中的选择性,以及知识分子在"历史的选择性解释"(1984: 203—204)中扮演的重要角色。

皮斯托伊强调了巴斯(Barth, 1969)观点的重要性,即种族认同的内容不能被静态设想,相反:

> 族裔范畴是社会组织的一种形式,是一种组织载体,在不

> 同时间和不同社会文化系统中可能具有不同的内容……因此，定义族群的关键因素应该是社会边界，而非这些边界内的文化现实。（Pistoi，1983：83）

这一有用的构想，即族裔群体在不同时期选取不同的标准来重新划分边界的能力，显然是一种动态的身份观。我们将看到，其他国家正以各种类似的方式处理这一问题。

集体认同的逻辑

在本节中，我希望论证“民族认同”最好被理解为集体认同的特定形式。我将回顾一系列相关文献，特别是民族主义领域的著作。直接相关的文献并不多，这本身就很值得注意。因为这表明，近来人们对什么是集体认同以及它是如何构成的等一般社会学问题的直接思考还不多。

然而，阿尔贝托·梅鲁奇（Alberto Melucci，1982）最近的研究可
153 被视作关于这一问题最有趣且持久的尝试之一，我将以此为出发点。

梅鲁奇的作品主要关注对1960—1970年代尤为盛行的社会运动的解释。他认为（与其他作家如都兰和皮佐诺一脉相承；参见Sciolla，1983），社会冲突可以被解读为身份的斗争。在批判查尔斯·迪力、曼瑟尔·奥尔森等重要作家对集体行为所做的解释的文本中，他提出了一种关于如何讨论集体认同的进路。

根据梅鲁奇的观点，随着西方社会的进一步发展，在以阶级为基础的工业资本主义模式下，对于解释各种群体的形成和活动来说，身份的概念越发重要。“身份”被概念化为“随着时间的推移，主体或客体恒久不变的概念”。梅鲁奇还指出，统一的概念确立了主体或客体的界限，并使它与其他事物区分开来。最后，他认为身份认同涉及“两个可能被认为相同的元素之间的关系”（Melucci，1982：62）。

这种正式的定义可适用于个人和集体的身份形式,前两个尤其令人联想到心灵哲学中关于个人身份的长期讨论。对梅鲁奇来说,第三个定义更为重要,他希望强调,所有身份都是在社会关系体系中构成的,需要彼此的相互承认。他认为,身份不应被视为"事物",而应被视为一种"关系和表征的系统"。此外,他提出,个人层面和集体层面间的区别,对身份认同本身的概念没有任何影响;相反,其"改变的是行动者所指向的关系系统,以及他由此而来的认识"(1982:68)。

身份概念还与行动相联系。梅鲁奇强调,行动者必须有自我反省的能力、归属感和时间连续性。个体身份的维持被视作持续的重组过程,而非给定的过程。在此过程中不断锁定的两个构成维度是自我认同和对差异的确认。当代社会的"认同危机"被定义为"在时间和空间上维持给定结构的不可能"(1982:72)。在此背景下,社会运动其实是走向自我的,因为它们"为个人提供了肯定自己作为行动者的集体可能性,并在自我认知和他者认知之间找到平衡"(1982:72)。

基于以上这些基本考虑,梅鲁奇的大部分观点都被他所认为的后资本主义的"新敌对运动"所采纳。这与当下所关注的问题无关,但我想稍微谈几点。

首先,梅鲁奇主要关注比民族次一级的集体身份构建,并理所应当地将民族视作研究的背景。但我认为这存在严重的错误,因为 154
它倾向于将"民族身份"排除在问题之外,而仅仅关注所谓社会内部。我建议将其研究延展到民族一级的维度。

其次,由于该方法反对阶级还原论,以及历史主体被分配了明确角色的观点,梅鲁奇提出了这样的疑问:为什么特定的社会演员会在特定的时刻出现在社会舞台上?换句话说:身份或许可以看作集体行为的一种动态涌现。

最后,身份的象征性被相当多地强调:

> 我们可以将身份定义为一种自反能力，它能产生超越任何特定内容的行为意识（即行为意识的符号表征）。身份变成了形式的自反性（reflexivity），纯粹的象征能力，及在任何特定的时刻、环境和生物结构的限制内，均能形成一种对行为的认同。

这种对文化层面的关注具有一定的价值，尽管没有给出关于这种自反性如何实现的答案，或者集体（“知识分子们”）中的特定人员是否发挥着特别重要的作用。

正如我们所见，身份认同的基本方法，强调积极能动的意义建构；此外，无论涉及何种层次的群体，身份的相关分析应当保持一致。梅鲁奇由此得出了有待商榷的结论。他认为，当代后工业社会的特点如下：

> 身份不再是自然所赋予的，也不再以个人认同的简单的传统内容表现出来。它不再仅仅基于“规范的监管机构”（国家、政党、组织）。个人和团体通过行动，参与其身份的形成，也就是说，身份是决策和行动的产物，而非制约和关系的结果。（1982：89）

实际上，这表明当代社会运动的激进主义需要一种高度限定的集体身份概念，一种只适用于他们自身的概念。相比之下，赋予对象恒久的身份是不可能的。这无疑是一个错误的对比，在梅鲁奇的论证假设之下，社会运动的身份认同应当单独分析。但倘若其论证具备系统性的说服力（我相信确实如此），那就应该运用一致的分析方法。这一点将在稍后讨论“传统的发明”方式时加以讨论。我只想说，他提到的传统只是表面的，即，作为一个“传统的”，而非一个持续变化的对象。此外，将静态身份归为“民族”也不必要地限制了其处理民族身份问题的能力。这一反常的失败可以从他关于“种族”

的进路中清楚地看到。从已建立的民族国家内出现新团结形式的 155
角度来看,这种情况占绝大多数。核心问题是思考为什么次民族群体被重新“发现”并利用民族身份作为一种政治经济资源。但这恰恰忽略了一个非常有趣和重要的问题,即应当如何分析更广泛的、民族国家层面的集体认同。在任何合理的层面上,均不能将其排除在集体身份认同的行动主义逻辑之外。

作为沟通交流之社区的民族国家

目前,关于民族特征的可行研究方向是,重点关注交流(指最广泛意义上的交流)在特定群体内发挥的综合原则意义。在针对民族主义的叙述中,许多杰出的学者都沿用了此种研究方法。然而,它具有与当前传播学研究路径相反的盲目性:在那里,民族国家的概念化程度较低,而在民族主义文献中,大众传播媒介的概念化程度也较低。我们需要走出这双重僵局。在很大程度上,国家并不是以“集体认同”来概念化的;然而,在某些情况下,这个主题是明确的。例如,在最近这一流派的作品中,W. J. M. 麦肯齐(Mackenzie,1978)就开始质疑政治学中的“集体政治认同”概念。他认为,这个词最初是通过卢西恩·派伊关于政治发展的著作而普及的。麦肯齐指出,派伊是从关注个体心理发展水平的爱利克·埃里克森(Erik Erikson)的著作中提取了“身份危机”的概念:“身份仍然是……个体可以通过集体找到的身份,而不是派伊所说的,集体可以像人一样有身份认同和身份危机。”(Mackenzie,1978:39)。派伊认为,新兴国家正在通过“个体”假设以寻求建立他们的集体身份认同。但麦肯齐认为,建立在个体基础上的集体身份类比是不恰当的。

在麦肯齐看来,政治认同的问题无法通过传统的政治科学得到充分解决。与其假设身份认同的存在,不如考虑在什么条件下可能实现共同目的(1978:109)。集体认同的概念只有在广义的语言交流下才能被接受：

> 交流的共同体，尽管它所指模糊，但在定义上比基于物理空间的利益共同体或邻近群体更加清晰。现代社会中的民族、种群、宗教、阶级等传统概念……每一个都可以被最有效地概
> 156 括为交流，或参与，的象征性满足。(1978：165)

基于这种分析，麦肯齐重申了概念化集体(这里指的是政治)身份的条件。“集体身份”及其构成，应当被看作独立的问题，而非国家等政治单位存在的先决条件。在一定程度上，这与梅鲁奇对群体行为的分析一致。

麦肯齐意识到了需要解决交流群体的自然边界问题，并认为原则上这可以通过整理“交流”的含义来解决。“通过信件、电话建立人际联系，通过特殊媒介建立专家之间的联系，通过大众媒体有选择地建立社区联系，均可以被列入社会交往的范畴。”(1978：132)

麦肯齐认为，在此种网络中交流的人占据着共同的“社交空间”，而共享社交空间的人将拥有同样的身份认同。按照他的说法，“民族认同”只是19世纪遗留下来的四种主要“文化身份”类型之一(其他为种族、宗教和阶级)。

这种论证建立在群体认同边界的终极不确定性上。若要将其有效应用于解释当今的西欧，交流(或者说文化)就必须在制度上明确其地点。因为民族国家本身就带有标识和保持边界的作用。这就给不确定性问题带来了经验上的限制。该论证在强调如何将集体认同概念化的同时，也使得它在某种程度上不可能被实际用于分析。我们将在下面讨论吉登斯的著作时重新讨论这一点。

麦肯齐对“社会交流”的引用来自卡尔·多伊奇(Karl Deutsch)关于民族主义的著作，该书融合了文化人类学和传播学理论。多伊奇的中心论点是：“民族团结的本质……是规模更大的个体间交流

的互补性或相对效率——在某种程度上类似于相互认同。”（1966: 188）因此，民族国家往往被视作文化实体，其一致性原则基于互补性和相对效率。多伊奇认为，交流过程是社会、文化，甚至是个人个性一致性的基础（1966: 87）。事实上，国籍正是根据这样的原则定义的：“一个国家民族的成员身份，在于社会交流的广泛互补性，在于能够与集体中的其他成员，而非局外人，进行更有效、更广泛的交流。”（1966: 97） 157

通常我们对一个人的定义包括语言、性格、记忆或者其过去的历史，而对集体则完全相反（Deutsch，1966: 79）。交流的互补性和效率是社会黏合剂。然而，这些原则被证明是难以捉摸的，因为它们没有提供界限标准，而这恰恰是麦肯齐的劣势。因此，互补性的概念“可能会被扩展到在一系列不同的社会安排中，个体的实际或可能的交流效率”（1966: 110）。换句话说，对于一个村庄或一个国家来说，它是足够不确定的。唯一的限制条件是，在互补性较高的情况下，“人们被交流障碍和交流效率上的‘显著差距’区分开来。这样的差距是相对的”（1966: 100）。但这回避了一个问题：有多少相对性呢？事实上，互补性和效率在原则上是没有限制的，因此，在适当的条件下，很可能会实现所谓“地球村”：一个伟大的民族；一种广泛传播的语言；以及巴别塔的终结。在这一点上，社会传播理论对民族性的解释就有些站不住脚了。

多伊奇更进一步的功能主义概念，虽然包含了国家、民族间的差异，但并没有处理交流群体（国家）之间的互动。它并没有具体说明边界是如何保持的：相反，它只是把某一特定的民族定义为具有互补性的民族，因此，也就构成一个国家。然而，这种方法的主要优点之一是，它没有成为国家本质主义观念的牺牲品。此外，尽管我们需要在一个制度框架中更加谨慎地定位国家界限内的交际能力，但重要的是不要忽视社会交际在国家身份建构中的作用。问题是如何定位它，以及在什么分析框架中，它在更广泛的集体身份形成过程背景下的意义可以得到评估。

文化的政治屋顶

另一具有影响力的理论认为民族性的文化维度至关重要，这一理论可以在厄内斯特·盖尔纳（Ernest Gellner）的著作中找到。该理论首先是在《思想与变革》（1964）中被提出的，随后又在《国家与民族主义》（1983）中得到了完善。盖尔纳的主要目的是解释民族主义的起源。广义地说，他认为民族国家的形成，是工业化要求下的中央集权进程的必然结果，并伴随着复杂的劳动分工。有人认为，工业生产形式的影响导致了早期（农业）社会组织形式的重组。新兴社会关系建立的核心需求是“通用性训练”：拥有从事任何工
158 作的能力。这就需要通用且标准化的教育体系，使用标准化的语言媒介。盖尔纳认为，这一过程必然会导致“政治与文化关系的深度调整”，即“民族主义”。这种新形式需要“将人类群体组织成大型的、接受集体教育的、文化上同质的群体”（1983：35），其结果是“现代人忠于的不是君主、土地或信仰，而是一种文化。从这一点来看，国家和文化必须联系在一起”（1983：36）。

盖尔纳提到的国民教育模式非常值得注意。它的基本假设是，制度的集中化、均质化趋势是工业化和劳动分工的产物。由于创建国家教育体系文化一致性方面的冲突，需要对这一说法做出更细致的描述。正如艾布拉姆·德·斯旺（1985）所指出的，这种转变往往受到“中层精英”（尤其是贵族和神职人员）的抵制，他们憎恨自己在地方的特权地位被削弱。然而，这并不是对这种论点的根本性反对，因为盖尔纳和德·斯旺都同意，国民教育构成了“为实现国家交流系统而打破地方交际网络的重要尝试”（de Swaan，1985：125）。

盖尔纳的方法究竟该如何解释，确实是有争议的。安东尼·吉登斯（1985：214）将其与多伊奇式交流理论相结合，在我看来，该理

论似乎忽略了对工业化的强调。安东尼·史密斯(1973：72)将盖尔纳的语言理论归为民族主义的语言理论，认为“语言是一切文化的决定性因素，最清楚地表达着群体的集体个性”。由此可见，民族主义主要是一种语言运动，语言的差异在一定条件下会产生冲突，导致民族分裂。然而，史密斯(1973：74)自己也承认，这一立场最好被理解为一种关于工业社会中的社会纽带的文化理论；或者，用我的话说，作为民族认同的文化理论，文化的性质是工业发展的前提条件。

对盖尔纳来说，“文化”一词的应用是“人类学意义上的，而非通常意义上的”，意指“某一特定社区的独特行为和交流风格”(1983：92)。其基本假设是，当代社会的形式是民族国家，它也是自己高级文化的“政治屋顶”(合法者和捍卫者)——这意味着特定语言中的读写能力，是由国家教育系统维持的。对于该民族国家的居民来说，他们概念世界的边界，在很大程度上受到民族文化的限制，在某种意义上这一理解比语言还要广泛： 159

> 文化不再仅仅是装饰品，不再仅仅是确认书，不再是由严厉且强制性的约束维持的合法社会秩序；现在的文化是必要的共享媒介，或者更确切地说，文化是最低限度的共享氛围，社会成员只有在其中才能呼吸、生存和生产。对于一个特定的社会，它必须是所有人都能呼吸、说话和生产的地方；所以一定是相同的文化。此外，它现在必须是一种伟大的或高水平的(有持续训练的)文化，而不能再是一种多样化的、受地域限制的低水平文化或传统。(1983：37—38)

让我们接受这一似乎合理的论点，即世界正趋向于民族集权主义的单一文化，而“文化的界限”现在已成为“民族政治边界”。在这一表述中，特别提出的是“文化”实际上相当于官方版本的民族文化。一个重要的观点被忽略了，即，把文化视作争论场；换句话说，质疑民族文化，质疑“民族文化”得以维系的策略和机制，以及它在确保社会中特定群体统治地位方面的作用。

盖尔纳提出的第二个观点认为，文化是一种社会产物。考虑到该理论对通过工业化从“农业文化”政体过渡到民族国家的兴趣，其趋势是将民族文化的实现视为一次性任务。一旦融合和民族语言普及教育实现，文化边界的持续再现似乎是稳定的。

然而，在这里我想指出赋予身份的文化的最初产物与它们在时间上的持久性问题之间的区别。对盖尔纳来说，国民教育系统是实现自动再生产的关键机构，它是职员的生产者和文化的传播者。然而，这种观点倾向于淡化工业文化内部分化的新源头的重要性，以及可能与官方、民族文化相反的各种集体身份的新创造。民族文化是一个不可回避的参照点，这一点毋庸置疑，但它并不能解决集体认同的所有问题。它所做的是为不同版本的国家身份划分界限。

当盖尔纳谈到文化认可的社会差异问题时，他认识到他所提出
的“一个民族，一种文化”模式所面临的困难。并不是所有的社会都
有可能实现一个普遍适用的目标。一些失败的区别，他称之为“熵
抵抗”：如果一个分类是基于一个属性的，而这个属性有一个明显
的趋势，即自工业社会建立以来，随着时间的推移，不会均匀地分散
在整个社会，那么它就是熵抵抗（1983：65）。这样的抗熵特性（盖尔
纳聚焦于一个假设的“蓝色”少数群体上）对如何根据这个理论在
160 给定的民族国家建立集体认同有相当大的影响。如果“蓝色”以一
种深刻的反熵的方式运作，那意味着国家的一部分常住人口将被大
多数人排除在公认的社会成员之外，这使得意识形态边界管理的内
部过程成为一个值得关注的问题。

在一篇文章中，盖尔纳明确地指出了大众传播的作用。（有人可能会认为，在一个如此强调文化和交流的理论中，他对这个话题不够重视。）他正确地反对了以下观点，即没有大众媒体，民族主义思想就不会传播。这种观点显然是愚蠢的，类似于没有暴力报道就

不会有暴乱、恐怖主义或战争的假设。然而，更值得怀疑的是他对媒体在当今任何特定民族文化中的作用的描述：

> 媒体不会传播之前已经灌输给大众的思想。媒体给他们灌输什么并不重要：重要的是媒体本身，是普遍、抽象、集中、一对多的传播，媒体自动产生了民族主义的核心理念，而不管具体的信息传播中包含了什么特别的内容。最重要和最持久的信息是由媒体本身产生的，由这些媒体在现代生活中所扮演的角色产生的。核心信息在于传播的语言和风格很重要，而实际传达的内容无关紧要。(1983：127)

与麦克卢汉(McLuhan)的观点相呼应，盖尔纳认为媒体就是信息。然后他稍微调整了该观点，加入了语言和风格的问题，以及这些因素如何拉近观众，使其理解自己是道德共同体的成员。该论点的要义，与本尼迪克特·安德森(Benedict Anderson)将国家视为“一个想象的共同体”的概念趋同，这将在稍后讨论。然而，“语言和风格”并不像盖尔纳希望我们设想的那样能轻易地从传播的内容中分离出来。

让我们继续讨论这个论点，直到得出合乎逻辑的结论。试想一下，一家全国广播公司50%的节目都是从国外进口的，包括美国肥皂剧、英国古装剧和有意义的旅行纪录片、巴西电视剧和日本动画片。当然，所有节目都被精心地译制成了本国语言(正如许多被放映的电影一样，当然主要是美国电影)。但即便如此，杰出的学者和慷慨激昂的政治家仍然担心文化帝国主义，并对保卫民族文化的行为大加挞伐。其余50%节目的编排风格和结构受到进口节目的强烈影响，但都由国内制作。民族独创性的最后阵地是全国晚间新闻，它致力于以普遍接受的民族中心主义方式，报道国家政治人物的所作所为。

161 难道这种传播的内容真的与受众无关吗？这种观点将会让盖尔纳比之前传播学研究中的新修正主义更加极端。但他实际上提出了不同的观点：媒体作为一种隐性范畴系统的功能（在很大程度上与许多人认为正规教育的重要性在于其“隐藏课程”的观点相同）。他认为，对国家媒体文化的认同不可避免。然而，我的疑问在于：为什么在某种程度上，我们会把这种媒体文化称为民族文化？假设我们把进口节目额度增加到90%（因为它们便宜又吸引人），而国家政府的私有化经济措施迫使全国晚间新闻基本成为国际通讯社的中继站。

那么，这种认为只有媒体重要，而信息本身不重要的立场还能持续下去吗？大概不行。盖尔纳的模型，虽然正确地论证了国家媒体的存在对划分界限的重要性，但仍然对这样一种可能性不敏感，即这些划分并不是不可逆转地一步设置到位的，而是可能受到资本主义文化生产的国际化趋势的支配。（这正是隐藏在文化帝国主义辩论背后的担忧，尽管我们知道，需要关注的是这些问题如何被建构。）因为盖尔纳坚持自己的理论，所以媒体不能成为信息；相反，媒体在提供民族内容和风格的同时，还必须在相当程度上维持传播边界。但是，在国家文化和身份的再生产中，大众传播的作用仍然是开放的。

想象的共同体

在盖尔纳的理论中，“民族认同”是民族国家的副产品，而民族国家本身又是“工业化”所推动的全球化的结果。因此，这一理论没有包含对集体认同的积极建构的解释就不足为奇了：事实上，明确的论点是，尽管民族主义学者在某些方面被错误地认为发明和传播了民族主义，但实际上是历史（以工业化的形式）在他们背后发挥作用，真正地改变着世界。我认为这夸大了一个重要的观点。

本尼迪克特·安德森最近的著作(1983)更直接地指出了关于民族身份的问题,尽管实际上他并没有使用这些术语:

> 本着人类的精神……我对民族的界定如下:民族是一个想象的政治共同体——并且被想象为本质上有限的,同时也享有主权的共同体。民族是想象的,因为即使是最小的民族的成员,也永远不会认识他们的大多数同胞,不会见过他们,甚至听说过他们,然而在每个人的脑海中都有他们传播的信息……这个民族被想象为有限的,因为即使是最大的民族(可能包含大 162
> 约十亿的生物)也是有限的,即使是有弹性的疆界,那之外还有其他民族……人们之所以把它想象成主权国家,是因为这个概念诞生于启蒙运动和宗教革命时期,一个正在摧毁神圣有序、等级森严的王国合法性的时代……最后,它被想象成一个共同体,因为,忽略每个民族可能普遍存在的实际的不平等和剥削,这个民族才能始终被视为一种横向的深厚情谊。(1983: 15,16)

这些明确的定义无疑试图用最广泛的笔触传达一种从内向外的民族感。因此,民族认同的构成是非常核心的问题。安德森(1983: 15)有意识地将他与盖尔纳的立场区分开,他形容盖尔纳急于展示欺骗之下的民族主义伪装,以至于将“发明”与“捏造”和“虚伪”混为一谈,而非将“发明”与“想象”和“创造”联系起来。在我看来,这正是导致两人意见不一的基础。但这微不足道,因为“发明”的概念没有应有之义,正如我们所见,这也并不代表盖尔纳的立场。

更重要的也许是每种理论赋予语言的角色。在盖尔纳的模型中,通过教育系统传播的民族语言是国家统一的核心。于安德森而言,对非欧洲国家建国之路的广泛思考增加了复杂的因素。他指出,前殖民地的行政边界变成了国界。在许多情况下,民族语言不是问题,也不是需要努力实现的目标,因为它已经是殖民地历史的一部分。他对拉丁美洲民族国家形成的分析就是一个典型例子。

盖尔纳主要关注的是从农业社会向工业社会的转变,而安德森的文章则追溯了几种通向“想象的共同体”的独特路径。在后者关于欧洲的论述中,他提出,“从积极的意义上说,使人们能够想象到新共同体的,是生产体系和生产关系(资本主义)、通信技术(印刷)和人类语言多样性消亡之间半偶然却具有决定意义的相互作用”(1983：46)。教育的国家建设作用,并没有被赋予像盖尔纳理论那样的中心地位。相反,安德森的中心论点认为是印刷语言,而不是特定的语言本身,创造了民族主义(1983：122)。因此,他强调的是,在特定适当的物质条件下,在构建想象共同体的过程中,各种交流手段均具有重要性。

安德森认为,欧洲的“印刷资本主义”将当地的东西标准化,并通过市场传播。这为民族意识的产生提供了条件。继瓦尔特·本雅明(Walter Benjamin)和吕西安·费弗尔(Lucien Febvre)之后,
163 安德森认为机械复制的印刷语言统一了语言实践领域,固化了民族语言,并创造了新的、有力量的语言来取代神圣的普适性语言。

安德森把“民族主义小说”(其情节发生于认知中的公共空间)与报纸及“日历意识”作为想象共同体的原则。小说和报纸是民族意识形成的主要载体。在前民族国家的情境下,通过协调时间、空间,在其正式形成之前提出一个想象的民族共同体。报纸作为一种即时书籍,“意味着将世界事件折射到方言读者的特定世界中,因此小说和报纸对于形成一种稳固且与时俱进的时间观念有重要影响”(1983：63)。

安德森的理论为当下的媒体理论提供了思路。值得注意的是,他类比了民族理论与交流方式,即民族边界不可避免地暗示着交流方式的分类。这与盖尔纳的观点一致。也与前文提到的一个基本假设有关,即不管真正的分裂如何,“民族始终被视为一种横向的深

厚情谊”。

另一点是关于时间性的问题。对于安德森来说,现代的时间概念涉及与弥赛亚的神圣时间的分离,取而代之的是(用瓦尔特·本雅明的话说)用时钟和日历来衡量的“同质、空洞的时间”。在这里,他提出,“社会学有机体在同质、空洞的时间中移动的概念,是国家概念的精确类比”(1983: 31)。

在某些方面,安德森的理论是社会传播方法的一种变体,尽管通过对交流者“想象的共同体”进行限制让他的理论遭到了重大反对,即将其放在民族国家的社会空间内,而不是试图以效率和互补性等普遍而空洞的标准来界定民族。鉴于公认的印刷传播的重要性,安德森考虑到古腾堡之后的媒体技术,并尝试研究它们对民族意识的影响,奇怪的是他没有继续推进这一论点,第七章的讨论主要是关注一个视听语言的实例及其易跨国界的影响。

这又引出了另一相当明显的问题(尽管许多高文化的社会学家容易忽略这一点)。报纸被挑出来,是因为它能够将“想象的共同体”嵌入当下。但广播和后来的电视有着更为长久的影响。然而,安德森只是顺便提了一下广播和电视,他指出“多语言的广播可以
使文盲和母语不同的人产生想象的共同体”(1983: 123)。其他人 164
可能会认为,例如根据加拿大的经验,在某些情况下,同一国家范围内竞争性的多语种广播可能会加剧分裂,而非巩固对压倒一切的国家实体的认同(参见 Desaulniers, 1985; Raboy, 1985)。安德森的一般方法在原则上对这些界限有用。然而,需要更多地注意对各种媒体的具体分析;其次,在集体表述中充斥着过度的天主教隐喻,需要以一种耳目一新的措施来弥补,以定位分裂社会的来源,以及构成民族形象领域争论的所在。

换句话说,安德森关于交流共同体的观点值得怀疑。特定国家形象的界限是一回事,而这些界限内的同质性又是另一回事。用这里已经提出的术语来说,最好能看到的是不断重构的过程,而非已

经完成的结果。加文·基钦（Kitching，1985）认为，与盖尔纳的方法相比，安德森的理论更好地解释了民族主义。也许是这样。但安德森明显回避了社会分配的问题。事实上，我认为两者存在着相似的缺点，即在两者的分析中，关于民族称呼方式最初如何构成（前者认为通过教育，后者认为通过资本主义）的观点，都与民族文化如何持续重新发展，以及民族认同如何长期维护的问题混为一谈。

时空和民族国家

最近，安东尼·吉登斯在其著作《当代历史唯物主义批判》的前两卷中阐述了他对民族国家和民族主义的看法。吉登斯相当重视时间和空间概念在社会理论中的作用。相较本尼迪克特·安德森，他的论证更加充分。吉登斯的总体立场影响了他的观点。我想强调的是，他并没有根据其概念框架，将民族认同理论化，也没有做出民族认同与民族主义间的重要区分。

首先，让我概述一下吉登斯关于"时空关系"的一般假设。他认为，这些特征应被描述为社会系统的构成特征，它们深刻影响着最稳定的社会生活形式，也深刻影响着那些受到最极端或最激进的变化模式影响的社会生活形式（1981：30）。他的方法基于时间和空间的关系概念：

165 存在即可用的概念，将社会系统在时空构造中的记忆（存储）和空间分布联系起来。所有的集体都界定了运行区域：与构成这些群体的社会系统的"典型互动"有关的物理环境……集体区域与社会系统的结构成分有着整体的联系，因为互动的共同意识是维持集体之间有意义的交流的重要因素。（1981：39）

这种对时间和空间在特定社会系统中的角色的高度抽象描述，

使吉登斯能够谈论各种多样性的场所：一个“场所”是由时间和空间的相互作用构成的，显然，在这样的抽象表述中，“民族国家”也有其附属“地区”。吉登斯继续用同样抽象的术语来描述“社会”或“社会全体”。在这一点上他注意到四个独立的特征：与“社会空间”或“占领领土”相关的社会系统；对被占领的社会空间的一系列合法特权；参与者的制度性聚集实践(他说这一点特别重要)；最后

> 是一种总体意识，无论是话语上还是实践上，都意识到自己属于一个具有某种身份的“包容性”共同体。首先，需要对“包容性”一词加以强调。社会认同往往是与他人联系的外部限制：它可能比其他更受限制的群体联系更广泛，尽管不一定是更强烈的联系。其次。必须再次避免共识的必要假设：意识到一个集体具有某种特性，并且一个人是该集体的成员，并不等同于对其标准的认可。(1981：45—46)

这里，又一次高度概括了如何构想一个社会身份认同。原则上它是使用了“空间”隐喻的空洞术语，并允许不同的纳入和排除标准。身份认同的意识可能是散漫的(本能的)或真实的(涉及日常生活)。然而，吉登斯并没有说明这些转变是如何发生的，也没有说明它们对身份的表达意味着什么。在这一阐述上(与梅鲁奇不同)，集体身份与情感的概念联系在一起，而这种情感概念最终以无法预知的方式变化着。这暴露了情感动员问题，尽管吉登斯并没有以这种方式表述。最后，一个有益的区分存在于以下两者之间：一方面是形成集体身份的意识，另一方面是达成集体行动的共识。

吉登斯是一个杰出的概念定义者，因此这些冗长的初步论述是必要的准备工作。有关民族国家的具体观点，例证了他所采用的更广泛的抽象方案。吉登斯的出发点是“民族国家的出现与资本主义

的扩张密不可分”（1985：12），它与专制国家不同，它是过去两个世纪典型的现代现象。在他的两篇文章中，他还区分了“民族国家”、
166 “民族”和“民族主义”：

> “民族”之所以成为“民族国家”的必要组成部分……并不是因为民族主义情绪的存在（不管这种情绪有多强烈），而是因为一个权力超出了精确界定的领土范围的行政机构的统一。相比之下，“民族主义”可以被理解为象征或信仰，这种象征或信仰赋予某一特定区域、族裔或语言范畴的成员一种社群经验——其可能与民族国家的划分并不一致。（1981：13；也参见1985：116）

民族国家的空间界限决定了民族形态。民族主义被视为一种文化和心理现象。民族情感被认为是“从日常生活的无常中得到满足，在此种生活中，格尔茨所说的、植根于传统社会再生产的原始情感已经彻底瓦解”（1981：13）。吉登斯还指出，对领导能力的集体认同具有重要意义，这是一种模棱两可的，能够在友善和好斗之间切换的能力（参见1985：215，218）。

身份认同的主题（虽然从来没有明确地被称为民族认同，但实际上通常被当作民族主义的身份特征处理）在书中占据了更大的篇幅。与“先前存在的群体认同形态相比，民族主义是现代的，在很大程度上依赖于以印刷品为基础的国家公共领域的形成，这也允许了历史以某种形式或其他形式被创造”（1985：212）。吉登斯认为，一个令人满意的框架，需要考虑到民族国家的政治特征、与阶级统治相关的意识形态特征、心理动力和象征性内容。这与吉登斯的整体方法一致，该方法强调思想生产作为社会再生产的组成要素的作用，他应该会认为民族主义学者赫尔德十分重要（1985：216）。民族主义信仰的内容具有以下特征：

> 民族主义是主权国家对文化差异的敏感性,是有界民族国家内部行政权力协调的伴生物。随着民族国家的到来,国家实现了前所未有的行政和领土秩序的统一。然而,这种统一不能保持纯粹的行政性质,因为所涉活动的协调本身就假定了文化同质化的因素。作为知识广博的公民,如果没有整个社区的概念参与,交流的延伸就不可能发生。在某种程度上,民族国家是一个概念共同体,而传统国家并非如此。(1985:219)

这篇文章用一个明确的"民族主义"内容填补了之前引用的关于"社会身份"的讨论。民族共同体的"文化敏感性"在行政上受到主权国家的制约。这样的文化或"概念"成分被视为不可避免的"想象的共同体"形式(本尼迪克特·安德森创造的这个短语真的非常形象):"民族主义符号作为主权的'道德成分',是政治话语的核心, 167
很大程度上塑造了民族团结和民族对立的表述。"(1985:221)按这种解释,在参与者不断变化的世界,既定的政治边界至少通过提供一个不可简化的参照点临时解决了民族认同问题。

这种说法的奇怪之处在于,吉登斯没有明确区分民族主义和民族认同,而是将两者混为一谈。我想说明它们之间是有区别的。有人可能会同意,民族主义是一种特殊的主义,但是这个术语(至少在某种程度上)往往带有为追求集体利益而动员共同体的意义。民族认同可以作为参照点,但不一定是民族主义的。毫无疑问,在某些历史时期,民族认同的建构可能是民族主义纲领的一部分,因此需要大量的相关思考。然而,一旦达到民族国家的政治界限,民族认同可能就会形成,且不一定与民族主义完全相同。奇怪的是,吉登斯并没有认识到他所谓民族主义的"文化敏感性"在这些类似的术语中的潜在变异性。因为这完全符合他所描述的关于领导能力之认同的矛盾。此外,正如前面所指出的那样,情感动员也是他的问题之一,至少是隐藏的问题。然而,"民族主义"的专有范畴过于庞大，无法公正地对待民族国家界限内集体感情的变化范围，而且，至少在当代的语境中，“民族认同”作为一个分析术语具有潜在效用。

发明派

我们需要直接明确关注的是不断定义和重新定义“民族认同”的过程。不足为奇的是，历史学家，在某种程度上也包括人类学家，在这方面进行了许多最具启发性的工作。在这里，我想思考一些例子，并检验它们的影响。切入这一问题的方法，主要是利用有意识地操纵身份筹码的相关证据，来反驳厄内斯特·盖尔纳的以下论点：

> 民族主义有时会吞噬先前存在的文化，把它们变成国家，有时又创造出国家，然后消灭先前存在的文化：无论好坏，这就是现实。那些历史的参与者不知道他们在做什么，但那是另一回事。（1983：48—49）

168 这一立场用来攻击本质主义再恰当不过了。但是，最后肯定有些夸大其词。在构建（用盖尔纳的话说就是创造）新的民族身份和操纵现有民族身份上，有充分的证据表明历史上的那些名人完全知道他们在做什么。他们可能没有发明民族主义，但这与创造关于民族身份的话语是不同的。盖尔纳对埃里·凯杜里（Elie Kedourie，1960）提出的关于民族主义起源的知识分子理论的攻击太过火了，需要加以修正。

最近，埃里克·霍布斯鲍姆和特伦斯·兰格（Terence Ranger）等合著者在《传统的发明》（1983）一书中提出了一条解决该问题的有效途径。这本经验性历史论文集源于对一个事实的洞察：“尽管传统可能确实具有悠久的历史，但它们也可能在某个短暂且可追溯的时期内……以极快的速度被创造出来。”（1983：1）值得一提的是，马克思主义历史学家霍布斯鲍姆与保守派社会学家爱德华·希尔斯（Edward Shils）持同样观点，后者于几年前曾指出了同样的现象（尽管他没有对其进行实证细节的探讨）。希尔斯观察到，传统信仰不仅仅是“代代相传”或“对给定事物的被动接受”：“而是存在一种更积极的、主动寻求的关系，其至少在一定程度上激发了关于传统的建议和接受，且将以更独立的形式出现。传统有时是人们主动追求的……‘文艺复兴’就是典型的例子。”（Shils，1975：192—193）

最重要的是霍布斯鲍姆的假设，他指出工业革命后“发明的传统”源于

> 对某个社区或机构代表的认同感，并使其作为某个民族的表达或象征……大多数情况下，人们的公民意识仍与符号和半仪式性实践（例如选举）有关，其中有许多历史上比较新近的符号和仪式活动都是被发明出来的：旗帜、图像、典礼和音乐。（Hobsbawm and Ranger，1983：11—12）

霍布斯鲍姆还注意到历史书写可能有助于“创造、分解和重组过去的形象，这些形象不仅属于专家调查研究的范畴，也属于作为政治存在的人类的公共领域”（1983：13）。历史编纂学不仅从更广泛的传播和集体消费角度解释了民族性，它还是诸多阐述和维持身份概念的文化实践形式之一：

> 发明的元素在这里特别明显，因为已然成为知识基金一部分的历史，或者民族国家的意识形态或者运动，不是实际上已经保存在大众记忆中的东西，而是那些被其功能所选择、书写、描绘、普及和制度化的东西。（1983：13） 169

这显然地提出了知识分子在想象的民族共同体中的特殊作用，

吉登斯和安德森都认为这十分重要。同样重要的是，要认识到“大众记忆”和编纂成文的官方传统之间的区别，因为这对研究相关的文化过程有重大影响。它关乎民族认同的其他不同解释，以及不同群体产生这些认同的动机、策略和实践。正如大卫·格罗斯（David Gross）所认识到的，现代民族国家是一个卓越的机构组织，其决定着我们对过去的描述，更不用说它本身就是一种集体国家认同。它提供了一个统一、长期的时间框架，在统一的（领土）空间内流逝。对时间的政治解释是国家固有的组织形式，因为它声称“其主要负责记忆和解释从遥远的过去到现在的大跨度时间，并通过操纵符号、价值观和意义的框架来行使权力”（Gross，1985：65）。与这些确定性的概念相反，“选择”和“抗拒”必须自行完成。

然而，在建立这种民族时空框架前，存在更大程度的定义性和反定义性争论。朱利奥·博拉提（Giulio Bollati）在《意大利》（1983）一文中探讨了意大利民族身份的建构。他追溯了后者在世纪历史编撰中的另类形象。

博拉提接受列维—斯特劳斯的观点，即社会群体需要分类，这是通过强调差异、消极或积极的评价来完成的。这种分类结构，不仅适用于外国人（“他们”），而且还能表明谁应该被认为是“我们”中的一员。博拉提认为19世纪意大利统一前后的历史转变，关键的定义过程在于：从“意大利”的有限成员到广泛成员的转变。成员的扩大涉及“国家”的形象构建，也意味着从文化范畴到政治范畴的转变，即，让更多的人从属于“具有自治政治人格的民族共同体”（Bollati，1983：43）。

在创造统一形象的过程中，必须克服的是以往两个种族或两个民族间的差异（人们可能会思考，怎样才能算最终成功）。19世纪初，意大利人制定了圈内人的划分标准，剩余的公民则被贴上了受排斥的标签。博拉提的观点是，在那个时代，现代复兴运动的拥护者认识到“意大利人”对抗法国的必要性。捍卫祖国是在保守的社会框架内扩张国家的一种方式;下层阶级“有自己的身份和特点,因为他们从他们的主人那里学到了这些”(1983:59)。这清楚地揭示了葛兰西学派关于文化和意识形态支配的问题。奇怪的是,安德 170
森等公认的新马克思主义者并没有提到这个问题。

博拉提认为,必须为新加入的人找到一席之地,著名的知识分子们担起了建立可接受的民族“道德素质”的任务。实现国家统一后,意大利人的注意力更多地放在了与其他国家,尤其是那些工业实力强大的国家对比国家形象上。博拉提触及了意大利反功利主义、保守体制以及反工业文化的根源。他的论点包括,农民的兴高采烈成了非洲殖民冒险主义的正当理由,第一次世界大战中国民对“炮灰士兵”的呼吁,以及反工人主义的法西斯主义。

博拉提的文章引发了许多问题。首先,他坚定地认为,知识分子属于具有特定利益的阶级。与此相关的是民族族群间对定义的争论。争议中产生了民族认同的对立面,但很明显,博拉提的方法可以用于分析沟通方式。在《看待意大利的方式》(Bollati,1983)中,他聚焦于意大利对摄影的接受和使用上,并提出了关于东道主文化如何使意大利摄影师倾向于某些做法的问题。博拉提谈到了意大利摄影如何成为对如画风景的存档,以及它代表的主要社会制度形式(尤其是君主制)。因此,根据葛兰西学派的思想启示,分析民族身份建构的文化主义框架,有助于在其他语境中得到有益的发展和应用。

同样的问题由美国的迈克尔·科曼(Michael Kammen)提出。在他看来,美国的问题在于“相对于特定的种族、宗教或地区传统,相对缺乏共同的历史兴趣,或民族传统”(1978:3)。科曼认为,可以通过文化史(尤其是大众文化中民族传统的构建)来有效地探索“民族的集体观念”。他认为,美国革命是美国人传统感情的核心,这是一个被大多数人肯定的历史性时刻。因此,用S. N. 艾森施塔特(Eisenstadt)的话说,它提供了“集体身份的基本参考”。科曼研 171

究了后革命时期的“二流浪漫小说”和“三流小说”，以及史书、回忆录和自传。在他对象征主义和想象力的强调中，其方法与本尼迪克特·安德森的方法一致。

在对近代历史著作的简要思考中，产生了如何分析传统的问题。科曼说得很好，他提出，在某种程度上，我们被迫根据“社会记忆的无常和不断变化的用途”来处理传统。或许我们可以将其重新表述为针对在文化再生产过程中运行的选择机制的分析，这种机制使得特定的民族记忆（以及民族认同）得以产生。

结论性反思

本质上，这一章和前一章都是批判性的，但我不希望其只具有消极意义。我们可以从他人的著作中学到很多东西，并且得到关于将来如何处理民族认同问题的一些系统性建议。毫无疑问，无论是在学术还是官方层面，当代媒介学都存在着巨大的缺陷。虽然它谈到了“民族认同”、“文化认同”、“视听空间”等，但在其论述中的关键术语都缺少明确的概念。术语的由来，仅仅源于相互竞争的政治经济因素，而非根据其实际发展与成因。无论是欧洲、拉丁美洲，还是联合国教科文组织，都存在着对象征性政治的需求，这毋庸置疑。第七章的分析表明，当代媒介学依赖于一种过时的、失信的媒介效应模式和主观主义，在揭示一般的集体认同，特别是民族认同的建构上并没有提供多少启示。

这个问题需要对传统的理解进行全新的思考。到目前为止，关于交际过程和文化过程的研究和争论都对民族国家做出了无端的假设。民族文化和民族认同都被认为并不存在问题，核心关切在于交流，其他都只是边角料。我建议把论点颠倒过来：让我们从民族认同如何建构的问题开始，然后再将交流和文化置于其中讨论。

以上讨论中，我顺便提出了一些非常笼统的观点。作为结语，

我将把它们总结在一起。显然，今后的工作还需要对它们加以系统性阐述。 172

理论

最近，无论是“民族复兴”还是新的社会运动，都激起了对集体认同问题的理论把握的需求。如无意外，一部将会强化此方面的批判性著作即将问世；然而，在很大程度上，它未能将民族认同概念化，与已建立的民族国家内的正在进行的集体认同相反。民族国家的决定因素被认为是理所当然的。

民族认同

这可以被理解为一种特殊的集体认同。换句话说，它是一个社会在特定战略层面上建构的身份。用官方术语来说，谈到国家身份时，需要我们去分析包含和排除的过程。我们还必须考虑内部定义与外部定义之间的辩证关系。我们要将民族认同概念与民族主义概念区分开来，以便为民族语境下的集体情感动员的过程开辟一条更有辨识度的道路。这让我们能适应一系列的变化，否则这些变化就会被单一的概念所掩盖。

一种行动的视角

我曾认为，强调集体行动的方法是分析民族认同的合适起点。这种观点要求我们不要将身份认同看作集体行动的前提条件，而是看作一个不断建构和重构的范畴。谈到集体身份时，需要行动者在一定的社会关系范围内持续行动。它还要求我们考虑空间和时间。

空间

民族认同是在一定的社会空间内建构起来的。在当今世界民族国家体系的背景下，民族认同的边界只受限于领土和法律，以及政治上的既定事实(当然,可以通过考虑正在形成中的民族认同来使情况复杂化,这涉及对现存民族界限的重新划分)。民族国家所占据的社会空间,并不能解决民族认同是如何建构的问题:它只是设置了其可能阐述的限制。在社会空间中,文化空间是各种文化身份阐述的场所。

民族文化

173 民族文化是民族文化空间的另一个表达。原则上,民族文化以一个独立民族国家的领土范围为界。然而,“民族”特征并没有被赋予。民族文化并不是简单的共享符号库,全体人民都与之有着相同的关系。更确切地说,它被当作就定义进行竞争的争论场。我们需要区分初次建立民族文化和维护问题最突出的历史阶段。民族文化是分类系统库。它允许“我们”将自己定义为与那些“被理解为越过国家界限的人”对立的人。它还可能在国家内部再现“我们”和“他们”之间的区别,这符合社会划分的内部结构,以及权力和统治的关系。

时间

国家认同感的形成是一个长期的过程。相当重要的是国家集体的现在和历史之间的关系。这种关系应该被理解为,至少在一定程度上,是一种想象的关系,其通过“传统”和“社会记忆”连续且有选择性的重构来进行调节。这些类别使我们注意到文化机构和习俗的作用,它们是历史和现在之间的身份链。这也要求我们考虑文化生产者作为国家身份的积极建构者的特殊作用。

参考文献

Anderson. B. (1983) *Imagined Communities: Reflections on the Origin and Spread of Nationalism*. London: Verso Editions and NLB.

Barth, F. (1969) 'Ethnic Groups and Boundaries', introduction to *Ethnic Groups and Boundaries*. Boston, Mass: Little, Brown; republished in *Process and Form in Social Life: Selected Essays of Fredrik Barth*, Vol. 1. London: Routledge & Kegan Paul, 1981. pp. 198–227.

Berger, P. and Luckmann, T. (1966) *The Social Construction of Reality*. New York: Doubleday.

Bollati, G. (1983) *L'Italiano: Il Carattere Nazionale come Storia e come Invenzione*. Turin: Einaudi; 2nd edn 1984.

de Swaan, A. (1985) 'In Care of the State: The Social Dynamics of Public Health, Education and Income Maintenance in Western Europe and the United States'. Typescript, University of Amsterdam.

Desaulniers, J.P. (1985) 'Television and Nationalism: From Culture to Communication', in P. Drummond and R. Paterson (eds), *Television in Transition*. London: BFI. pp. 112–22.

Deutsch, K.W. (1966) *Nationalism and Social Communication: An Inquiry into the Foundations of Nationality*, 2nd edn. Cambridge and London: MIT Press.

Gellner, E. (1964) *Thought and Change*. London: Weidenfeld & Nicolson.

Gellner, E. (1983) *Nations and Nationalism*. Oxford: Blackwell.

Giddens, A. (1981) A Contemporary Critique of Historical Materialism. London and Basingstoke: Macmillan. 174

Giddens, A. (1985) *The Nation–State and Violence (A Contemporary Critique of Historical Materialism*, Vol. 2). Cambridge: Polity Press.

Gross, D. (1985) 'Temporality and the Modern State', *Theory and Society*, 14 (1), January: 53–82.

Hobsbawm, E. and Ranger, T. (eds) (1983) *The Invention of Tradition*. Cambridge: Cambridge University Press.

Kammen, M. (1978) *A Season of Youth: The American Revolution and the Historical Imagination*. New York: Knopf.

Kedourie, E. (1960) *Nationalism*. London: Hutchinson; revised edn with 'Afterword', 1985.

Kitching, G. (1985) 'Nationalism: The Instrumental Passion', *Capital and Class*, 25, Spring: 98–116.

LaPierre, J.W. (1984) 'L'identité collective, objet paradoxal: d'où nous vient-il?', *Recherches sociologiques*, 15 (2–3): 155–64.

Mackenzie, W.J.M. (1978) *Political Identity*. Manchester: Manchester University Press.

Melucci, A. (1982) *L'Invenzione del Presente: Movimenti, Identità, Bisogni Individuali*. Bologna: Il Mulino.

Oriol, M. and Igonet-Fastinger, P. (1984) 'Recherches sur les identités: le retour paradoxal du sujet dans les sciences sociales', *Recherches sociologiques*: 'Identité Ethnique et Culturelle', 15 (2–3): 155–64.

Pistoi, P. (1983) 'Identità etnica e mobilitazione politica', *Rassegna Italiana di Sociologia*, 24 (1): 79–103.

Raboy, M. (1985) 'Public Television, the National Question and the Preservation of the Canadian State', in P. Drummond and R. Paterson (eds), *Television in Transition*. London: BFI. pp. 64–86.

Sciolla, L. (ed.) (1983) *Identità: Percorsi di Analisi in Sociologia*. Turin: Rosenberg & Sellier.

Shils, E. (1975) *Center and Periphery: Essays in Macrosociology*. London & Chicago: University of Chicago Press.

Smith, A. (1973) 'Nationalism: A Trend Report and Bibliography', *Current Sociology*, 21 (3): 5–185. 175

第九章

无解的困局：欧洲变局中的集体认同

对于今日的欧洲而言，它曾长期维系的政治及文化认同模式，正面临着前所未有的挑战。两种政治经济体制的对抗，深刻塑造了第二次世界大战后的欧洲，如今却日渐式微。不论从字面意义，还是内在的比喻意义上，“破壁”一词无疑可以最具戏剧性地概括这种局面——它肇始于 1989 年 11 月的柏林墙。只要一个人曾经历过冷战，且还能回想起那段令人恐惧的高压时期，就很难不被如今的东欧民主化进程感染。也正是因为同样的原因，那些还能记得是怎样灾难性的环境导致了欧洲分裂的人们，也很难不去关心如今的欧洲正在建构起一个怎样的新秩序，以及这种新秩序是如何建构起来的。

在转播并阐释近几个月来发生的重大转变上，新闻媒体扮演着最重要的角色。自去年秋冬以来，东欧很大程度上已经从过去的旧政治意识中脱身，不再作为苏维埃统治下的一部分缓冲区而存在。新闻传播系统，一直是阐述我们所处社会政治环境的主要手段。而当下这些势头正猛的变化，首先便向它发起挑战，质疑其阐释社会政治环境的正当性。对于那些肩负着阐述新闻事件及相关进展责任的知识分子来说，这也会影响他们的社会功能。

前东欧阵营的大多数国家都开放了本国的新闻系统（这是政治自由化运动带来的一个结果），而这种开放却使媒介分析陷入无序，无疑值得思考。在“民主主义”和“极权主义”间的巨大意识形态冲突，曾是周密的理论纲要的基础。但如今这套理论已经不复当年的威力。因此，一项崭新而又实用的任务马上需要提上研究日程：追踪旧东欧阵营的发展变化，并最终创造出一套适用于当前新环境的理论框架。观察中欧、东欧地区对入侵它们的资本主义媒体产业做出了哪些反应（包括政治、经济、文化等多方面），便是近年来最引人关注的一项变化。一个持续的“公共领域”能成功建立吗？市场与政府间的新兴关系在公众利益面前会被如何调控？再上升到更广泛的层面，社会主义和资本主义将如何发展？它们又会在公民社 176
会的形成中占据什么位置？我们需要把这一新变革的交际层面理论化。

毋庸置疑，与此相关的研究很快就会出现。其实，我们已经找到了第一份关于苏联开放政策的研究分析成果（Goban-Klas, 1989; Graffy and Hosking, 1989; McNair, 1989）。短期来看，我们注定要对该领域的研究成果进行长期而持续地修订。虽然最近已有不少关于波兰、匈牙利以及东德等国家的学术论文，但有时事态变化的速度，可能超过了论文发表的速度（例子可参见 Hanhe, 1990; Jakubowicz, 1990）。学术研究所需的较长时间，很可能会无法匹配研究对象的快速发展。如今，记者、评论员、行业专家等掌握了话语权，由他们决定如何描画我们新阐释的蓝图（当然学术界也可能，或者说已经为这些表面形式做足了准备）。

当欧洲正处于即将到来的、极为复杂的形势变化之中时，传播系统所扮演的角色也愈发棘手（需要注意的是，此处的传播系统并不仅指媒介，而是最广义上的、包括诸多方面的社会政治网络，且这个网络已然是欧洲社会的组成部分）。虽然过往的那些曾被深信且易于理解的刻板印象，如今早已站不住脚，若当下仍将对抗“共产主义”视为“自由世界的使命”，那未免太过时了；但依然有诸多其他可满足我们需求的分类、区隔，以及创造出日渐复杂的地缘政治绘图（geopolitical cartography）的区分标志。本章我将继续探讨这一主题，并反思部分集体认同问题，以进一步完善我的研究。

焦　点

当下流行起了一股对政治学里的“认同”概念的反思潮流，虽然这股潮流未免有点盲目，但如果追溯其来源，不难发现其与人们感知到的周遭世界变化相关联。雅尔塔体系导致两种社会—政治以及经济系统在意识形态上的对立，并遗毒至今。而在后雅尔塔体系的欧洲格局中，推动发展的影响因素有以下几点尤为值得重视：

- 当下正加速（可能间或有些许波动）达成的欧洲政治经济一体化进程，将影响经济、政治以及文化。
- 戈尔巴乔夫改革后，当政者抛弃了勃列日涅夫的政策方针，再加上内部腐败问题，这二者让苏联以一种更不可预测的方式实现政治多元化（不管怎样，至少是一种有序且合情理的挣扎）。在1990年间，人们迅速放弃了“整体切除”的提法。
177 到目前为止，波兰、捷克斯洛伐克、匈牙利、民主德国、罗马尼亚以及保加利亚等国的军事水平及发展变化幅度产生了很大差距，且程度不断扩大。
- 不管是在东方还是西方，人们都开始强烈质疑国家政权及其自我表现的正当性。这些质疑以不同的形式，被重新纳入到了各国的政治议程中。欧洲一体化进程的加速，引起了国家主权与民主实践之间的冲突。而社会主义联邦的解体，也在苏联内部造成了新的民族过度自信问题（立陶宛人的试图退出正体现了体系中的这种矛盾），以及中欧、东欧地区潜在的边界争端。此前，这些问题都因苏联强权的存在而被缓和了。

- 在建立被北约和华约组织共同认可的欧洲新秩序的过程中，民主德国和联邦德国的重新统一，被公认为首要政治问题。这有利于我们从更复杂的层面，深入认识欧洲的集体认同问题。即便是知识最渊博的观察者，也会惊讶于民主德国的解体速度。然而，就在苏联实行新西方政策之初，谁也无法完全料到在它实行的这些年里会对德国问题产生如此深远的影响。

不管是从政治经济层面，还是文化层面，东欧剧变引起的一系列问题都对欧洲各国的外交策略和政治手腕产生了极深远的冲击。一方面，欧洲政治经济力量面临着潜在的结构性重组，且在某种程度上，这种重组会在全球范围内产生更深远的影响。另一方面，这种重组不应被忽视，应当思考看待新结构的方式，及结构中的各层面将会如何相互影响。这种新结构，最终将要求全体欧洲人重新看待他们宣誓效忠的社群，以及他们合法拥有的土地。

有一种新提法，即"新世代"理论，使用了曾是时髦小咖啡馆里的马克思主义用语（Hall and Jacques，1989）。若想接受这种新鲜理论，就必须进行意义更深远的记忆筛选。首先，必须牢记欧洲各地文化和社会的共通之处，而忘记那些导致了它们分裂的因素。当然，也可以选择记住差异而忘记共通性，这也不失为一种选择。我怀疑，对很多人来说，这种记忆筛选是一种更有力量的反抗形式，毕竟在一个无人领航的时代，这种筛选也能提供某种形式的安慰。不过，无论如何，我们必须努力通过记忆或是遗忘，来构建对未来蓝图的认识，并与其背后附加的原始情感保持距离。这是相关分析的展开原则，避免最初的民族情感影响对未来的构想。在此基础上，才能够重新开始记忆或遗忘，并勾画、实现新的选择与可能。

重整现有的理论模式，必然有些困难，尤其是没有人能确定当下的变化究竟将产生多么深远的影响。目前已有一大批相关的推测和设想正在进行中。权威的研究方法应当摒弃封闭的真空式研
178 究。欧洲未来学（或许可以简写为“Eurology”）正风靡一时。任何一个有自尊心的欧洲未来学评论员，都难以控制自己的研究欲，急于为“2000年的欧洲”设想发表概述。伦敦《独立报》上发表的一项研究指出，德国边境飘荡着一股略熟悉的反常氛围；直布罗陀回归管辖后，西班牙的国民生产总值超过英国；以及中欧地区的政治形态越来越像奥匈帝国（Cottrell，1989）。《金融时报》也对此提出了构想，猜测欧洲到2020年会建立起以下几种联合模式：成立“西欧合众国”，一系列被中欧各国命名为不同名称的“联邦”，包括斯堪的纳维亚半岛—波罗的海地区、巴尔干半岛、斯拉夫语和土耳其语地区以及亚美尼亚和格鲁吉亚所属的高加索联邦（Mortimer，1990）。这种分类，绝非只有字面上的必要性。《法国世界报》的辩论单元还举了另一个例子：联邦议院的一位社会民主党成员，向他的法国精英读者担保，在后民族主义时代，德国的文化表征关系重大。当前，世界正朝着全球性身份认同发展：

> 今天，我们这些旁观的平民不再生活于某个单一的国家，而是同时生活在多个国家和文化中。渐渐地，我们就生活于一种拼贴文化之中。这不只是德国独有的现象，以上描述适用于世界上的大部分地区。（Duve，1989）

我们不应该被这种出于好意的言论诱惑。传播工具为广大各有差异的受众传达并阐明了生活中的各种变化，毫无疑问，真相正萌芽于传播工具的重大贡献中。在最近几次快速的政治变革中，跨国传播及阐明变化的媒体职责，已经变得越发重要。一篇发表在《法国世界报》上的文章表示，后现代主义假说认为公民社会的观察

者，将世界视作相对主义的文化拼贴，但我认为这种观点完全不合情理。对此信息的解读，无法保证标准的统一。不管奥德河—尼斯河线是否能在欧洲引起长久重视，英国或法国的平和氛围绝不会在波兰或苏联内上演。

在现有的欧洲秩序里，很多地区出现了受利益分歧引发的、对本民族身份的强烈声明。包含此种声明的新欧洲秩序不再提供文化拼贴的可能性：人们需要考虑到波罗的海各国的分离主义运动，以及他们同苏联核心政权之间的尖锐矛盾；南斯拉夫内部存在着分裂倾向，几个互相敌对的全国性团体共同组成南斯拉夫国家政权；罗马尼亚的高加索人和大量的匈牙利少数民族裔之间，存在着关于种族—地区的致命仇恨，而在此之前罗马尼亚已经有过种族迫害的历史。因此，我们无须将后民族主义的德国联邦体制当作未来政治体制的蓝图，毕竟现在已不再是后民族主义时代了。

事实上，“新欧洲绘图”（new Euro-cartpgraphy）的演化早已表明“成为欧洲的”这一概念是多么复杂且幽微。因此，不得不重新
思考一些从前概念相对模糊的民族和地区。冷战把人们归入规模 179
庞大却分类粗略的对抗性阵营中，而后长期忽略了这些民族和地区的存在。今天的地图上标明了大量确切或潜在的冲突地区，种族分裂、地方分裂在此不断上演。根据调查，从大西洋到乌拉尔山脉，至少有四十六个地区可以上榜欧洲“冲突地区大全”（Ascherson，1990）。接下来我将限定自己只讨论两个案例：第一个是波兰的西里西亚人问题，他们的“德国”身份最近又被重新翻出来了；第二个则是乌克兰联合天主教谋求在俄国东正教面前重申己方权利，而该行为所导致的宗教信仰分裂也成了新焦点（Clough，1990；Gott，1990）。考虑到欧洲各国还将持续引发混乱的边境问题，我们可以大胆预测，正在成形的欧洲新秩序中，一定会有不少关于边境的遗留问题——当然，如此判断的依据是宛如神话的民族主义标准，即政治与文化都应具有完美的一致性。

集体身份认同

在如此动荡的背景下，学界不可避免地需要分析影响集体身份认同的经济、政治和文化因素。更不用说，按道理来讲，民族身份认同乃是集体身份认同中最重要的部分。然而，众所周知，知识分子的社会角色并不单一，他们关系着一系列与政治、经济利益紧密相连的社会结构化的可能性（Schlesinger，1982）。

在特定的国家中，定义智力活动的范围与规模时，阶级关系和政治性的组织起到了决定性的作用。而在国家与国家之间，边界线给国家话语权的制定提供了主要的认同来源和政治空间。不过，无论如何，我还是要强调：不能将特定国家之间的界限和民族身份认同混为一谈，因为政体和文化是不会顺利地联合在一起的。例如，像英国和西班牙等多民族国家，都具有显著与身份认同相关的地域性差异，对于居住在苏格兰和加泰罗尼亚地区的居民来说，这是一个很难忽视的事实。因此，这给集体身份认同增加了更多复杂性。除此之外，作为智力项目发生的关键地点，超国家的、跨国的和国际性的组织也不能被忽视。许多和欧洲未来息息相关的宏伟设计，正是在此种层面上得以呈现。

意大利社会学家阿尔贝托·梅鲁奇已经通过以下方式提出了"集体身份认同"的定义：

> 集体身份认同是由若干相互作用、影响的个体所产生的一种互动的、共享的定义，这些个体还关心他们自身行动的方向，以及其行动发生的机会与限制领域……集体身份认同的进程是一个微妙的过程，而且需要持续不断的投资。因为它类似于
> 180 一种更为制度化的社会行动形式，所以集体身份认同可以结晶成组织形式、正式规则体系和领导模式。（1989：34—35）

我很是认同这种聚焦于解决机会结构理论中关于认知与情感过程的定义方式。我还想补充的是，集体身份认同依靠双重过程维持：对于定义内的群体来说，集体身份认同帮助他们给“我们”提供边界；而对于定义之外的群体，集体身份认同将“他们”与“我们”区分开来。在“朋友”、“敌人”和“中立者”之间划清界限，是社会分类的共同特征（Schlesinger，1982）。齐格蒙特·鲍曼（Zygmunt Bauman，1990：153）还指出，因此现代民族国家会追求分类是十分典型的情况，而一些诸如我们之中的“陌生人”这样的顽固元素，构成了追求同质秩序中的主要问题。在极端情况（如灭绝人性的种族清洗）下，这种分类可能是致命的，至少也会是顽强的，而绝不是微不足道的，就像匈牙利出生的幽默作家乔治·麦克斯（George Mikes）曾有些心酸地观察到的那样：

> 成为局外人是一种耻辱，心里会特别不是滋味。对此，伪装也毫无用处。罪犯有可能改过自新成为体面的社会成员，而局外人却没有改变的机会。一旦成为局外人，就永远都是局外人。你没有任何出路，你可以学会说英语，但永远不会成为英国人。（1946：8）

就像鲍曼（1990：158）公正地指出的那样，同化的压力意味着局外人或者陌生人将被视为下等人，并且可能被视为“向外来物和外来气质宣战”的一部分。麦克斯对于英国人特点的见解，并不妨碍我们观察欧洲其他地方与之类似的分类形式：西奥多·泽尔丁（Theodore Zeldin）对法国和它的局外人的观察就是一个很好的例子（参见 Zeldin，1985：ch. 26）。

从目前的情况来看，正如前一章所描述的那样，考虑一些分析集体身份认同的相关原则是十分合适的。首先，如今的变革步伐加强了以下论点，即此种身份认同构成于行动中，且在持续不断地进行有秩序的重构，这保持了内部动力和外部力量的平衡。就像阿尔贝托·梅鲁奇正确指出的那样，我们需要将集体身份认同看作集体行动的新兴特征。

其次，我们应该通过重构传统和激活集体记忆等高度复杂的假想过程来察觉世俗的维度（参见 Hobsbawm and Ranger，1983；Namer，1987；Schama，1987）。人类学家玛丽·道格拉斯（Mary Douglas，1987：70）观察到："公共记忆是社会秩序的存储系统。它就如同是我们思想状态的反映。"所以，关键的问题就是，作为集体社会的成员，我们忘记了什么？记住了什么？而产生这样的记忆的原因又是什么？

最后，我们需要从空间上思考。这也有可能很复杂，因为集体
181 身份认同不需要严格地符合领土集中和法律政治诚信的模式。比如，那些渴望拥有国家的、跨越国家边界的、作为侨民生存的民族和种族就可以证明这一点。

这些相当普遍的观察结果与当代欧洲的现实及其成因有关。战后的社会政治空间被划分成"朋友"和"敌人"两个阵营，并附有广泛的差异标签：民主主义和极权主义，资本主义和共产主义，东方和西方。当然，这样简单化的真理给两大阵营的内部差异蒙上了阴影，也让各自阵营内的异见者受到迫害（虽说麦卡锡主义与古拉格当然不能完全等同）。国家政治的重压遏制了寻求共同性的主张，也废弃了"一个欧洲一个中心"的观点，并使其分裂成西方与东方、善良与邪恶两大阵营。

有关欧洲的论述

研究欧洲当下的政治、经济演变，正成为政治学的热点问题。知识分子（以及扩散其论点、框架的大众媒体）需要对正在发生的变化做出全新的诠释，还需要构想诸多力量、诉求各异的欧洲形象，并

将其具象化，虽然后者完全取决于我们到底处于“欧洲马赛克”这个复杂图像的哪一点上。研究进程很可能会加快、加强构想的形成。而争论也存在于其他一些有特色的、彼此相关的领域。

在欧洲内部的社群中，保守主义和激进主义长期存在冲突，但现在看来，已经出现了明确的解决迹象。保守党纲领中最常被引用的句子来自英国首相玛格丽特·撒切尔夫人在布鲁日发表的臭名昭著的演讲：“欧洲共同体是欧洲认同的一种表现，但它不是唯一的表现。我们绝不能忘记铁幕以东的那些人民，他们曾和我们一样，完全地共享欧洲的文化、欧洲的自由和欧洲的认同，现在却被斩断了与欧洲的联系。”（Thatcher，1988：3）这番话发表于1989年之前，那时旧东欧的剧变还未发生。当布达佩斯、布拉格、华沙和柏林又一次在更广泛的欧洲集群中获得权力地位，她的话被部分印证了，但即便如此，也绝非完全清白。在她的观点中，一个松散的欧洲，比在1992年计划实现欧洲共同市场的欧洲含义更广，这样既可以重新夺回对东欧的控制，又能在保持距离的前提下赋予英国更宽广的政治舞台（这个观点在1990年8月的阿斯彭研究所讲话中被反复提及；Thatcher，1990）。对于撒切尔夫人和那些像她一样的人来说，“要成功地建立一个欧洲共同体，最好的办法就是独立主权国家之间寻求自愿、积极的合作”，而实践这一想法的首要原则就是强调国家主权。在民族和国家之间也出现了一种很有意思（但并不令人惊 182
讶）的合并，他们坚称为了对抗“某种千篇一律的欧洲特征”和“超级大国”，国家意识、民俗传统及民族认同必须得以保留（Thatcher，1988：5）。

虽然保守主义观点对国家主权和文化完整的捍卫值得支持，但根据目前的局势，它似乎不可能击败横贯整个欧共体的欧洲一体化力量。1990年4月，法国密特朗总统和德国科尔总理提出要加速缔结政治共同体的进程，这等于是在追求欧洲一体化构想的道路上迈出了意义深远的关键一步。准确地说，根据制度的发展，这到底意味着什么还是未知数，但最终结果一定是更多精打细算后的产物（Butt，1990）。然而，虽然民族国家拥有国家主权并有权做出决策，可以肯定的是，在即将来临的时代里，它不会再享有原来的重要地位。最近，民主德国和联邦德国完成统一，这将促使欧洲创造更可行的新框架以容纳版图扩大后的德国。

欧共体中的激进主义者设想了一个“社会欧洲”，或者可以称为开放的欧洲福利国家。类似于一个政治军事一体化的共同体。这是一种与保守主义建立同质化的“千篇一律的欧洲”设想迥然不同的说法。比如欧盟委员会的主席雅克·德洛尔就曾以唠家常般的口吻谈论要打造一个“欧洲村”。尽管就他而言，西班牙总理费利佩·冈萨雷斯已经表示过“欧洲空间”的趋势。

要准确地说明此处所说的“空间”包括了哪些组成部分，还需要更多具体的细节。确切地说，从 1980 年代开始，欧共体（主要由布鲁塞尔官方支持）就致力于为十二个成员国寻找一个文化代表特征，尤其是那些被贴上“欧洲共同视听空间”标签的特征。“欧洲视听空间”一词的定义在很多方面都与引进的美国电视节目相区隔。而如今欧共体的媒介空间，已经在越来越直接地侵占曾属于前东欧各国的空间，所以从各方面来看，这一计划都还需要深思熟虑。

事实上，人们可能会认为，对“欧洲文化空间”的重新定义将成为近年来最流行的消遣活动之一，学术界和官僚界都会欢迎，它能为大量的政治顾问和调查员带来经济利益。这个项目不单单只是负责广播、电视和电影的相关规定，它最终需要协调文化所涵盖的方方面面问题。最近也能听到一些关于“欧洲经济空间”的消息，欧盟委员会和欧洲自由贸易组织重新协商了一套贸易关系。这种经济空间的重组自然也会对欧洲的政治和文化产生不可避免的影响（参见 Cornelius and Milner，1990）。

183 欧洲的集体身份认同也与集体安全问题有很深的联系：受其影响，北约和华约作为一组标志性的对立阵营，各自获得了上百万人民的拥戴。因此，上文提及的重新定义的过程，也需要在国防领域做出类似的努力，当然这目前还只是一种期望。虽然考虑到方方面面尤其是精英媒体后，这一理论的本质确实让它更可能成为专家学者感兴趣的知识领域，而非政治市场的主流。比起政治和组织的细微变化，一般大众会更容易意识到有关裁军和核武器的提案或其他关乎军事的大动作，因为这让他们觉得自己变得更安全或更危险了。

越发明确的一点是：战略防御理论与其他更宽泛的政治设计有了越来越多的联系。比如，在稳定可被实现的前提下，北约组织总秘书长曼弗雷德·沃纳（Manfred Wörner）呼吁建立新欧洲结构，民族问题作为大西洋联盟需要处理的中心议题之一被摆上议程。他宣称，欧洲的新政治秩序，需要在尊重民族自决权和国家主权的前提下，削弱国家边境线的意义；该秩序必须促进欧洲经济一体化，借此让所有国家在共同繁荣之路上分享同等重要的利益份额，以及从政治一体化中获得好处；同时它也要为欧洲所有国家平等地提供民主和人权的保障（1990：10）。

这为看待欧洲文化、经济、政治的互相渗透提供了合适的视角，与此同时，我们也要持续留意北约的未来。比如说英国反核运动组织的布鲁斯·肯特（Bruce Kent，1990）就从根本上质疑北约存在的合理性，他主张去寻找建立欧洲共同防御体系的新途径。在过去的大约十年间，反核武器运动清晰地认识到随着国防覆盖的区域越来越广，它带来的文化影响也会越来越大。如今，在北约和华约组织都已经开始重组之时，冷战时期的政治认同意识对我们造成的深远影响已经越发显露。然而，即便过去的敌人越来越少地被公认为威胁，这也不能说明所有的敌人都已经消失。毋宁说，当前的事态发展已经满足了取代早先威胁的条件，而这极有可能对那些试图在国际上对抗新欧洲的势力，产生认知上的文化影响。1990年，就在我写这篇文章的时候，海湾战争爆发，它将人们的注意力从欧洲转移。但这个主要由北约军事力量参与的军事行动也让所谓“超越领土范围”的军事部署议题引发了尖锐讨论。

最近，欧共体内部关于苏联形势的讨论与本文要涉及的第二个领域有关。他们号召要建立一个“欧洲共同家园”，或者如果翻译得更异想天开一点，可以称它为“欧洲共同屋”。厄内斯特·盖尔纳（1983）所提出的这个叫法，包含了一种非常有趣的隐喻，即暗示我们生活在同一片政治屋檐下。到目前为止，虽然共同屋描绘了鼓舞
184 人心的蓝图，但还没有相应的实现纲领，当然苏维埃发言人已经为填充它的理论内容做出了诸多努力：比如，建立涵盖了环境、能源和传播等部门的全欧洲安全系统，并确保它们协调运转。但必须承认，这所房子目前还没打地基，更不要说顶层设计或者内部的家具布置了。除了上述这些缺点，它目前只是一句激发欧洲政治设想的简单口号，且已经被其他人占用。在西方的某个回应中，雅克·德洛尔（Jacques Delors）表示他愿意共享这个观点；而在另一个回应中，美国国防部长詹姆斯·贝克（James Baker）认为，保证新欧洲的独立自主是欧洲在未来建立起共同家园的关键。简而言之，在有关后冷战时代的论文中已经出现了越来越多的争论。

勃列日涅夫政策的终结导致了另一政策的取而代之，根据苏联外交部发言人根纳季·格拉西莫夫（Gennady Gerasimov）自创的说法，这种政策被称为“辛纳屈主义”（格拉西莫夫原话“我将它称为”）。这被视为构建欧洲共同家园之路上的重要基石。然而，鉴于苏联各国近来的分离趋势，建立欧洲国家集团更有可能了，甚至连在苏联控制之下的半脱离国家也成了未解决的难题。越来越多的苏联加盟共和国成员公开宣布自己的主权国家地位，想来最后的日子也不会远了。

从东欧到中欧？

在所有的新欧洲设想中，有一点需要特别注意：至少到目前为

止，中欧的讨论价值主要在于把它当作一个政治空间甚至是一个道德项目来看待。直到最近出现了反对苏联统治的声音，这种反对深刻地影响了关于中欧的争论，而这种争论主要由捷克斯洛伐克和匈牙利（某种程度上还有波兰）的知识分子提出。跨越旧铁幕的兴趣同样在奥地利和联邦德国中显现了出来。而这一争论的核心问题正是中欧所指代空间的定义，从德国到俄国的这片地区究竟拥有怎样的政治和文化空间；西欧和东欧未来会建立怎样的社会关系（该假设是指摆脱了苏联政权后的未来关系，虽然这个假设现在还没有实现，但这个假设是一开始就存在了的，因此仍要考虑在内）；以及是否确实有这样一个独特的中欧身份认同存在（参见 Schöpflin and Wood, 1989）。到了 1989 年末，这一争论已经变成了对实现可能性的推断。除此之外，蒂莫西·加顿·阿什（Timothy Garton Ash, 1989: 188—189）作为地缘政治领域最具洞察力和同情心的评论员之一，也长期观察过中欧问题。他指出我们需要对中欧争论中的两点进行彻底、冷静的核查，第一点是中欧存在哪些历史遗留问题，这些历史遗留问题既是一种对中欧地区的分裂，也可能达成某种联合；另一点则是现在的东欧和中欧地区面临的真实环境是什么，这其中既有不同点也有相似之处。如捷克斯洛伐克总统瓦茨拉夫·哈维尔（Václav Havel）所言，欧洲最近的这些改变意味着直面过去和开辟未来都是我们不可逃避的历史任务（1990：18—19）。 185

现在的言语修辞比过去的说法看起来更加舒服，但它也让重新定位社会经济和政治的过程中出现的很多问题变得令人费解。东欧的改革进程可以被视作一场与资产阶级民主和资本主义效率相关的历史性胜利。但不是所有人都能确切表达出这个意思。拉尔夫·达伦多夫（Ralf Dahrendorf）爵士模仿波普尔主义指南宣称："东欧和中欧为了创建一个开放社会已经抛弃了原先的封闭系统，此处所说的开放社会是确指，毕竟欧洲可能有很多体系，却只有一个开放社会。"（1990：36）除了表明人们倾向于把西方民主实践理想化为理性的化身，这番关于社会秩序的自我描述未免有些谄媚，它回避了社会中的政治经济问题，同时也忘了考虑这个“开放社会”从外面看起来会是什么样子。与此同时，也有观点（Pohoryles and Kinnear，1989）指出近来人们太过关注东欧危机，以至于我们渐渐忘了西欧社会也并不是没有问题。贫困、失业率高、机会不平等、种族主义、人民流离失所，以及待解决的政治分歧等问题依然存在。资本主义全球经济依然会经受周期性的波动，而在这个世界里，虽然我们被迫需要强调自身的独立地位，但也不能忽视南北差异和重大经济问题将会如何影响我们的未来。简而言之，西方社会可能已经赢下了这场文化斗争，但它距离无懈可击还有一段很远的距离。

让我们回到集体身份认同的问题上来，人们可能会注意到，现在出现的这个所谓自由欧洲，也是一个人们可以自由迁徙的欧洲（1989年大量人口逃离民主德国可以最明显地证明这一点）。大规模的人口流动（对东道国有更高的社会经济要求，也产生了相关的政治问题）让政治议程开始有讨论民族和文化认同是否要回到防御状态的趋势。种族主义和对新移民的歧视是始终存在的危险。

现在，人们对东欧系统性变革的影响持非常乐观的预期，这种预期也导致人们开始关注一些相对严肃的问题。波兰社会主义学家杰尔兹·米库洛斯基—波莫尔斯基（Jerzy Mikulowski-Pomorski，1988）提出：欧洲是否真的存在一种共同的“欧洲价值”，以及东欧的垮台是否能为欧洲带来人们期待已久的两种系统的趋同共存。他认为，极权统治的长期实行导致了政治社会和公民道德的衰落：缺乏公共领域，也没有一个至关重要的公民社会存在，或者换句话说，人们没有养成包容政治观点差异的习惯。像我们现在正看到的那样，东欧国家正在经历的政治体制演进已远不止一种可能，不管第一轮全面民主选举会在东欧产生怎样的政府和怎样的政治文化，我们都要用包容的心来看待它。达伦多夫（1990：96）恰好在这里敦促人们谨慎行事，他指出人们也许可以通过法规和政策确立起公民身份，但“各个组织、协会、机构的‘创造性混乱’（creative chaos）不是那么容易建立的”；而像教养、自立等市民美德更是“根本不可能被建立的”，他们必须“慢慢地形成……而不会在一个季度里或者一段议会规定的时期里就形成……形成它至少需要一代人的时 186
间”。在不同程度上，蒂莫西·加顿·阿什（1990：56）以一种悲观的态度观察到，捷克斯洛伐克、匈牙利以及波兰的政治进程至关重要，因为“人们可以看见威权主义政治的种子正在发芽”。

当然，像更有远见的西方政客意识到的那样，东欧的大变革以及他们按照自由民主准则进行的标准化运动都需要付出不小的代价。因为要想政治稳定，就必须用相关的经济增长来实现。最终，抛开那些漂亮话：进入欧洲共同家园（最终可能会变成一个包含全部国家的欧洲共同体）所引起的利益和收支平衡问题，将比关于政治和文化品质的争论更容易引起冲突。苏格兰政治评论员尼尔·阿舍尔松（Neal Ascherson）指出：欧洲之屋必然会有楼上的房间和楼下的房间，而现行经济体制中的优势和劣势将会确保用人区能住得很满。

匈牙利社会主义学家哲尔吉·切派利（György Csepeli，1984）早在1989年东欧变革之前就认为，进入欧洲共同家园对东欧有一个预期的好处，即他们可以在一个更广阔的欧洲空间内实现国家认同形式的现代化，从一个礼俗社会转变为一个法理社会。虽然最近有一个声音非常具体地表达了对该主张的质疑，但不管人们如何评价这一主张，我们都可以肯定种族因素必然十分重要。埃里克·霍布斯鲍姆认为，到了20世纪末，民族主义“已不再是历史发展的主要载体”（1990：163）。他的主要观点是，民族主义已不再为政治重组提供准则，也不再提供全球性的政治方案。在这个论点之下，埃里克特别提出了一种设想，他认为世界的经济全球化会让主权国家失去对民族经济的管控，而进步主义目的论则会把当下出现的民族主义征兆看作人们对人口流动和“未来冲击”的消极反应。

关于全球化的争论出现了越来越多的理论分歧，但在现有的文章里还没有观点可以回应霍布斯鲍姆的理论。首先，虽然很显然人们必须要接受主权民族国家的传统模式已经被全球化进程改变了（参见 Held，1989），但在德国统一的光亮照耀整个欧洲时，它也同样会对欧共体造成不可预计的影响，因此在轻易地把民族主义研究一笔勾销之前，我们应该更为谨慎。其次，不管欧共体内部经济如何趋同，公民的基本权利义务仍然在民族国家的权限之内，而在这一方面欧共体目前还没有显露出任何要马上接管的迹象（参见 Dahrendorf，1990：124—126）。最后，国家在为民族文化发声上依然有着一定分量，也因此仍然是集体认同问题上极其重要的焦点，我
187 们不应该低估它的作用（参见 Smith，1990）。

虽然现在人们越来越振振有词地谈论欧洲的“文化大家族”是“由种种互相重叠且边界模糊的政治文化主题与传统组成的”（Smith，1990：187），但也不用把切派利的观察结论太当一回事。切派利期望欧洲能照搬北美模式，建立一个欧洲合众国，毫无疑问这极不适用于欧洲的民族问题。很明显，旧世界的先决条件已经不再适用于新世界的现实环境。用切派利的话来说，美利坚合众国是一个“无机”国家，即一个被法律定义的国家。鉴于美国是在接连不断的多元移民潮中建立起来的，简单的血缘宗亲神话根本行不通。与北美正相反，国家始终占据着欧洲历史记忆的核心位置。因此，我们应该提出以下问题：“欧洲要建立何种统一，统一是为了谁以及统一需要哪些条件？”

归属的边界

以这种方式讨论“欧洲性”，将会面临被指认为“欧洲中心主义”的风险。当将本书的初稿拿给拉丁美洲的读者看时，我突然意识到了这一点。我认为有必要在此提前解释，为何我要将研究重点放在

欧洲。毕竟我对探索离故乡更近的区域更感兴趣。显然，我若以此态度对待这一主题，必然会被人认为“存在问题”，而非“值得赞赏”。事实并非完全如此。我认为，读者对我所做出的解释的忽略，以及他们指责、批判“欧洲中心主义”所可能导致的偏见，都是颇具启发性的。读者的此种反应，正是源于大量投资涌向发展中的东欧后，欧洲发展浪潮会让本已负债累累的南欧更加不堪重负的这一事实。

我还很想提出关于欧洲的“包含与排除”的问题，或者换一种说法，即欧洲的归属边界在哪里。在最近关于中欧的争论中，焦点一直集中在俄国是否应被视为“欧洲”的一部分。有人可能会希望焦点能持续保留在此，而特别值得一提的是，自从米兰·昆德拉于1984年发表的那篇著名文章里首次提出了欧洲的排他范围，并引发了对此的讨论之后，我们在英国杰出的军界人物迈克尔·霍华德（Michael Howard）爵士，最近在伦敦的国际战略研究组织所做的演讲中，找到了对昆德拉的某种呼应：

> “中欧”这个地区概念包含了曾属于西欧基督教国家的领土，这些土地曾属于哈布斯堡帝国、奥地利、匈牙利、捷克斯洛伐克以及波兰和德国东部边境地区。“东欧”指代的应该是那些在东正教庇护下发展的地区：保加利亚、罗马尼亚以及苏联的“欧洲”部分。我们应该非常热情地欢迎上述这些旧中欧的国家加入我们的欧洲联邦，并最终纳入欧洲共同体的体系之中。（Howard，1990：19） 188

这番话让“中欧”看起来像一间远离中心的等候室，很可能这只是一种委婉表示拒绝或者将其边缘化的手段。当人们快速地把一场文学期刊上的争论转变为军事评论员的观点时，他们需要更严肃地考虑该想法。拉尔夫·达伦多夫爵士最近也提出了一些有关欧洲变革的想法，其中同样提到了欧洲边界。他提出了另一种不包括俄国的欧洲范围划分法："我和你，都希望我们的欧洲能最终建立起一个欧洲共同家园，但当苏联或者说它的继承者（不管这个继承者是什么）出现时，这个希望就破灭了。"（Dahrendorf，1990：13）达伦多夫的划分法，是前霸权主义政权也应该避免的。那时候苏联还是一个发展中国家而欧洲也由各个小中型国家组成，所以"在他们中间是没有一个超级政权的发展空间的"（1990：112）。这句话和上述达伦多夫的话有所不同，但传达的信息相同，且会因一系列的置换而影响力越来越强。

针对包含和排他范围的划定也让伊斯兰和欧洲（不管是东欧、西欧还是中欧）的关系变得错综复杂。毫无疑问，需要在各种争论场面对这个问题。就像阿克巴·艾哈迈德（Akbar Ahmed，1990：22）评论的那样："很多迹象显示，过去十年间那些针对共产主义的、不受约束的恶意，有部分将会转而针对伊斯兰文化。"

伊斯兰在英国作为一种政治文化力量，是部分亚裔社群的集体身份认同强有力的来源，最近的萨尔曼·拉什迪（Salman Rushdie）事件便是一例。众所周知，因为阿亚图拉·霍梅尼（Ayatollah Khomeini）发表公开演讲，谴责拉什迪的小说《撒旦诗篇》亵渎了神明，部分英国穆斯林群体也被煽动起来反对这位小说家。霍梅尼的公开讲话"宣判"了拉什迪"死刑"，他至今仍躲藏在警方保护之下（Appignanesi and Maitland，1989）。这引出了文化认同方面的核心问题，即人们普遍把伊斯兰极端主义，视作一次主流政治内部异域传统的大爆发。受到捍卫公共空间的需求驱使，大部分知识分子阶层为了捍卫作者的言论自由而紧紧团结在这位被威胁的作家身边，给予他支持。毕竟言论自由确切地（并合法地）认为，文化创造者不应受到人身恐吓或暴力威胁。

但这只是故事的一部分。在穆斯林社群长期遭受歧视和边缘化后，拉什迪事件不过是宣泄他们长久积累的怨气的小小渠道。这一事件也暴露出更深远的问题，即在西方政治体系内部，伊斯兰的国际政治团体该如何为其社群偶尔发声。

这绝不是英国独有的问题。1986年，美国对的黎波里和班加西发动大规模空袭后，居住在比利时的穆斯林参与了有组织的抗议活动。在研究此事件以及相关媒体报道的课题中，达塞托（Dassetto）和巴斯尼耶（Bastenier，1987：119）评论道："当下对集体身份认同的表达可以公然地以宗教的形式呈现，这可能已经影响了我们社会政 189
治活动中的通用概念。"另外还要补充一点，即通用概念也不会无限期地沿用下去。

在这种紧张气氛之后，隐藏着很多敏感问题，比如普遍更富裕的西欧国家的劳工移民潮，以及欧洲需要建立能够容纳亚文化族群的宽容社会，毕竟亚文化族群内部也出现了高度特别的共同身份意识。在不远的将来，欧共体可能就需要解决土耳其强烈希望入欧的问题了。像克里斯蒂·戴维斯（Christie Davies）指出的那样："土耳其的政客们来到欧洲的大门前并叩响它，希望能获准进入欧洲的体系，但他们将要面对的，是欧洲邻居们强烈而根深蒂固的反土耳其情绪，这种情绪已经有非常久的历史渊源了。"（1989：24）这个相当尖锐的议题也揭露出了另一个问题，即欧洲和伊斯兰之间到底关系如何。

同时期罗马教皇约翰·保罗二世以及天主教的其他领导人宣称"基督教信仰深深植根于欧洲文化之中"（引自Kettle，1990：14），以及"没有基督教，欧洲就没有身份认同"（参见Koenig，1989：23）。因为"马克思主义已死"，欧洲陷入了一场身份认同危机，而公开谴责唯物主义和重新唤起基督教精神信仰都是解决危机的手段之一。但不管是谴责唯物主义还是重拾基督信仰，肯定都少不了英国圣公会群体（参见Booth，1990）。人们只能推测基督教各教派之间以及基督徒和非基督徒之间的未来关系，毕竟那些被排除在外的人，也会逐步汇聚成不信仰基督教的非基督徒群体。

在欧共体体系之外，苏联和南斯拉夫的穆斯林地区也开始显露出伊斯兰教的宗教伦理分离主义问题，这很可能会给他们带来深远的影响。毫无疑问，原有的“东方主义”研究已经取得了丰硕的成果，但在吸收了欧洲体系之内和之外的更成系统的伊斯兰世界后，“东方主义”原本表述的威胁和差异都将得到更进一步发展（参见Said，1981）。

最后，我们也不能忽视东欧一些国家日益抬头的反犹主义征兆。在东欧地区，政治自由化运动滋长了某些埋藏极深的公然偏见。况且即便是西欧，也不能对此问题免疫。位于卡庞特拉的法国最古老的犹太公墓遭到损毁，一具有着深层象征意义的遗体被暴尸，大量墓冢被破坏，震惊了法国和法国以外的犹太社群。被纳粹主义煽动的反犹运动，还亵渎了法国境内的其他犹太公墓以及英国的部分犹太公墓和教堂。在此种语境下，请原谅我用了比后现代主义更严肃的态度。

总结陈词

这只是一个暂时的收束，而非最终总结。这一章节所涉内容极
190 其不稳定，因此毫无疑问，该理论需要不断地修订。如我之前所说，在接下来的几年里，新闻传播系统将肩负更大的责任。而通过大众媒体传播消息的媒体人也是如此，他们要确保能对当下时代做出巧妙、包容而又准确的阐释。至于欧洲身份认同中有争议的那些问题，可以预见，它们将成为诸多意识形态冲突的场地。该议题也一定会引发社会上诸多理论主义与经验主义的详细探讨。

为方便分析，我建议读者提前放下私人情绪。做到这一点绝非易事，毕竟其与书中所观察、讨论的议题之间存在千丝万缕的联系。但我认为，若想找到一条走出欧洲集体认同旋涡的出路，除了尝试在未来欧洲建立起相当多元的价值体系以外，别无他法。这套体系，必须允许欧洲社会的多种族、多文化及多信仰并存，并将它们视

为不可或缺的组成元素。但尽管相似性如此重要，我们也不得不接受这样一个事实：即便在共同家园所倡导的概念之中，最引人注目的也是其多样化的差异，而非相似之处。

参考文献

Ahmed, A. (1990) 'Jeans for You, Robes for Me', *Guardian*, 5 July.
Appignanesi, L. and Maitland, S. (1989) *The Rushdie File*. London: Fourth Estate.
Ascherson, N. (1990) 'Old Conflicts in the New Europe', *Sunday Review, Independent on Sunday*, 18 February.
Bauman, Z. (1990) 'Modernity and Ambivalence', *Theory, Culture and Society*, 'Global Culture', 7 (2–3), June: 143–69.
Booth, A. (1990) 'A Gap Karl Left to God', *Guardian*, 16 April.
Butt, R. (1990) 'Political Union in Europe', *New European*, 3 (2–3), Summer/Autumn: 45–51.
Clough, P. (1990) 'We Want to Be Germans Again', *Independent*, 7 March.
Cornelius, A. and Milner, M. (1990) 'EFTA Nations Queue Up to Find their Place in Brave New World of the Super Market', *Guardian*, 6 March.
Cottrell, R. (1989) 'Europe in the Year 2000', *Independent*, 30 October.
Csepeli, G. (1984) 'An Inorganic Nation', *Annales Universitatis Scientiarum Budapestinesis de Rolando Eötvös Nominatae*, Separatum, Sectio Philosophica et Sociologica, XVIII (Budapest): 131–44.
Dahrendorf, R. (1990) *Reflections on the Revolution in Europe. In a Letter Intended to Have Been Sent to a Gentleman in Warsaw, 1990*. London: Chatto & Windus.
Dassetto, F. and Bastenier, A. (1987) *Media U Akbar: Confrontations autour d'une Manifestation*. Louvain-la-Neuve: CIACO.
Davies, C. (1989) 'Time to Talk Turkey', *New European*, 2 (2), Summer: 22–4.
Douglas, M. (1987) *How Institutions Think*. London: Routledge.
Duve, F. (1989) 'Qui pose la question allemande?', *Le Monde*, 'Débats', 26 October.
Garton Ash, T. (1989) *The Uses of Adversity: Essays on the Fate of Central Europe*. Cambridge: Granta Books; London: Penguin.
Garton Ash, T. (1990) 'Eastern Europe: Après le Déluge, Nous', *New York Review of Books*, XXXVII (13), 16 August: 51–7.
Gellner, E. (1983) *Nations and Nationalism*. Oxford: Blackwell. 191
Goban-Klas, T. (1989) 'Gorbachev's Glasnost: A Concept in Need of Theory and Research', *European Journal of Communication*, 4 (3): 247–54.
Gott, R. (1990) 'Faith, Fear and Fury', *Guardian*, 8 January.
Graffy, J. and Hosking, G.A. (eds) (1989) *Culture and the Media in the USSR Today*. Basingstoke: Macmillan.
Hall, S. and Jacques, M. (eds) (1989) *New Times: The Changing Face of Politics in the 1990s*. London: Lawrence & Wishart.
Hanke, H. (1990) 'Media Culture in the GDR: Characteristics, Processes and Problems', *Media, Culture and Society*, 12 (2), April: 175–93.
Havel, V. (1990) 'The Future of Central Europe', *New York Review of Books*, XXXVII (5),

29 March: 18–19.
Held, D. (1989) 'The Decline of the Nation State', in Hall and Jacques (1989). pp. 191–204.
Hobsbawm, E. (1990) *Nations and Nationalism since 1789: Programme, Myth, Reality*. Cambridge: Cambridge University Press.
Hobsbawm, E. and Ranger, T. (1983) *The Invention of Tradition*. Cambridge: Cambridge University Press.
Howard, Sir M. (1990) 'Escape from History', *Guardian*, 13 March.
Jakubowicz, K. (1990) 'Musical Chairs? Poland and its Three Public Spheres', *Media, Culture and Society*, 12 (2), April: 195–212.
Kent, B. (1990) 'Vision of a New Europe', *New European*, 3 (2–3), Summer/Autumn: 13–16.
Kettle, M. (1990) 'John Paul's Grand Design for Europe', *Guardian*, 27 April.
Koenig, Cardinal F. (1989) 'Europe's Spiritual Guidelines', *New European*, 2 (1), Spring: 20–3.
Kundera, M. (1984) 'The Tragedy of Central Europe', *New York Review of Books*, 26 April.
McNair, B. (1989) 'Glasnost and Restructuring in the Soviet Media', *Media, Culture and Society* 11 (3), July: 327–49.
Melucci, A. (1989) *Nomads of the Present: Social Movements and Individual Needs in Contemporary Society*. London: Hutchinson Radius.
Mikes, G. (1946) *How to Be an Alien*. London and New York: Wingate.
Mikulowski-Pomorski, J. (1988) 'The Idea of "One Europe"', *Innovation*, 1 (4–5): 785–98.
Mortimer, E. (1990) 'When the Lion Lies Down with the Lamb in 2020', *Financial Times*, Special Report: East Europe in Ferment, 24 January.
Namer, G. (1987) *Mémoire et Société*. Paris: Méridiens Klincksieck.
Pohoryles, R. and Kinnear, R. (1989) 'Europe – a Political Concept? Tasks of the intellectuals in East and West in a Period of Growing Uncertainty'. Paper presented to the conference on 'Universities Today and Tomorrow – their Role in the Integration of Europe', Rabka, 15–21 September.
Said, E. (1981) *Covering Islam: How the Media and the Experts Determine How We See the Rest of the World*. New York: Random House.
Schama S. (1987) *The Embarrassment of Riches: An Interpretation of Dutch Culture in the Golden Age*. London: Fontana.
Schlesinger, P. (1982) 'In Search of the Intellectuals: Some Comments on Recent Theory', *Media, Culture and Society*, 4 (3), July: 203–23.
Schlesinger, P. (1988) 'Kollektive Identitäten, Freunde, Feinde', *Innovation*, 1 (1): 102–15.
Schöpflin, G. and Wood, N. (eds) (1989) *In Search of Central Europe*. Cambridge: Polity Press.
Smith, A.D. (1990) 'Towards a Global Culture?', *Theory, Culture & Society*, 7(2–3), June: 171–91.
Thatcher, M. (1988) The Prime Minister's speech in Bruges, September.
Thatcher, M. (1990) 'On Shaping a New Global Community'. Speech made by the Prime Minister to the Aspen Institute, in Aspen, Colorado, USA, 5 August.
Wörner, M. (1990) 'The Atlantic Alliance in the Nineties: Cornerstone of a New European Security Structure', *New European*, 3 (1): 8–14.
192 Zeldin, T. (1985) *The French*. London: Collins Harvill.

索 引

（条目后的数字为原书页码，见本书边码）

人文与社会译丛

第一批书目

1.《政治自由主义》(增订版),[美]J. 罗尔斯著,万俊人译 118.00 元
2.《文化的解释》,[美]C. 格尔茨著,韩莉译 89.00 元
3.《技术与时间:1. 爱比米修斯的过失》,[法]B. 斯蒂格勒著,裴程译 62.00 元
4.《依附性积累与不发达》,[德]A. G. 弗兰克著,高铦等译 13.60 元
5.《身处欧美的波兰农民》,[美]F. 兹纳涅茨基、W. I. 托马斯著,张友云译 9.20 元
6.《现代性的后果》,[英]A. 吉登斯著,田禾译 45.00 元
7.《消费文化与后现代主义》,[英]M. 费瑟斯通著,刘精明译 14.20 元
8.《英国工人阶级的形成》(上、下册),[英]E. P. 汤普森著,钱乘旦等译 168.00 元
9.《知识人的社会角色》,[美]F. 兹纳涅茨基著,郏斌祥译 26.00 元

第二批书目

10.《文化生产:媒体与都市艺术》,[美]D. 克兰著,赵国新译 49.00 元
11.《现代社会中的法律》,[美]R. M. 昂格尔著,吴玉章等译 39.00 元
12.《后形而上学思想》,[德]J. 哈贝马斯著,曹卫东等译 58.00 元
13.《自由主义与正义的局限》,[美]M. 桑德尔著,万俊人等译 30.00 元

14.《临床医学的诞生》,[法]M. 福柯著,刘北成译 55.00 元
15.《农民的道义经济学》,[美]J. C. 斯科特著,程立显等译 42.00 元
16.《俄国思想家》,[英]I. 伯林著,彭淮栋译 35.00 元
17.《自我的根源:现代认同的形成》,[加]C. 泰勒著,韩震等译 128.00 元
18.《霍布斯的政治哲学》,[美]L. 施特劳斯著,申彤译 49.00 元
19.《现代性与大屠杀》,[英]Z. 鲍曼著,杨渝东等译 59.00 元

第三批书目

20.《新功能主义及其后》,[美]J. C. 亚历山大著,彭牧等译 15.80 元
21.《自由史论》,[英]J. 阿克顿著,胡传胜等译 89.00 元
22.《伯林谈话录》,[伊朗]R. 贾汉贝格鲁等著,杨祯钦译 23.00 元
23.《阶级斗争》,[法]R. 阿隆著,周以光译 13.50 元
24.《正义诸领域:为多元主义与平等一辩》,[美]M. 沃尔泽著,褚松燕等译 24.80 元
25.《大萧条的孩子们》,[美]G. H. 埃尔德著,田禾等译 27.30 元
26.《黑格尔》,[加]C. 泰勒著,张国清等译 135.00 元
27.《反潮流》,[英]I. 伯林著,冯克利译 48.00 元
28.《统治阶级》,[意]G. 莫斯卡著,贾鹤鹏译 98.00 元
29.《现代性的哲学话语》,[德]J. 哈贝马斯著,曹卫东等译 78.00 元

第四批书目

30.《自由论》(修订版),[英]I. 伯林著,胡传胜译 69.00 元
31.《保守主义》,[德]K. 曼海姆著,李朝晖、牟建君译 16.00 元
32.《科学的反革命》(修订版),[英]F. 哈耶克著,冯克利译 58.00 元

33.《实践感》,[法]P. 布迪厄著,蒋梓骅译　75.00元
34.《风险社会》,[德]U. 贝克著,何博闻译　17.70元
35.《社会行动的结构》,[美]T. 帕森斯著,彭刚等译　80.00元
36.《个体的社会》,[德]N. 埃利亚斯著,翟三江、陆兴华译　15.30元
37.《传统的发明》,[英]E. 霍布斯鲍姆等著,顾杭、庞冠群译　21.20元
38.《关于马基雅维里的思考》,[美]L. 施特劳斯著,申彤译　78.00元
39.《追寻美德》,[美]A. 麦金太尔著,宋继杰译　68.00元

第五批书目

40.《现实感》,[英]I. 伯林著,潘荣荣、林茂译　30.00元
41.《启蒙的时代》,[英]I. 伯林著,孙尚扬、杨深译　35.00元
42.《元史学》,[美]H. 怀特著,陈新译　89.00元
43.《意识形态与现代文化》,[英]J. B. 汤普森著,高铦等译　68.00元
44.《美国大城市的死与生》,[加]J. 雅各布斯著,金衡山译　29.50元
45.《社会理论和社会结构》,[美]R. K. 默顿著,唐少杰等译　128.00元
46.《黑皮肤,白面具》,[法]F. 法农著,万冰译　14.00元
47.《德国的历史观》,[美]G. 伊格尔斯著,彭刚、顾杭译　58.00元
48.《全世界受苦的人》,[法]F. 法农著,万冰译　17.80元
49.《知识分子的鸦片》,[法]R. 阿隆著,吕一民、顾杭译　45.00元

第六批书目

50.《驯化君主》,[美]H. C. 曼斯菲尔德著,冯克利译　68.00元
51.《黑格尔导读》,[法]A. 科耶夫著,姜志辉译　45.00元
52.《象征交换与死亡》,[法]J. 波德里亚著,车槿山译　68.00元
53.《自由及其背叛》,[英]I. 伯林著,赵国新译　48.00元

54.《启蒙的三个批评者》,[英]I. 伯林著,马寅卯、郑想译 48.00元
55.《运动中的力量》,[美]S. 塔罗著,吴庆宏译 23.50元
56.《斗争的动力》,[美]D. 麦克亚当、S. 塔罗、C. 蒂利著,李义中等译 31.50元
57.《善的脆弱性》,[美]M. 纳斯鲍姆著,徐向东、陆萌译 55.00元
58.《弱者的武器》,[美]J. C. 斯科特著,郑广怀等译 82.00元
59.《图绘》,[美]S. 弗里德曼著,陈丽译 49.00元

第七批书目

60.《现代悲剧》,[英]R. 威廉斯著,丁尔苏译 45.00元
61.《论革命》,[美]H. 阿伦特著,陈周旺译 59.00元
62.《美国精神的封闭》,[美]A. 布卢姆著,战旭英译,冯克利校 68.00元
63.《浪漫主义的根源》,[英]I. 伯林著,吕梁等译 28.00元
64.《扭曲的人性之材》,[英]I. 伯林著,岳秀坤译 22.00元
65.《民族主义思想与殖民地世界》,[美]P. 查特吉著,范慕尤、杨曦译 18.00元
66.《现代性社会学》,[法]D. 马尔图切利著,姜志辉译 32.00元
67.《社会政治理论的重构》,[美]R. J. 伯恩斯坦著,黄瑞祺译 72.00元
68.《以色列与启示》,[美]E. 沃格林著,霍伟岸、叶颖译 128.00元
69.《城邦的世界》,[美]E. 沃格林著,陈周旺译 85.00元
70.《历史主义的兴起》,[德]F. 梅尼克著,陆月宏译 48.00元

第八批书目

71.《环境与历史》,[英]W. 贝纳特、P. 科茨著,包茂红译 25.00元
72.《人类与自然世界》,[英]K. 托马斯著,宋丽丽译 35.00元

73.《卢梭问题》,[德]E. 卡西勒著,王春华译　　15.00 元
74.《男性气概》,[美]H. C. 曼斯菲尔德著,刘玮译　　28.00 元
75.《战争与和平的权利》,[美]R. 塔克著,罗炯等译　　25.00 元
76.《谁统治美国》,[美]W. 多姆霍夫著,吕鹏、闻翔译　　35.00 元
77.《健康与社会》,[法]M. 德吕勒著,王鲲译　　35.00 元
78.《读柏拉图》,[德]T. A. 斯勒扎克著,程炜译　　68.00 元
79.《苏联的心灵》,[英]I. 伯林著,潘永强、刘北成译　　59.00 元
80.《个人印象》,[英]I. 伯林著,林振义、王洁译　　35.00 元

第九批书目

81.《技术与时间:2. 迷失方向》,[法]B. 斯蒂格勒著,
赵和平、印螺译　　59.00 元
82.《抗争政治》,[美]C. 蒂利、S. 塔罗著,李义中译　　28.00 元
83.《亚当·斯密的政治学》,[英]D. 温奇著,褚平译　　21.00 元
84.《怀旧的未来》,[美]S. 博伊姆著,杨德友译　　85.00 元
85.《妇女在经济发展中的角色》,[丹]E. 博斯拉普著,陈慧平译　30.00 元
86.《风景与认同》,[美]W. J. 达比著,张箭飞、赵红英译　　68.00 元
87.《过去与未来之间》,[美]H. 阿伦特著,王寅丽、张立立译　58.00 元
88.《大西洋的跨越》,[美]D. T. 罗杰斯著,吴万伟译　　108.00 元
89.《资本主义的新精神》,[法]L. 博尔坦斯基、E. 希亚佩洛著,
高铦译　　58.00 元
90.《比较的幽灵》,[美]B. 安德森著,甘会斌译　　79.00 元

第十批书目

91.《灾异手记》,[美]E. 科尔伯特著,何恬译　　25.00 元

92.《技术与时间:3. 电影的时间与存在之痛的问题》,
[法]B. 斯蒂格勒著,方尔平译 65.00 元
93.《马克思主义与历史学》,[英]S. H. 里格比著,吴英译 78.00 元
94.《学做工》,[英]P. 威利斯著,秘舒、凌旻华译 68.00 元
95.《哲学与治术:1572—1651》,[美]R. 塔克著,韩潮译 45.00 元
96.《认同伦理学》,[美]K. A. 阿皮亚著,张容南译 45.00 元
97.《风景与记忆》,[英]S. 沙玛著,胡淑陈、冯樨译 78.00 元
98.《马基雅维里时刻》,[英]J. G. A. 波考克著,冯克利、傅乾译 108.00 元
99.《未完的对话》,[英]I. 伯林、[波]B. P. -塞古尔斯卡著,
杨德友译 65.00 元
100.《后殖民理性批判》,[印]G. C. 斯皮瓦克著,严蓓雯译 79.00 元

第十一批书目

101.《现代社会想象》,[加]C. 泰勒著,林曼红译 45.00 元
102.《柏拉图与亚里士多德》,[美]E. 沃格林著,刘曙辉译 78.00 元
103.《论个体主义》,[法]L. 迪蒙著,桂裕芳译 30.00 元
104.《根本恶》,[美]R. J. 伯恩斯坦著,王钦、朱康译 78.00 元
105.《这受难的国度》,[美]D. G. 福斯特著,孙宏哲、张聚国译 39.00 元
106.《公民的激情》,[美]S. 克劳斯著,谭安奎译 49.00 元
107.《美国生活中的同化》,[美]M. M. 戈登著,马戎译 58.00 元
108.《风景与权力》,[美]W. J. T. 米切尔著,杨丽、万信琼译 78.00 元
109.《第二人称观点》,[美]S. 达沃尔著,章晟译 69.00 元
110.《性的起源》,[英] F. 达伯霍瓦拉著,杨朗译 85.00 元

第十二批书目

111.《希腊民主的问题》,[法]J. 罗米伊著,高煜译 48.00 元
112.《论人权》,[英]J. 格里芬著,徐向东、刘明译 75.00 元
113.《柏拉图的伦理学》,[英]T. 埃尔文著,陈玮、刘玮译 118.00 元
114.《自由主义与荣誉》,[美]S. 克劳斯著,林垚译 62.00 元
115.《法国大革命的文化起源》,[法]R. 夏蒂埃著,洪庆明译 38.00 元
116.《对知识的恐惧》,[美]P. 博格西昂著,刘鹏博译 38.00 元
117.《修辞术的诞生》,[英]R. 沃迪著,何博超译 48.00 元
118.《历史表现中的真理、意义和指称》,[荷]F. 安克斯密特著,周建漳译 58.00 元
119.《天下时代》,[美]E. 沃格林著,叶颖译 78.00 元
120.《求索秩序》,[美]E. 沃格林著,徐志跃译 48.00 元

第十三批书目

121.《美德伦理学》,[新西兰]R. 赫斯特豪斯著,李义天译 55.00 元
122.《同情的启蒙》,[美]M. 弗雷泽著,胡靖译 48.00 元
123.《图绘暹罗》,[美]T. 威尼差恭著,袁剑译 58.00 元
124.《道德的演化》,[新西兰]R. 乔伊斯著,刘鹏博、黄素珍译 65.00 元
125.《大屠杀与集体记忆》,[美]P. 诺维克著,王志华译 78.00 元
126.《帝国之眼》,[美]M. L. 普拉特著,方杰、方宸译 68.00 元
127.《帝国之河》,[美]D. 沃斯特著,侯深译 76.00 元
128.《从道德到美德》,[美]M. 斯洛特著,周亮译 58.00 元
129.《源自动机的道德》,[美]M. 斯洛特著,韩辰锴译 58.00 元
130.《种族与文化少数群体》,[美]G. E. 辛普森、[美]J. M. 英格尔著,马戎、王凡妹译(即出)

第十四批书目

131.《城邦与灵魂:费拉里〈理想国〉论集》,[美]G. R. F. 费拉里著,刘玮编译 58.00 元
132.《人民主权与德国宪法危机》,[美]P. C. 考威尔著,曹晗蓉、虞维华译 58.00 元
133.《16 和 17 世纪英格兰大众信仰研究》,[英]K. 托马斯著,芮传明、梅剑华译 168.00 元
134.《民族认同》,[英]A. D. 史密斯著,王娟译 55.00 元
135.《世俗主义之乐:我们当下如何生活》,[英]G. 莱文编,赵元译 58.00 元
136.《国王或人民》,[美]R. 本迪克斯著,褚平译(即出)
137.《哲学解释》,[美]R. 诺齐克著,林南、乐小军译(即出)
138.《自由与多元论:以赛亚·伯林思想研究》,[英]G. 克劳德著,应奇等译 58.00 元
139.《暴力:思无所限》,[美]R. J. 伯恩斯坦著,李元来译 59.00 元
140.《中心与边缘:宏观社会学论集》,[美]E. 希尔斯著,甘会斌、余昕译 88.00 元

第十五批书目

141.《自足的世俗社会》,[美]P. 朱克曼著,杨靖译 58.00 元
142.《历史与记忆》,[英]G. 丘比特著,王晨凤译 59.00 元
143.《媒体、国家与民族》,[英]P. 施莱辛格著,林玮译 68.00 元
144.《道德错误理论:历史、批判、辩护》,[瑞典]J. 奥尔松著,周奕李译(即出)

145.《废墟上的未来:联合国教科文组织、世界遗产与和平梦想》,
[澳]L. 梅斯克尔著,王丹阳译(即出)
146.《为历史而战》,[法]L. 费弗尔著,高煜译(即出)
147.《语言动物》,[加]C. 泰勒著,赵清丽译(即出)
148.《我们中的我:承认理论研究》,[德]A. 霍耐特著,
张曦、孙逸凡译 62.00 元
149.《人文学科与公共生活》,[美]P. 布鲁克斯编,
余婉卉译(即出)
150.《美国生活中的反智主义》,[美]R. 霍夫施塔特著,
何博超译 68.00 元

有关“人文与社会译丛”及本社其他资讯,欢迎点击 www. yilin. com 浏览,对本丛书的意见和建议请反馈至新浪微博@译林人文社科。